农业·农村·农民问题探索
以江苏省淮安市为例

梁文凤 ◎著

·南京·

图书在版编目(CIP)数据

农业、农村、农民问题探索：以江苏省淮安市为例 / 梁文凤著. — 南京：东南大学出版社，2023.8
ISBN 978-7-5766-0843-4

Ⅰ.①农… Ⅱ.①梁… Ⅲ.①三农问题-研究-淮安 Ⅳ.①F327.533

中国国家版本馆 CIP 数据核字(2023)第 152542 号

责任编辑：李成思　责任校对：子雪莲　封面设计：毕　真　责任印制：周荣虎

农业·农村·农民问题探索：以江苏省淮安市为例

著　　者	梁文凤
出版发行	东南大学出版社
社　　址	南京市四牌楼 2 号　邮编：210096
出 版 人	白云飞
网　　址	http://www.seupress.com
电子邮件	press@seupress.com
经　　销	全国各地新华书店
印　　刷	广东虎彩云印刷有限公司
开　　本	700mm×1000mm　1/16
印　　张	15.75
字　　数	306 千字
版　　次	2023 年 8 月第 1 版
印　　次	2023 年 8 月第 1 次印刷
书　　号	ISBN 978-7-5766-0843-4
定　　价	78.00 元

(本社图书若有印装质量问题，请直接与营销部联系。电话：025-83791830)

前言 PREFACE

农业农村农民问题是关系国计民生的根本性问题,也是新时代解决发展不平衡不充分问题、实现高质量发展的关键环节。"三农"问题始终是全党工作的重中之重,2023年中央一号文件《中共中央 国务院关于做好2023年全面推进乡村振兴重点工作的意见》发布,这是进入21世纪以来第20个指导"三农"工作的中央一号文件,足以说明国家对"三农"问题的重视。

"三农"具有弱质性。作为第一产业的农业,无论在传统农业阶段还是在现代农业阶段,与第二、三产业相比,都不仅要面临巨大的市场风险,还要面临很难预料的自然风险,加之城乡分割的二元体制因素、工业化发展战略的历史选择导致的政策因素等,导致了诸如土地问题、基层政权问题、粮食安全问题、农民增收问题等"三农"问题,这些都是亟待研究和解决的。在全面建成小康社会、开启全面建设社会主义现代化国家新征程的背景下,农业农村农民问题的研究,对于解决相对贫困问题、促进共同富裕具有重要意义。

2023年3月1日,习近平总书记在中央党校建校90周年庆祝大会上强调:"围绕中心、服务大局,是党校事业必须始终坚持的政治站位,是践行党校初心的必然要求。""回顾历史,党校始终不变的初心就是为党育才、为党献策。""为党育才,是党校的独特价值所在。""加强重大现实问题研究是党校为党献策的重要内容。""各级党校要坚持需求导向和问题导向,从党和国家急迫需要和战略需求出发,上接天线、下铺地线,围绕党的二十大提出的重大战略和党中央重大决策部署,聚焦实践遇到的新问题、改革发展稳定存在的深层次问题、人民群众急难愁盼问题、国际变局中的重大问题、党的建设面临的突出问题,积极开展前瞻性、政策性、应用性研究。"这就决定了地市级党校要围绕地方党委政府中心工作,关注地方的社情民意,聚焦地方发展的矛盾和问题,开展调查研究,体现其地方性智库职能。这也决定了党校科研人员开展课题研究要致力的重点和方向,必须扎根地方实际,以问题为导向开展研究,形成研究成果和政策结论。看看自己即将出版的集子,大致上是体现这一点的。

从2018年起,研究精力很大部分集中于淮安农业农村农民问题,有时是市委领导交给党校的研究任务,有时是着眼于地方党校去争取申报更高层次的课题,有时是党校领导推动开展的服务地方党委政府决策的前瞻性研究或可行性论证,有时是兄弟部门的委托项目,这些研究工作很多时候由我承担主撰任务。仔细梳理下可分为三个方面:一是关于淮安农业方面的问题,二是关于淮安农村建设的问题,三是淮安农民相关的问题。现在的书稿框架、内容安排、逻辑体系基本由此而来。

当然,虽说聚焦于淮安农业农村农民问题研究,时间跨度五六年才形成约30万字书稿,大概不能算很多,但是看到稿子即将出版,还是很开心的。因为既然是研究淮安地方性实际,可参照、参考的东西显然不会多,很多时候往往是从一个乡镇到另一个乡镇、从一个机关到另一个机关、从一个座谈会到另一个座谈会,和同事们在田间地头向从事农业生产的同志、向从事具体工作的同志学习请教,历经奔波,去了解、去获得感性认识,再形成理性认识,这也使得获取的数据相对权威和新鲜,对于问题导向的研究大有裨益。

梁文凤

2023 年 5 月

目 录 CONTENTS

农业篇

深入推进农业供给侧改革　促进淮安现代农业提质增效 / 003

基于淮台农业合作的淮安台创园发展研究 / 006

淮安现代农业产业转型升级对策研究 / 017

乡村振兴战略下淮安休闲农业发展研究 / 034

以农业全产业链建设支撑和引领乡村振兴的对策研究 / 049

农村篇

城镇化和财政支农对城乡收入差距影响的实证研究 / 059

新中国 70 年农地制度变迁研究 / 068

乡村振兴视域下淮安农村生态环境研究 / 082

淮安农村基层党组织建设面临的现状、问题及对策研究 / 102

淮安健全城乡融合发展机制研究 / 124

人口老龄化背景下农村养老的现实困境与路径选择 / 132

农民篇

财政支农、农村金融对农民收入的影响机制与实证分析 / 153

淮安农村妇女脱贫路径研究 / 162

淮安市农村居民收入提升的路径研究 / 174

乡村振兴视域下淮安新型职业农民培育研究 / 201

淮安培育新型农业经营主体对策研究 / 218

相对贫困视域下农村老年人反贫困制度构建 / 226

后记 / 243

农业篇

Agriculture

深入推进农业供给侧改革
促进淮安现代农业提质增效

2017年中央一号文件再次聚焦"三农"问题并明确提出,把深入推进农业供给侧结构性改革作为农业农村工作的主线。淮安市八大政府工作报告进一步提出,要深入推进农业供给侧结构性改革,进一步优化供给结构和资源配置,提高农业综合效益和竞争力。

供给侧结构性改革是推动新时期淮安现代农业发展的重要战略。世界各国的经济发展历程验证,城乡二元结构是影响经济走出"中等收入陷阱"的最大阻碍。对于拥有500多万人口的淮安市而言,农业具有举足轻重的作用和价值。从淮安所处的经济发展阶段看,农业、农村还是全面建成小康社会的短板。推动农业供给侧结构性改革,一方面,通过供给端发力,优化现代农业产业结构,以新供给创造新需求,强化农业基础支撑作用意义重大;另一方面,激发农业经济活力,促进农产品由无效和低端供给转向有效和中高端供给,将显著提高现代农业发展质量效益和竞争力。

近年来淮安市强力推动现代农业稳步发展,但仍有提升空间。一是从发展基础来看,农业基础设施不完善、农业技术装备水平仍较低,还不能完全适应现代农业发展的要求。二是从产业发展来看,农业现代化产业化程度不高,农业内部结构还不尽合理,农业产业结构中的二三产业比重较小,且农民专业合作组织和农业龙头企业带动能力还不强。农业科技水平不高,农业规模化、商品化程度还较低。三是从农业劳动者素质来看,整体素质不是很高,还难以有效承担现代农业发展重任。

发展现代农业,必须具备现代条件,用现代物质条件装备,用现代科学技术

本文写于2017年2月。

改造，用现代产业体系支撑，用培养的新型农民发展。在这个过程中，一定要处理好土地承包者和经营者的权益关系，引导农民在依法、自愿、有偿基础上流转土地经营权，并通过利益杠杆来调节和理顺政府部门、社会团体和农业经营主体之间的权益与协作关系，确保现代农业发展的过程成为土地承包者和经营者共同获益的过程。国务院印发的《全国农业现代化规划（2016—2020年）》中提出，到2020年，全国农业现代化取得明显进展，东部沿海发达地区等基本实现农业现代化。结合淮安实际，推动农业供给侧结构性改革，加快现代农业提质增效，要突出以下几个着力点：

一是强化现代农业发展支撑保障。提高农业物质装备和技术水平，加强农业基础设施建设，推进小型农田水利建设和土地综合整治。大力开展高标准农田建设，全面改善农业生产条件。加大对农业发展的支持保护力度。建立健全财政支农投入稳定增长机制，充分发挥财政资金和货币政策工具的杠杆和引导作用，带动更多的社会资本、金融资源投向农业。

二是完善"4+1"现代农业格局。构建新型现代农业经营体系，鼓励农业企业化经营。以盱眙龙虾、淮安红椒等知名品牌为依托，做大做强一批农业龙头企业。规范发展农民专业合作社，推进农业规模经营。积极培育家庭农场和专业大户，鼓励和扶持外向型龙头企业到出口目标国或地区申请商标注册、创立品牌、设立海外销售窗口或商务代表处。发展农业电子商务。建立完善农业网络销售体系和服务体系。

三是培育新型职业农民。鼓励返乡农民工、大学生、退役士兵、农业科技人员投身农村创业，带动农民增收、农业增效。促进农业龙头企业、合作社与农户之间利益联结，扩大联耕联种联管联营试点范围，建设一批产业化示范基地。深入推进农村社区股份合作社和各类专业合作组织建设，发展壮大村级集体经济。加快引入涉农人才培养和培训机构，大力实施现代青年农场主、农民合作组织带头人、农业经纪人和各类农村实用人才等培养计划，提高农业现代化的人力资本保障。

四是大力实施农业名品名牌战略。加快推进无公害农产品、绿色食品、有机食品和地理标志商标认证工作，创建一批具有一定影响力的知名品牌。组织各类主体参加农产品展示展销活动，帮助开拓市场，提高产品知名度。

一方面，提高品牌意识，将传统文化根植于品牌创建中。比如口味风格、饮食习惯以及名人故事、神话传说等。通过对丰富的文化资源进行深层次开发，带来淮安品牌农业的增值，创造巨大的经济效益。另一方面，线上线下相结合，实施"互联网＋农产品品牌"营销计划。如阳澄湖大闸蟹，在产品未上市之时，就利用微博在网上炒热，并实行团购预定，通过这样的"饥饿营销＋网络营销"方式，获得了品牌的飞跃。淮安市相关企业、协会应当积极推进线上品牌农产品在电子商务平台上的发展，结合线下品牌农产品直销配送中心、农产品精品专营店和专业市场的建立，不断扩大品牌农业的影响范围。

基于淮台农业合作的淮安台创园发展研究

近年来,我国对加快发展现代农业格外重视,在中央一号文件和各种涉农政策中多次提到现代农业,并强调了推进现代农业发展的重要性和紧迫性。2007年中央一号文件指出"发展现代农业是社会主义新农村建设的首要任务,是以科学发展观统领工作的必然要求"。2010年中央一号文件再次提出要"把发展现代农业作为转变经济发展方式的重大任务"。2018年中央一号文件再次聚焦"三农"并提出"乡村振兴,产业兴旺是重点"。新时代的农业产业突破传统农林牧渔第一产业的发展格局,加快向注重农产品精深加工的第二产业和推动农产品流通的第三产业延伸,最终构建起一二三产业相融合的现代农业体系。

改革开放以来,两岸农业交流与合作的形式越来越多,由之前以探亲为名到大陆进行小规模投资再到目前已经在种养殖业、休闲观光农业等多个领域展开广泛合作,合作层次越来越深、前景越来越好,已成为两岸合作中最具影响力的领域。其中,台湾农民创业园作为两岸农业合作的创新平台和窗口发挥着越来越重要的作用。淮安市与台湾的经贸合作持续深化,成为大陆继深圳、东莞、昆山市之后的第4个台资集聚高地。淮安市台湾农民创业园的发展,对引进台湾先进农业技术和管理理念,促进两岸农业交流与合作,推动淮安现代农业以及所有产业结构的调整升级起到了积极的作用。

随着两岸农业交流与合作日益加深以及台湾农民创业园作为两岸农业交流与合作的创新平台和窗口发挥重要作用,全国各地掀起了建设台湾农民创业园的热潮。但是,目前对台湾农民创业园的研究还较少,并且比较零碎。本文以淮安台湾农民创业园为研究对象,通过对淮安农民创业园发展现状进行分

本文完成于2018年9月。

析,借鉴台湾农业发展经验,提出淮安台湾农民创业园的发展策略和建设重点,以使淮安台湾农民创业园进一步科学发展,充分发挥其在促进两岸农业交流与合作、带动当地现代农业发展、提高农业生产综合力等方面的作用,实现园区跨越式发展。同时本文对于充实台湾农民创业园研究成果,为全国台湾农民创业园的建设与发展提供实践参考具有重要意义。

一、淮安台创园建设现状分析

淮安淮阴台湾农民创业园成立于2009年5月,是农业部、国台办、商务部批准成立的台湾农民农业创业园。园区核心区坐落于韩信故里、千年古镇码头镇,隶属于淮安市。淮安地处江苏省北部中心地域、黄淮平原和江淮平原,无崇山峻岭,地势平坦,地形地貌以平原为主,境内河湖交错,水网纵横,下辖4区3县,2017年末户籍总人口567.56万人,大运河穿行而过,风光秀丽,人杰地灵。

园区按照"融有台湾特征,彰显淮安特色"的要求,确定了"台资农业集聚高地、都市农业发展典范"的发展目标,突出生产、生活、生态相互融合的发展理念,力争把园区建成两岸农业交流与合作示范区、现代农业科技示范区、农村综合改革先行区、三次产业融合发展试验区、四化同步样板区。根据全国台湾农业创业园2016年度建设发展情况全面评价,淮安淮阴台湾农民创业园评估总分排全国第六(前五均为福建省台创园),获得优秀等级评价,成为江苏省5个台创园中唯一获得优秀等级评价的园区。

淮安淮阴台湾农民创业园规划总面积96.63平方千米,重点建设核心区、优质稻米产业区、精致农业产业区、农产品加工区、物流产业区、休闲农业区六大功能区。园区以精品花卉、时尚蔬菜、名优果品、优质稻米、农产品加工物流、农业休闲观光旅游、农业科普培训示范、农业科技研发等为主导产业和发展方向,力争建设成为高科技农业的创新和成果转化基地,农产品加工出口基地,名特优农产品区域生产和集聚基地,现代化农业的生态、休闲和绿色产业基地。园区先后获批国家级农业科技园区、国家级农业产业化示范基地、全国青少年农业科普示范基地、国家级现代农业星创天地、省级现代农业标准化示范区及省级园区作物标准园。

园区从关键环节入手,在基础设施建设、淮台农业合作交流、科技要素集聚、台资产业培育、改革创新等方面着手,聚集各种发展要素,不断优化园区发展环境,不断提升项目引进层次,园区建设取得了阶段性成效。园区先后成立台湾农民创业园经济发展有限公司、农业科技发展有限公司、江苏百园农业科技有限公司等7个融资平台公司,去年成功融资6.8亿元,有效破解园区项目建设资金难题。目前园区台资农业企业10个,当年新增1家台企;台资农业企业承担的项目经费及获得补贴265.5万元;目前共4家台资企业获批市级农业龙头企业;园区获其他国家级、省部级和市级示范区(园区)命名情况完成较好,有4个国家级命名。

台资产业发展初具规模。目前,园区引进台资项目7个(投产)、在谈项目2个,协议总投资约1.5亿美元,项目涵盖现代园艺、生物技术、种养殖、休闲观光等多个领域。其中,从事蝴蝶兰组培、销售及精油萃取的皇达花卉有限公司建成智能温室6.8万平方米、组培中心2 000平方米、加工车间2 000平方米,年销售蝴蝶兰320万株(其中出口200万株),年销售收入1.5亿元,已成为世界上最大的蝴蝶兰生产基地、全国最大的蝴蝶兰出口企业。淮安三商农业科技有限公司去年生产有机葡萄100万斤,靠采摘和网上渠道销售一空,仅这项收入就达1 200万元。淮安台生源农业科技有限公司日产金针菇15吨,去年销售收入达4 500万元。园区成立以来,已先后有台湾省农会、台湾省农产品品牌推广协会、台北市农会、嘉义县农会等友好参访团的6 800余名台商前来投资考察。目前,园区入驻企业45家,总投资额达2.5亿美元,年出口创汇1 500万美元。其中,皇达花卉有限公司、台生源农业科技有限公司、景台农业科技发展有限公司、台湾柿子园等重点台资企业已取得良好经济和社会效益。

园区逐步扩大产学研合作创新,将大陆科研院所的研究成果植入台资企业,实现产学研的良性互动,推动对台的科技合作。江苏省农科院、上海交通大学、南京农业大学、扬州大学、淮阴工学院、淮阴师范学院、江苏食品药品技术职业学院、淮安信息技术学院与园区达成了科技合作协议,为园区的发展注入了科技动力。淮阴工学院与台资三商农业科技有限公司、淮安市农科院与台资景台农业科技有限公司、扬州大学与台资企业皇达花卉有限公司、淮阴师范学院与台生源农业科技有限公司签署各类技术合作协议,为两岸农业科技合作开辟了途径。园区将台湾品种、技术引进作为两岸农业科技合作最直接有效的途径。目前,园区引进了红龙、皇帝等台湾蝴蝶兰优良品种,台湾甜柿与葡萄品种,台粳九号、台湾超甜玉米和草莓品种;引进优质蝴蝶兰栽培新技术和组培技术,台湾甜柿种植新技术,台湾稻米种植技术,植物用微生物菌应用技术,台湾超甜玉米种植技术。其中,台粳九号、台湾草莓、台湾甜柿已种植,效益良好。台湾优质蝴蝶兰智能温室栽培面积已经由 20 000 平方米示范推广到近 70 000 平方米。随着推广面积的扩大,园区将打造亚洲最大蝴蝶兰生产基地,产品出口韩国、日本、美国等国家。

虽然经过近几年的发展建设,淮安台创园取得了一定的成绩,对当地农业的发展起到了有力的推动作用,但是园区在定位发展、与本地特色资源结合、引进项目带动能力等方面都有待提高,因此需要在分析淮安台创园发展现状的基础上,借鉴台湾农业发展经验,提出淮安台创园未来几年发展的思路,推动淮安经济发展。

二、台湾现代农业发展经验借鉴

农业作为台湾传统产业,其现代化水平已经达到比较高的层次,正在向专业化、多元化、现代化、精细化方向迈进。台湾现代农业已经在农业科技研发与成果转化、农业市场体系建设、农业产业化发展及农业企业营销管理等方面取得了显著的成就,对于大陆发展现代农业有重要借鉴意义,同时也是两岸农业合作的重要内容。

台湾地区地狭人稠,境内三分之二为山地丘陵,总人口 2 300 余万人,土地总面积近 3.6 万平方千米。目前农业总产业值为 4 000 亿元新台币,占台湾经济生产总值的 3.3%。台湾现代农业生产发达,现有耕地面积 1 290 万亩,农户 78 万户,农业人口 400 多万人,占台湾总人口的 19%。台湾农业发展分三个阶段。第一个阶段,农业培养工业。第二次世界大战后期,实行第一次农地改革,实现耕者有其田。地区农业处于经济发展配角,主要任务是增加粮食供给和为工业提供原料。农业政策:降低农业税赋、设立多种农业发展基金、增加农业投资等。第二个阶段,工业支持农业。20 世纪 80 年代,台湾地区启动二次农地改革,扩大土地规模经营。农业政策:为扩大农场规模的农户提供贷款,实施委托、合作经营等多种经营方式;削减水稻等缺少竞争力的传统农产品,发展园艺、热带水果等特色产品。第三个阶段,经济转型阶段。1990 年后,台湾农业进入"三生农业"快速发展阶段,特点是不断挖掘农业的多功能性。农业政策:"农业综合调整方案""农地释出方案""休闲农业区设置管理办法",实现农业生产专业化、企业化及农业生态自然化。

自20世纪70年代开始,台湾积极推出农业综合发展方案,逐步走出一条区域特色明显、产业链条健全、功能多样、科技水平较高的现代农业发展路子,农业综合实力在国际上处于领先水平。主要经验做法有:

第一,制定超前的农业发展理念和有效扶持政策。台湾将农业视为"发展之根本",每10年根据形势变化对农业发展理念进行调整创新,形成特色鲜明的优势农业。一是制定超前的农业发展理念。20世纪90年代,台湾提出了"生产、生活、生态"于一体的"三生农业"发展理念,之后提出了"精致农业"发展理念,利用有限资源发展技术密集、资金密集的现代农业。针对近年来农业占经济总量不断萎缩的现状,台湾还提出发展休闲体验农业的理念。二是实施有效的农业保护扶持政策。主要政策包括:保证价格收购过剩的农产品,如高于成本向农民购买稻谷,对稻田改造种玉米、高粱和大豆,即可得到每公顷1 000公斤的稻米补贴,设立高粱、大豆等产品的保证价格。三是调整创新农业生产结构。以县、乡为单位,按照不同区域条件,积极鼓励农民调整农业生产结构,发展"一乡一品""一县一品"。经过30多年的规划建设,台湾农业区域化特色十分明显,形成了相对集中、优势明显的区域化生产格局,每个县、乡都有具有独特优势、高品质的农产品。如新北市坪林区被誉为茶乡,所产的坪林包种茶成为台湾的代名词,并利用满山苍翠的茶园景观推出低碳旅游项目。

第二,多路并举推进农业科技创新。台湾发达的农业依靠科技作支撑。一是重视农业科学研究。建立农业研究机构,培养大量农业科技人才,全岛有农业博士600多人,专门从事农业科技研究,从世界范围内广泛收集作物品种和种源资源,存有相当规模的种质库。二是重视农业科技的推广。台湾各级农会每年拿出60%的利润用于对产销班长及农民的技术培训,各地产销班长再把各种种植、加工、运销技术传播到千家万户。这种自上而下的培训体系,特别是以产销班长为主体的推广网络,使农业技术最新成果很快得到推广普及。台湾的精致农业、创意农业、标准化生产、品牌塑造,就是靠农会自身长期积累的资金对农民教育的持续投入培育出来的。它使农业科技知识在台湾得到普及,加快了各类农产品品种改良,促进了传统农业向现代农业的转型。三是重视农业职业教育。台湾农业职业教育与实际结合较紧密,主要以传授农业生产、经营、销售技能为主,培养与农业经济发展相适应的适用人才。目前,台湾的农业职业教育正朝着国际化、信息化、科技化以及多元化的办学方向发展。农业事务的骨干普遍都具有大专以上学历,掌握了农业新技术、新品种繁育技术,促进了农业科技向生产力的转化。

第三,多业态拓展农业功能。台湾农业在转型过程中,逐步向二三产业延伸,农业多功能开发中不断涌现出一些新业态。一是开发休闲农业。为促进休闲观光农业的发展,台湾专门颁布了休闲农业的管理办法和配套政策,鼓励农民举办各种类型的休闲观光农业,从技术、经费、宣传等方面给予大力支持。休闲农场不仅有效解决了传统农业经营困境,同时也成为能提供休闲服务、满足人们的休闲需求的新兴产业,为台湾现代农业发展拓展了新的内容。目前台湾休闲观光园近2 000个,主要有观赏与研究野生动植物的观光农园、品尝野味的休闲旅游、综合性的休闲农场、民居民宿、旅游胜地等几种类型,休闲农业已初具规模特色。二是发展精致农业。为提高农产品国际竞争力和农民收入,台湾提出了"发展精致农业,促进农业升级"的应对之策。精致农业是运用高科技手段和创新方法,发展高附加值、创意型农产品。三是推广有机农业。为恢复农业生态系统的生物多样性和良性循环,以维护农业的可持续性发展,台湾出台政策扶持引导发展有机农业,将自然生态及资源保护、防治污染、改善农业生产环境列为施政项目。把有机农业列入各县市大力推广的项目。鼓励自制及施用有机质肥料,制订"农田永续生产培育计划",对部分"堆肥舍"的建设给予补贴。四是扩大农产品加工业规模。为带动农业发展,台湾提出打破农业经营仅为一级产业的观点,以食品加工业带动农业工业化、农业企业化、农业商业化,同时建立二级产业、三级产业的发展策略,使产、加、销一体化,通过食品加工,缓解产销失衡的压力,增加附加值,维持农业的持续经营。农产品的食品加工业对台湾农业发展起到很大的带动作用,一些食品加工企业正在实施改造,逐步扩大农业经营和加工企业规模,推进专业化经营。

第四,完善功能齐全的农会组织。台湾农业生产经营受土地、资源的限制,这决定了台湾农业的小规模家庭经营方式,也造成了小农户与大市场的矛盾。为了解决这一矛盾,台湾自20世纪50年代起便十分重视农业合作组织的发展。台湾农业合作组织主要包括农会、农业合作社、农业产销班等多种形式。

台湾完善的农业合作组织极大地提高了农业经营的组织化程度，扩大了农业经营规模，增加了农民收入，提高了农民素质，推进了乡村建设，在台湾农业现代化发展过程中发挥了举足轻重的作用。一是完善治理机制。台湾农会的治理在所谓"农会法"的框架内运行，实行理事会、干事会、监事会三权分治，完全按照现代企业管理制度管理农会。二是全方位为农服务。供销经营是农会的首要职责，联结了小农户与大市场，扭转了单个农户的市场弱势地位。农会下设有各具特色的农产品产销班，它既负责产前和产中的种植、加工、技术普及，也负责产后农产品收购、分组、包装、运销等业务。产销班是以合伙或股份制组建的合作组织，具有民营性质与公用事业的双重特征。金融服务是农会生存发展的关键，农信部作为农会的核心部分，为农民提供小额贷款，基本做到应保尽保、需贷尽贷。农民正常的贷款需求都能得到满足。农会盈余90%来自信贷服务。技术推广是农会的核心职能，也是推动农业现代化的重要途径。同时，农会还要负责农村文化、医疗卫生、福利及救济社会事业，以及农业推广、培养、农事指导、示范等农业教育服务。三是将"小农"聚拢成"大农"。台湾农会将分散的农户组织起来，维护农民权益，促进了农业规模经营，提高了农民组织化、产业化、市场化和国际化的程度，让"小农"变成了"大农"。这样既避免了农业由大财团控制和造成小农破产，又让农民有能力在市场大潮和国际竞争中生存发展。

其实，两岸经济发展有许多共同之处。比如，两岸都需要在小规模家庭经营的基础上，建设现代规模化农业；都需要解决工业化、城镇化后农村人口和劳动力转移的系列问题；都需要加强对弱势农业的扶持保护等。台湾作为新兴工业化地区，其做法与政策对我们有许多启示和借鉴作用。第一，台湾农业的间接规模化经营有重要启示和借鉴作用。台湾通过大佃农租地耕种、休耕奖励、合作农场、合作社的形式，用市场关系把农户联合起来，实现规模经营；大力发展专业公司、龙头企业，运用市场与产业化经营带动农户，实现规模经营；大力发展专业合作社、合作农场、家庭农场、股份制农业，通过经济联合实现规模经营。台湾的实践表明，运用间接规模化经营，农业产业化道路也是可以走通的。第二，台湾对工业化、城镇化转移人口和"三农"的扶持政策有重要启示和借鉴作用。台湾在20世纪90年代实行全民健康保险和社会保险制度以后，农村转移人口很快在城市稳定下来，这使农村佃户租地和休耕奖励容易实行，为现代规模农业发展提供了有利条件。对此,大陆的发展趋势和政策导向与之有很大的相似性。因此,必须加快推进基本公共服务城乡均衡化,对农民和转移人口实行社会保障全覆盖、可转移,加快转移人口和留守人口的双稳定,发展和完善农业保险、免税和补贴政策,极大地提升大陆农业的竞争力。第三,台湾农业的服务化、开放性对大陆农村产业结构调整、发展开放型农业有重要启示和借鉴作用。台湾农业、农村的服务化主要是农业生产环节分工越来越细密和专业化,观光休闲农业大力发展起来,农民来自二三产业兼业收入的比重越来越大。这也是大陆农业农村的发展趋势。因此,必须鼓励和大力发展农村各种专业户,加快专业化分工,特别是利用大陆生态资源优势,发展观光休闲农业。

三、淮安台创园发展的对策建议

第一,突出产业特色,打造园区自身品牌。由于独特土壤、气候、资源及其他因素的影响,特色产品往往具有同类其他产品不可比拟的特征与经济价值。重点发展农业特色产业,形成自身品牌,是增强台创园自身竞争力的重要举措,对实现农业增效、农户增收、农产品增值具有重要意义。江苏省的台创园发展较好、台资聚集较多,这无不得益于各个园区已经形成具有优势的特色农业产业与品牌。

处于高速化创业起步阶段的江苏省南京市江宁台创园,重点发展了西甜瓜、茶叶、花卉苗木等主导产品,初步形成了以设施农业、生物种业、食品加工物流、休闲农业为主的四大特色产业。江苏无锡锡山台创园目前已初步建成了无锡现代农业博览园、无锡高科技农业示范园、中国农科院太湖水稻示范园、无锡锡山生物农业产业园和无锡锡山精品蔬菜产业园"五园一体"发展格局。江苏省盐城盐都台湾农民创业园已形成了以台创园研发孵化服务为中心,以花卉苗木、设施果蔬、畜禽养殖、休旅观光以及农产品加工等多项主导产业为特色功能区的"一个中心,五个功能区"结构。江苏南通江海台创园分成"四区一城"——通州高效农业核心区、海安苏台农业合作示范区、如东蔬菜加工出口示范区、海门高档鲜食瓜果示范区及海峡两岸农产品电子商务交易城,每个地方各有特色。其中海安苏台农业合作示范区位于海安市东部的黄海之滨——滨海新区(角斜镇),主要建设"一城、一港、一区、一带",即:中国南黄海紫菜城、国家级中心渔港、精制农业展示区、绿色旅游观光带。园区彰显特种水产养殖、紫菜产业、现代禽业和设施农业四大产业优势。

淮安台创园按照"平台带乡镇"发展思路要求,核心区由码头镇拓展到淮阴区运河区域6个乡镇,共规划10个功能板块,即海峡两岸农业合作区、科技创新集聚区、农产品精深加工和生物农业区、港口物流园、乐田小镇精致农业园、林果花卉产业园、花"漾"年华主题农业公园、大运河世界遗产小镇、古黄河盐浴休闲文化展示区、农高新城综合配套区。在今后的发展中,淮安台创园作为大运河沿线区域的一个国家级平台,按照省市区的部署要求,抢抓"一区两带"重大战略叠加的政策机遇,将运河历史文脉融入园区建设中,坚持以规划塑造功能、以功能集聚项目、以项目培育产业,推动园区发展和大运河文化带建设同步推进。结合大运河文化带建设,选准园区产业发展方向。园区继续坚持以农业现代服务业为引领,精准发展二产,做强做长一产,促进三次产业融合发展。一产方面,培育壮大园艺产业,重点建设兰花科技园、牡丹芍药园和大马士革玫瑰花种植资源圃,同时促进新技术新模式在蔬菜领域的应用,提升蔬菜产品的科技含量和附加值。二产方面,充分考虑对大运河的保护,着力引进对环境无污染、对文物无破坏的农业科技项目,以发展高新技术为核心,加快发展农产品精深加工和生物技术项目。将企业作为创新主体,把好入园企业的科技标准,新增建设用地企业一律要求建设研发机构和实验室。三产方面,继续办好第二届淮安蝴蝶兰博览会和花卉暨兰科植物科技与产业发展高端峰会,开发蝴蝶兰、牡丹、大马士革玫瑰的精油、纯露等深加工产品,与中国植物协会兰花分会共建蝴蝶兰研究院,与扬州大学合作建设淮安牡丹芍药研究院,与中国林科院等机构合作建设大马士革玫瑰研究中心。此外,以农业现代服务业为引领,借鉴台湾休闲农业发展经验,大力发展"兰花博览会""牡丹芍药节""盐浴休闲""民宿"等特色旅游项目,变传统农业为特色农业、精致农业,重点发展农业旅游、农创、养生、电子商务以及相关的生产性服务业。

第二,倡导高科技建园,提高园区科技含量。科学技术是第一生产力,台湾农业的现代化离不开它优良的品种、先进的技术,及其在农业产前、产中、产后等环节的应用。因此,淮安台创园要不断引进和发展现代农业生产技术,切实提高农业现代化、产业化水平和核心竞争力,着力打造现代农业高科技平台。

增强科技创新与应用能力是台创园不断发展的内在动力。因此淮安台创园要与高等院校、科研院所和具有先进技术水平的台资企业建立密切的合作关系，加强两岸在农业高新技术创新与应用等方面的合作，共同参与科研项目攻关。与上海交通大学、台湾义守大学、扬州大学、省市农科院等21所科研院校建立产学研合作关系，建成园区科技服务超市、桂建芳院士工作站、陈文新院士工作站、皇达兰花组培中心、淮安农林人才综合实验基地、江苏省区域现代农业与环境保护协同创新分中心、江苏省植物生产与加工实践教育中心、江苏省食品质量安全营养功能评价重点实验室等科研平台。与区市场监管局、省食品药品职业技术学院共同打造康正农产品质量安全检测中心，有效促进高校研究力量和园区之间资源整合、成果转化。如园区投入1.8亿元建成"四新成果"展示基地一期、二期并投入运营，推广示范各类果蔬新品种、新技术、新模式、新设施等共计231项。四新成果展示基地集聚各类创业企业12家，涵盖蔬果、灵芝、冰草、多肉等多个种植领域，技术输出服务面积达10万亩，被科技部评为国家级星创天地。"四新成果"展示基地三期投入1.2亿元推广示范各类林果、花卉、渔业新品种、新技术、新模式等500余项，其中仅牡丹、芍药意向新品种就达120余个，建成后将对园区园艺产业发展和一二三产业融合具有重要意义。

第三，提高综合服务能力，营造园区良好的硬环境和软环境。为了扩大淮安台创园影响力，营造园区良好的硬环境和软环境非常重要。一方面，要加强规划、加大资金投入，完善园区农业基础设施的建设。完善农田排水渠道和机耕道路建设，为园区绿色农产品生产提供保障。开展园区信息化管理体系建设，积极利用微电脑控制的现代物联网远程操控技术，对农业生产进行实时监测与预警，实现农业生产精细化管理。另一方面，完善农业平台载体。围绕大运河文化带建设，坚持走农旅融合路径。加快实施大运河世界遗产小镇规划、千金渡盐浴养生小镇、乐田小镇运河主题创意农园、禾佳生态观光园、兰花产业科技园、花样年华田园综合体等特色文旅项目建设，打造运河区域旅游品牌。大运河世界遗产小镇规划总面积8.67平方千米，采取PPP（Public-Private Partnership，政府和社会资本合作）模式投资建设。千金渡盐浴养生小镇主要利用运河区域的自然、人文资源，特别是丰富的盐卤水源，发展盐浴养生相关产业，并策划开发与盐相关的文创衍生品，形成集盐文化度假酒店、温泉水街、水上游乐项目、疗愈音乐中心、盐主题文创小镇等为一体的文旅综合体。乐田小镇运河主题创意农园占地面积约500亩，其中设施农业、配套绿化等用地约412

亩，商业配套设施建设用地65亩。牡丹芍药观赏区约6万平方米，果蔬采摘区约2万平方米，渔业养殖区约4.3万平方米，绿化种植面积约15.7万平方米，民宿、农家乐、农产品展销区、乡村剧场、游客服务中心等配套服务设施约8 000平方米。项目计划2018年底主体竣工。兰花产业科技园配套建设仓库、包花车间、生活管理用房以及道路、给排水、电力设施等，主营蝴蝶兰新品种研发、组培、种植、销售和新品种展示等，目前项目已竣工投产。花样年华田园综合体由中国农大富通公司进行规划设计，主要建设循环种植示范区、多彩林果示范区、花卉产业示范区、健康农业养生区、花漾年华核心区等部分，目前总规已编制完成。禾佳生态观光园主要建设自然生态种养、农耕文化体验、休闲娱乐、科研教育展示和生态疗养等功能区，目前一期投资3 000万元，建成200亩各类农业设施大棚并已生产运行。

  第四，提高组织化程度，注重园区农业企业和农民合作组织的培育。台湾农业小农经营的经营模式之所以能实现专业化、商品化和现代化，归功于其程度较高的组织化生产经营方式。如台湾的农会、专业协会、农业合作经济组织等十分发达，为农民提供了产前、产中、产后多方面的服务。为了增强农民抵御市场风险的能力，促进淮台农民的互动合作，淮安台创园在发展过程中要加强扶持农民合作组织发展，积极吸纳台湾农民共同成立专业合作社，吸收台湾农业专业组织的经验，借鉴台湾农业的经营管理理念，积极培育省级示范性合作社、市级规范化合作社，充分发挥农民合作组织在农产品生产、加工、销售以及融资、保险等各个方面的作用。另外，由于农业龙头企业在整条产业链中处于核心位置，具有引导农户生产、深化农产品加工、开拓市场等综合能力，是农业产业链中不可或缺的因素，因此也要加大对园区龙头企业的培育力度，重点扶持发展综合实力强、投资规模大、技术含量高、带动效益显著的农业企业，引导农业企业通过品牌建设、技术创新、产业延伸等方式发展，使其成为当地农业龙头企业，进一步提高园区内农业的组织化、规模化、集约化程度。

淮安现代农业产业转型升级对策研究

党的十九大报告指出:"实施乡村振兴战略。农业农村农民问题是关系国计民生的根本性问题,必须始终把解决好'三农'问题作为全党工作重中之重。要坚持农业农村优先发展,……加快推进农业农村现代化。……构建现代农业产业体系。"当前,农业、农村、农民问题备受党和政府的重视,也是社会各界关心的热点,是实现全面建设小康社会目标的关键。现代农业是继原始农业、传统农业之后逐步发展起来的新型农业,是农业发展的新阶段,发展现代农业是传统农业转型升级的必然选择。习近平总书记指出,实现农业现代化,要突出抓好加快建设现代农业产业体系、现代农业生产体系、现代农业经营体系三个重点。现代农业产业体系与现代农业生产体系、现代农业经营体系共同组成了我国现代农业的"三大支柱"。"三大体系"各有侧重,但又相辅相成。现代农业产业体系重在解决农业资源要素配置和农产品供给效率问题,现代农业生产体系重在解决农业的发展动力和生产效率问题,现代农业经营体系重在解决"谁来种地"和农业经营效益问题[1]。其中,现代农业产业体系是"三大体系"的核心,指引着农业发展的方向,现代农业生产体系和经营体系共同支撑着现代农业产业体系的发展。

淮安地处苏北腹地,自古是个农业大市,农业资源丰富,拥有耕地约40万公顷、水域31万公顷,是全国重要的商品粮基地、淡水产品生产基地和优质农副产品产加销基地。农业的发展始终是淮安发展的重中之重。因此深入研究

本文写于2017年11月。

[1] 张克俊.现代农业产业体系的主要特征、根本动力与构建思路[J].华中农业大学学报(社会科学版),2011(5):22-28.

淮安现代农业产业转型升级对策是当前的重要课题。本文根据淮安的现实基础，全面系统地分析淮安现代农业产业发展现状及主要问题，并在此基础上提出加快淮安现代农业产业转型升级的对策建议。

一、淮安现代农业产业转型升级的战略意义

农业是关系国计民生和国家社会发展安全的基础性产业，战略地位十分重要。省委、省政府大力推动苏北振兴，将淮安作为新兴增长极。对于农业资源丰富的淮安来说，现代农业产业的发展，有利于淮安市在"一带一路"、长江经济带、沿海开发、淮河生态经济带等国家战略发展中，争取个性化的政策支持并抢得主动先机，因此现代农业产业转型升级对淮安而言意义重大。

第一，建设江淮生态经济区的战略需要。以淮安、宿迁两个设区市全域和里下河地区的高邮、宝应、兴化、建湖、阜宁5个县（市）为重点，建设江淮生态经济区，这是省实施"1+3"重点功能区战略，在更高层次上统筹区域协调发展的战略举措。在注重生态的前提下，这是一个经济区而不是单纯的保护区。对于淮安来说，在集聚和提升上下功夫，聚焦重点产业，着力发展绿色产业和新经济，大力发展现代农业，有利于彰显生态优势，更好地优化发展路径和模式。

第二，抢抓国家战略的需要。国务院《全国农业现代化规划（2016—2020年）》提出，到2020年，全国农业现代化取得明显进展，东部沿海发达地区等基本实现农业现代化。淮安迎来了又一个重要的发展机遇期。加快现代农业产业转型升级，对于淮安抢抓国家战略、实现农业现代化具有重要意义。

第三，实现"两聚一高"新目标的需要。当前，淮安市正处于全面建成小康社会决胜阶段。深刻认识现代农业产业转型升级的重要性和紧迫性，大力发展现代农业，以现代农业引领经济发展新常态，更好地实现供给侧结构性改革所要求的矫正要素配置扭曲目标，切实把现代农业产业转型升级落到实处，对于淮安认真贯彻落实中央和省市委的决策部署，进一步抢抓机遇、增创优势，实现"聚力创新、聚焦富民、高水平全面建成小康社会"具有重要战略意义。

二、现代农业产业体系的概念和特征

目前，理论界对现代农业产业体系的概念和内涵尚未形成统一的认识。分

析国内外现代农业发展实践,理解现代农业产业体系的内涵,可以从三个不同视角来把握:一是农产品产业体系。这是基于横向视角,包括粮食、棉花、油料、畜牧、水产、蔬菜、水果等各个产业。二是农业产业链体系。这是基于纵向视角,包括农产品生产、加工、市场流通以及农业服务业等上下游产业体系。三是农业多功能产业体系。这是基于功能拓展视角,主要包括生态保护、休闲观光、文化传承、生物能源等密切相关的循环农业、特色产业、生物能源产业、乡村旅游业等。因此,现代农业产业体系的概念可以概括为:以现代农业经营理念为指引,基于现代生产要素投入、科学组织方式和高效市场运作,以纵向产业链延伸和横向多部门拓展为支撑架构的有机整体,是一个各产业融合协调、有效衔接、产出高效、竞争力强的综合产业系统[1]。

与传统农业产业体系不同,现代农业产业体系具有"现代"的特征。一是完善的现代产业组织体系。这种产业组织体系是一个由许多专业化、社会化主体按照一定的分工和联系共同构建起来的系统。专业化使得各种类型的农业经营主体专门从事现代农业发展中的生产、加工、销售、服务等某一环节的工作,发挥专业优势,并通过合作形成各种类型的经济组织,节约交易成本,获得更多的经济效益[2]。二是先进的生产要素投入。除了传统生产要素外,现代农业产业体系更注重通过金融资本、科学技术、先进装备、组织管理等现代生产要素的集约投入和深度开发,形成新的要素组合方式,促进全要素生产率和农业综合素质的稳步提升。三是高效的市场化运作。能够及时对市场需求做出反应,提供符合消费者需要的农产品是现代农业产业体系的重要特征之一。有效且成规模的市场不仅可以帮助企业降低生产成本,还有利于维持产业内部的良性竞争,建立公平合理的利益分配机制[3]。四是合理的产业布局。注重以区域资源禀赋为基础、以市场需求为导向、以发挥各地比较优势为核心,合理调整资源利用方向,逐步建立起各具特色的优势产区,形成专业化的农业产业布局。五是多元化的产业功能。除了承担吃穿等基础经济功能外,现代农业产业体系还承

---

[1] 曹慧.现代农业产业体系建设路径研究[J].华中农业大学学报(社会科学版),2017(2):31-32.

[2] 张克俊.现代农业产业体系的主要特征、根本动力与构建思路[J].华中农业大学学报(社会科学版),2011(5):22-28.

[3] 曹利群.现代农业产业体系的内涵与特征[J].宏观经济管理,2007(2):40-42.

担着社会、文化、生态保护等多方面的功能。通过把农业自身内在的多功能潜质转变为现实的产品和服务，充分提升农业的增值空间。

三、淮安现代农业产业发展现状与问题分析

（一）发展现状

近年来，淮安市强力推动现代农业稳步发展，提出"4＋1"现代农业产业体系，即做强做优四大传统性农业基础产业——优质稻米、高效园艺、规模畜禽和特色水产，同时围绕农业产业链条延伸和功能拓展，做大做强休闲农业。随着现代农业建设加快推进，淮安已初步形成了区域化布局、专业化生产、产业化经营的现代农业产业格局，产业体系建设正由单纯追求资本、技术要素替代逐步转向要素有机融合的新阶段。

1. 主要农产品产业体系基本成型

从农产品各产业生产规模看（见表1、表2），2016年，淮安市粮食总产量458.55万吨，其中小麦总产量169.25万吨，稻谷总产量260.05万吨，玉米总产量17.97万吨，油料总产量8.80万吨，花生总产量3.86万吨；棉花总产量84吨；蔬菜瓜果类总产量417.32万吨；淡水产品总产量26.10万吨；主要的畜禽产业中，肉类总产量30.39万吨、牛奶总产量3.75万吨、禽蛋总产量13.24万吨。

表1　2016年淮安市农业产业规模

	粮食 产业规模	小麦 产业规模	稻谷 产业规模	玉米 产业规模
播种面积/万亩	989.99	458.69	441.65	49.31
单产/（公斤/亩）	463.2	369.0	588.8	364.5
总产量/吨	4 585 496	1 692 480	2 600 450	179 740
	油料 产业规模	花生 产业规模	棉花 产业规模	蔬菜瓜果类 产业规模
播种面积/万亩	43.71	15.38	0.14	155.21
单产/（公斤/亩）	201.3	251.3	60.0	2 688.8
总产量/吨	87 986	38 641	84	4 173 175

数据来源：淮安市统计局最新统计数据。

表2　2016年淮安市农业产业规模

年末实有林地面积/公顷	内陆养殖水面积/公顷	淡水产品产量/吨	肉类总产量/吨	牛奶产量/吨	禽蛋产量/吨
213 272	49 505	260 977	303 937	37 466	132 396

数据来源：淮安市统计局最新统计数据。

2. 现代农业产业化经营组织快速发展

完善的产业组织体系是现代农业产业体系的重要特征之一。近年来淮安突出培育壮大新型主体，激发增强发展活力，农业经营体系进一步优化，农业产业化经营组织发展迅速。淮安目前已创成国家级农业龙头企业4家，省级51家，跃升至全省第七位，市级253家。年销售过亿元农业龙头企业92家，5亿元以上的13家，10亿元以上的8家。各类农业龙头企业销售总额950亿元，较2010年增长了550亿元。2016年，修订完善市级农业龙头企业认定办法，强化银企对接、动态监控、项目扶持，全市农业龙头企业保持强劲发展态势，全市253家市级农业龙头企业实现销售收入341亿元，同比增长15.6%；51家省级以上农业龙头企业2016年实现销售收入318亿元；带动农户数91.45万户，新建各类基地面积7.89万亩，户均增收突破3 500元。新增"六统一"植保社会化服务组织10个，创成省级农业科技示范基地2个，开展各类农民培训5.8万人次，培育科技示范户1.99万户。农业产业化已成为对接分散小生产与社会化大市场的重要途径，为推进农业转型升级和农民增收致富发挥了重要作用。

3. 农业生产体系进一步优化

突出优化农业技术装备，实现节本增效增收，农业生产体系进一步优化。争创省级园艺作物标准园16个，示范推广水肥一体化、滴喷灌、绿色防控等节水节肥技术模式，主要农作物优良品种覆盖率超98%，亩增产10%以上；推广测土配方施肥面积535万亩，亩增收30元以上；建成全国农作物病虫专业化统防统治与绿色防控融合示范基地4个，小麦统防统治面积2 000多万亩次，统防统治率61.5%，化肥农药"零增长"；秸秆综合利用率达92.7%；建设畜禽粪便综合利用项目23个，全面提升农业效益。

4. 农产品加工流通体系不断健全

近年来，淮安突出促进一二三产业融合，拉长延伸产业链条，农产品加工流通体系进一步优化。最新数据显示①,招引投资超 3 000 万元农产品加工项目 130 个,其中,亿元以上 23 个。9 条精品休闲农业与乡村旅游线路被农业部"去农庄网"采纳推介,拥有各类休闲观光农业主体近 550 家,年产值提升至 10 亿元。农产品流通模式日益多样化,争创省级农产品电子商务示范基地 10 家,新增 42 家企业、108 个农产品上网销售。组织 100 多家农业企业参加北京、上海、昆明等农展会,创新"品牌+展会"联结模式,南京农展会成效显著。2017 年元旦期间,淮安举行了名特优农展会,农产品加工产值与农业总产值之比达到 3∶1,农产品"触网触电"销售 31.6 亿元,使农产品加工流通创造更多增值收益。

5. 农业服务体系初具规模

近年来,淮安以农机服务为代表的农业生产作业发展迅速(见表 3、表 4)。2016 年全市农机装备总动力达 640 万千瓦,综合机械化水平达到 84%,农业机械化水平苏北领先。重点农机装备保持高位增长,全市累计落实农机购置补贴和项目资金 2.83 亿元,购置补贴机具 1.07 万台套,近 7 000 户农户和服务组织受益,全年新增大马力拖拉机 2 181 台、秸秆粉碎还田机 3 817 台、各类高效特色农业机械 6 389 台套,推广北斗精细化作业管理系统 737 台,新增高速插秧机首次超越普通手扶机达 715 台,大马力拖拉机、高速插秧机、粮食烘干机及智慧农机数量连续保持高位增长。农机产业经济加快发展,围绕水稻育插秧、粮食烘干及跨区作业等重点环节加快产业化步伐,新建粮食烘干中心 124 个、规模化育秧基地 692 个、组织跨区作业 2.07 万台次,全年实现农机服务收入超 35 亿元,位居全省前列。社会化服务水平显著提升,农业社会化服务能够促进资本、技术、管理等现代生产要素集约投入,提高农业规模化经营水平,是现代农业产业体系的重要组成部分。最新数据显示,淮安已经创成 22 家省级农机合作社示范社,投入 1 100 余万元重点支持农机合作社改善基础设施,全市新增工商注册农机合作社 108 个,总量达 968 个,农机"三率"②水平达 81%。

---

① 淮安全市现代农业实现"十三五"精彩开局[EB/OL].(2017-02-17)[2017-10-01].http://wm.jschina.com.cn/9660/201702/t20170217_3642853.shtml.
② 农机"三率"即农业机械上牌率、检验率和持证率。

表 3　2016 年淮安市农业机械化情况

年份	机耕面积/公顷	机播面积/公顷	机电灌溉面积/公顷	机械植保作业面积/公顷	机械收获面积/公顷	机械脱粒粮食产量/吨
2016 年	656 503	526 684	380 175	595 689	619 587	4 334 447

数据来源：淮安市统计局最新统计数据。

表 4　淮安市主要农业机械 2016 年年末拥有量

拖拉机/台	旋耕机/台	播种机/台	农用排灌动力机械/台	农用水泵/台
127 297	138 528	38 551	23 169	75 783
节水灌溉机械/套	机动喷雾喷粉机/部	联合收获机/台	水稻插秧机/台	农田基本建设机械/台
4 916	51 467	26 671	24 538	29 651

数据来源：淮安市统计局最新统计数据。

6. 区域化集聚产业带逐步形成

农业区域布局日益细化和特色化，由简单的契合资源禀赋优势的专业化向融合了地区特色、文化特色的特色产品延伸。创成台创园、淮阴农业科技园区和洪泽国家现代农业示范区等 3 家国家级农业园区；淮安现代农业科技园区、金湖现代渔业产业示范园等 10 家省级农业园区，位居全省第二；洪泽区和淮阴区 2 家国家农业产业化示范基地，15 家市级农业园区，为产业集聚集群发展提供了良好平台。淮安稻麦科技产业园自 2008 年建成以来，先后有 150 多个新品种、80 多项新技术在这里转化。紫山食用菌落户洪泽现代农业示范园仅 3 年多，成功在新三板成功上市。国家农业科技示范园区先后有 10 余家台资企业落户其中，皇达蝴蝶兰成为全亚洲最大的蝴蝶兰生产基地。淮安市现代渔业产业园自 2015 年正式对外开放以来，日益成为展示淮安渔业科技水平的窗口。区域特色农产品产业快速发展，重点特色农产品优势区基本形成，专业化生产水平进一步提高，对周边地区的辐射和带动能力明显增强。

(二) 主要问题

虽然淮安现代农业产业体系建设取得明显进展，但仍存在一些尚待提升的方面,主要包括各产业发展协调性不够、产业链条短、可持续发展能力不足、与发达地区相比现代农业产业体系发展水平仍有待提升等。这些问题既验证了构筑现代农业产业体系的必要性和迫切性,也显示了未来建设现代农业产业体系的努力方向。

1. 农业产业结构协调性有待增强

现代农业产业体系是包含谷物、油料等多个子产业在内的有机复合体,需要在产品总量、产业结构、资源结合等方面统筹协调发展。但目前淮安农业各产业发展的协调性不够,主要农业产业结构趋同化明显,农业主导产业增收空间收窄。主要表现在三个方面[①]:一是大量的农产品由于市场容量的饱和难以转化成效益。从农业总产值结构看,种植业占63.4%,畜牧业占23%,水产业占10%,为保障粮食安全作了较大贡献,但对增加农民收入贡献度较低,特别是农产品价格"天花板"效应等约束日益凸显。二是区域内种植业品种结构不协调。以水稻、小麦为主的粮食播种面积持续增长,2012年比2000年增加了227万多亩,增幅达30%以上,油菜、花生、杂粮种植面积大幅度减少,降幅分别达到65.2%、65.0%和61.0%,大豆种植面积减少了19.0%。

2. 农业产业链体系发展有待平衡

农产品加工业、流通业发展相对滞后,本地加工企业实力薄弱,产品科技含量少、附加值低,流通企业设施化、信息化程度不高,规模以上农产品加工业产值和农业总产值比例与农产品资源优势并不匹配。因此,长期以来,淮安农业产业体系的产中环节比较发达,而产前、产后环节建设比较薄弱。在产后初加工环节,大量农产品生产基地缺乏储藏、保鲜、加工等设施设备,产后耗损较大,且大多数农产品加工企业仍以原料供给型、资源消耗型为主,规模小、分布散,缺乏产业带动和行业牵动力,掣肘了整个产业发展;在流通环节,普遍存在农产品冷链配送难、成本高的问题,由此造成了大量损耗和高成本。

3. 农业社会化服务体系已难以满足现代农业发展需求

随着农业发展进入新阶段,农业发展模式与增长方式已发生转变,专业大户、农民合作社和家庭农场等新型经营主体成长迅速,当前淮安农业社会化服务体系已难以满足新型经营主体在服务方式和内容等方面的新要求。主要表

[①] 数据来源:淮安市历年统计年鉴

现在:一方面,公益性农业社会化服务体系普遍存在硬件建设能力不足、人才缺乏等问题,与农民实际需求不能有效对接。与省内其他发达地区比较,淮安现代农业的投入水平尚存在一定距离,据统计,按照每亩耕地的农林水务财政支出计算,淮安只有无锡市和苏州市的十分之一左右。全市农村道路、农田基本建设、灌溉渠网、农业信息化、机械设施等方面的建设标准还有待提高,覆盖领域还有待拓展。目前全市未达到高标准农田建设要求的占比58%,尚有11.2万亩耕地没有灌溉设施,设施蔬菜生产的机械化水平还很低。农业科技研发创新、科技推广、技术培训、社会化科技信息服务方面的能力还比较薄弱,科技对农业的贡献率低于全省平均水平,科技驱动力不足,还不能适应加快全市农业现代发展的需要。另一方面,经营性农业社会化服务滞后于产业发展,农业技术、信息服务及金融服务满足不了产业需求。此外,社会化服务市场主体发育不足,公共平台建设滞后,服务质量和效率总体偏低,影响农业效益和竞争力的提升。

4. 现代农业产业组织体系发育水平有待提高

淮安农业生产经营主体中,现代新型农业经营主体只占少数,大量分散经营的小规模农户仍然是主要力量。此外,新型农业经营主体规范化水平不高,量质不同步。全市的农民专业合作社进入省名录库管理的只有985个,评为星级合作社的2619个,分别占总数的11.6%和30.8%。从运作上看,相当比例的合作社流于形式,缺少应有的合作成分,内部管理薄弱,财务和收益分配制度不健全,运行存在随意性,带动农户的能力也还比较弱。从家庭农场发展看,农场主文化素质普遍较低,高达73.2%的家庭农场主尚未取得职业农民资格证书。农业从业人员的文化程度较低,导致对农业功能价值的认知还停留在传统观念中,影响了现代农业产业的转型升级。

四、淮安现代农业产业转型升级对策建议

现代农业产业体系建设是一项复杂的系统工程,在路径选择上要从淮安市情出发,遵循农业产业和市场经济规律,从资源、要素、技术、市场、制度等方面形成淮安现代农业产业体系的支撑框架和动力机制。总体来看,现代农业产业体系可以采取多维立体式的构建路径,通过结构优化、功能拓展、链条延伸、产业融合等

方式,提高农业整体素质和竞争力,逐步建立起完善的现代农业产业体系。

(一)在横向上优化农业生产结构和区域布局

在建设路径上,既要强调提高传统农业的科技水平、转变农业发展方式,也要注重促进农业与其他产业(如农业与文化、旅游业)相融合,形成集生产、生活、体验和生态功能于一体的复合产业。

1. 突出技术创新的支撑作用

大力提高现代农业产业体系的科技含量,加快推动农业生产、农产品加工及农产品流通仓储技术进步,不断提高农业产业体系各环节的技术贡献率和技术支持水平,实现农业产业发展由资源驱动型向资源和技术双轮驱动型转变,逐渐建立起以技术为主导因素的现代农业产业体系。一是增加农业科研投入。加强国家基地、区域性农业科研中心创新能力建设,增加农业科技成果转化资金和国外先进农业技术引进资金,建设现代农业装备、农业信息化、动物疫病防治、农业气象与生态环境工程技术、农业生物技术等核心技术研究中心。二是加强适用技术的创新研发。全面支持和加强南京农业大学淮安研究院、淮安市农科院等农业科技创新转化重点单位的研究工作,发挥这些单位的核心作用和功能,加强适用技术的创新研发,加快农业机械化步伐,开展深松整地作业,推广水稻机插和工厂化育秧,推进稻米生产全程机械化,围绕"一控两减三基本",集成推广水肥一体化、绿色防控技术,重点支持苏淮猪与淮安大米良种繁育、秸秆与畜禽粪便资源化利用、特色优质新品种研发、高效环保种养技术研发、现代生物农业技术等重大农业科技专项和重点攻关项目,大力推进现代农业装备、农林生物质综合开发利用、农村生态建设、农村信息化、农产品加工及质量安全、农业防灾减灾技术、水利科技等领域的科技创新,以及农业技术成果的集成创新。三是加快建立现代农业科技创新体系。建立鼓励科研人员科技创新和参与产业化开发的激励机制和科学的工作业绩考评制度,探索利用市场机制进行科研人员资源的优化配置,鼓励科研人员献身于生产实用性科技研发创新、推广应用,调动科研、推广等部门人员积极性,引导和鼓励支持农业龙头企业开展技术创新、产品创新活动,支持企业与科研单位建立更加全面、紧密的合作关系。加强地方农业科技创新推广能力建设,推进成果转化和技术推广,完善乡镇或区域性农技推广综合服务中心及村级农业服务站点,健全政府、企业和各类经济组织共同参与的农技推广机制,完善"政、产、学、研"科技成果转化机制,努力提高科技对农业增长的贡献率,推进乡、镇、村基层农技推广体系建设,建立起一支业务精湛、作风扎实的农技推广人才队伍,以及培育新型职业农民,打造高素质现代农业生产经营者队伍。

2. 推进产业结构逐步优化

着力完善现代农业产业体系,形成与市场需求相适应的现代农业生产结构。一是做稳优质稻麦种植业。稳定粮食种植面积,确保粮食总产量稳定增长。二是做精高效设施农业。着力提高蔬菜生产基地的规模化、设施化、标准化程度,扩大精品、特种产品的比例。三是做优健康畜禽养殖业。引导优势产业向主产区集中,加快生产方式由分散饲养向标准化规模养殖转变,不断提高规模养殖比重和水平。四是做强特种水产养殖业。围绕小龙虾、河蟹、特种鱼类等高附加值养殖品种发展特种水产养殖业,做优做强"盱眙龙虾""洪泽湖大闸蟹"等品牌产业。五是大力扶持新兴产业。以洪泽区和金湖县为重点发展食用菌产业,着重引进培育一批大中型食用菌生产加工企业(基地),示范推广一批食用菌新品种和新技术,加快菌种生产和深加工产品开发。加快发展休闲观光农业。以"一圈两带多片区"为重点,建成一批休闲农业集聚区,逐步引导城乡融合型、生产生态生活融合型新型农业产业的发展。六是加快发展智慧农业,加快物联网技术的推广应用,加大精准监测控制、智能化养殖、农产品质量可追溯等技术示范推广力度,实现农业生产的"全面感知、可靠传送、智能处理"。

3. 促进区域合理布局

提升主产区产能,以"4+1"农业产业为主导,按照农业生产空间布局要求,发挥区域比较优势,努力推动形成与市场需求相适应、与资源禀赋相匹配的现代农业产业结构和区域布局。

一是规模化优质粮食种植以盱眙县、涟水县、淮安区、淮阴区、金湖县、洪泽区为重点,建成以白马湖、洪泽湖等湖泊周边区域为主的优质稻米核心基地。二是设施蔬菜以省级"菜篮子"工程蔬菜生产基地为重点,水生蔬菜以金湖县、淮安区、洪泽区为重点,果树、苗木生产以涟水县、盱眙县为重点,将洪泽区、清江浦区打造成省内食用菌生产大区。三是以淮阴区、淮安区、涟水县、盱眙县为重点,加快建设优质瘦肉型生猪规模健康养殖优势发展区,积极发展以淮阴区为中心的鲜奶产业,洪泽区、盱眙县为重点的草食畜禽产业,大力发展盱眙县、淮阴区、涟水县的肉鸡产业,洪泽区、金湖县的水禽产业,淮安区的蛋鸡产业。四是重点培育形成沿湖地区以龙虾、河蟹为主养,沿河地区以鳜鱼、黄颡鱼、青虾、观赏鱼为特色的设施化、规模化产业带,做到发展名特优新养殖与无公害及绿色水产品基地建设相结合、与优质稻米生产相结合、与休闲垂钓相结合、与现代渔业科技示范园区建设相结合,形成区域特色和规模效益。全力打造西部的洪泽湖畔自然山水生态农业文化旅游风光带、东部的白马湖生态农业文化旅游风光带、古黄河都市休闲农业文化旅游风光带、淮河沿线现代农业和新农村景观文化旅游风光带,以及淮安市区(及各县城)城郊农业文化休闲服务区,逐步引导城乡融合型、生产生态生活融合型新型农业产业形态和生态文化社区的发展。

(二) 在纵向上推动农业产业链条向产前、产后延伸

在建设路径上,重点依托农业产业化组织,以农业生产为中心向前、向后延伸,将种子、农药、肥料供应与农业生产连接起来,将农产品加工、销售与生产连接起来,形成上下游各环节紧密衔接、各主体共同参与产业运行的完整产业链。

1. 加快推动农产品加工业转型升级

支持农产品加工设备改造提升,建设农产品加工技术集成基地,提高农产品加工行业科技含量和产业集聚度,加大培养大型农产品加工龙头企业力度,提高产品科技含量,重视产品和市场的细分化,避免各县区之间的同质化、低水平竞争。加强规划和政策引导,支持粮食主产区发展粮食深加工,做大做强粮油、畜禽、水产等大宗农产品的供销、储运和初加工产业,做强、做优食品加工、饮品加工、健康保健产品加工等农产品的精、深、细加工产业。坚持资源化、减量化、可循环发展方向,促进秸秆等农业副产物的循环利用、加工副产物的全值利用、加工废弃物的梯次利用。

2. 积极完善市场流通体系

一是完善鲜活农产品收集、加工、运输、销售各环节的冷链物流体系。面向淮河流域和苏北地区加快农业(农产品、农产加工品、涉农投入品)物流中心建设,提高建设标准和信息化水平,完善配套服务设施和商品质量安全监管能力,提高管理服务能力和水平,加强守法经营教育和规范化经营管理,在大型农产

品规模化生产基地建设配套的高标准产品保鲜储藏中心。二是加快培育各类农产品批发和零售市场。加强农产品电子商务平台建设,在各县区建设现代化的农产品交易中心,在各乡镇和大型社区建设标准化农产品配送服务中心,加强规范化管理,大力发展连锁超市、专卖直销、网上销售等现代流通业态,培育市场口碑好、信誉度高的龙头型零售企业,提高流通效率,促进产销衔接。通过农产品加工和物流配送产业发展推动和拉动农业结构调整、技术创新、质量安全,提高全市农业整体现代化水平、市场竞争力和经济效益,从而积极完善市场流通体系,构建现代农业产业链体系。

3. 健全农业社会化服务体系

加快构建以公共服务机构为依托、合作经济组织为基础、龙头企业为骨干、其他社会力量为补充、公益性服务和经营性服务相结合、专项服务和综合服务相协调的新型农业社会化服务体系。一是发展生产资料供应、种子种苗繁育、病虫统防统治、农机作业、农业废弃物无害化处理和循环利用等农业生产性服务业。推广合作式、订单式等服务方式,推进农业生产全程社会化服务创新。二是鼓励发展多种形式的经营性农业社会化服务经济实体,开展农民迫切需要的各种经营性专业化社会服务。特别优先发展基于机械化和专业设施化条件的土地耕种、育秧育苗、病虫害防治、农作物收割后续处理、仓储销售运输、废弃物资源化综合利用等,有利于提高农业劳动生产力和作业质量,降低农业劳动强度和生产成本,发展具有技术型含量较高的关键性作业水平的专业性社会化经营性服务。加强对经营性农业社会化服务经济实体经营能力、条件、资质的审核和监管,加强经营性社会化服务市场的规范和监管。

(三)在空间上促进农村一二三产业融合发展

在建设路径上,重点是着力推进农业与农村二三产业之间相互渗透、相互交叉,深度挖掘农业的多功能性,加快打造产业融合一体、协调发展的格局。

1. 大力促进信息产业与农业融合发展

推进移动互联、大数据、物联网等现代信息技术与农业深度融合,积极发展基于信息化和互联网的现代新产业、新业态、新模式,实现农业现代化与信息化的同步发展。在生产领域打造智慧型农业,提高农业的自动化、智能化水平。在流通方面大力发展电子商务,包括农产品和农业生产资料的电子商务,提高流通效率和农业竞争力。一是拓展农业电子商务。发展县域电子商务服务中心、乡镇电商服务站和村电商服务点,推进农业电子商务社会化服务,逐步建立县乡村三级农业电商服务体系。二是加强农业物联网建设。推广一批节本增效的农业物联网应用模式,实现远程监控可视化、管理决策智能化、生产控制自动化。在农业园区、农产品加工集中区、"菜篮子"生产基地、规模养殖场及畜禽、水产、园艺、大宗作物大田种植等领域,开展设施智能化生产、精准化监测技术推广应用,促进"4+1"主导产业新型农业规模经营主体中设施农业智慧农业模式推广应用。三是推进为农管理服务信息平台建设。建立农产品质量安全全程追溯的应用系统,实现农业电子商务与农产品全程追溯系统的深度融合,完善农业网络销售体系和农村网络消费服务体系,重抓村级服务点建设,搭建农业电子商务产业载体和综合服务平台,提高农产品网络销售额,建立农业环境承载量评估系统、农业废弃物监测系统和农村生产生活生态环境监测服务系统,建立"互联网+"的"生态协同式"农业科技推广服务平台,提升气象为农服务能力和水平。四是提高信息服务效能。提高淮安农网、电视台新农村建设专栏等信息服务的针对性、时效性和有效性,加大气象、价格信息预警发布、惠农政策落实宣传力度,协同省做好农业科技服务大数据建设。开展农业生产、农业灾情、市场行情等信息采集汇总工作,推进涉农数据资源整合共享,加快推进大数据中心建设,建立农业科技服务云平台,进一步完善农业管理指挥系统,实现农业部门管理服务网络化、高效化、便捷化,提升网站、短信、微信、微博等惠农平台服务功能,完善信息发布机制,提高信息服务效能。

2. 加快农业多功能拓展

要在实现经济功能的基础上,挖掘农业的生态功能、社会功能与文化景观功能,促进农业与环保产业、旅游产业、文化体育产业的融合发展,实现综合效益的提升。如开发淮安红椒系列产品,开发成可观赏的盆景等,设计一系列以淮安红椒的商品性状为特征的工艺品和纪念品。将传统文化根植于品牌创建中,推进品牌创新。通过深层次开发和利用文化资源,扩大淮安农业品牌的影响力,激发巨大的经济效益。比如淮安特有的蒲菜,曾被小说家吴承恩写入名著《西游记》中,也曾是抗金名将梁红玉的"军粮",因此蒲菜在历史上曾被称为"抗金菜"。充分利用这些文化资源,将会很好地扩大蒲菜品牌影响力。搭建农业旅游网络平台,运用旅游地理信息系统(TGIS),采集、分析、整合规划区农业旅游景区、景点、餐饮、住宿、农户、交通等区位分布信息,实现旅游信息共享,构建农业旅游景区乡村、农户和旅游服务行业之间共享、管理、利用合一的管理系统。

3. 强化利益联结机制

通过发展订单农业、股份合作、利润返还等有效的利益联结机制,使生产者、加工者、销售者和服务者之间有机联结在一起,重塑价值链,让农民共享产业融合发展的增值收益。20世纪90年代,日本东京大学名誉教授、农业专家今村奈良臣提出了"第六产业""六次产业化"的概念,指出可以通过一二三产业的相互融合,提升农产品附加值,让农户更多分享二三产业利润,保持农业的可持续发展。日本探索推进的"六次产业化",核心在于"一体化"和"融合",对于新时期完善利益联结机制具有重要意义。首先是创新现代农业发展的理念。农业生产属于第一产业,加工制造是第二产业,销售、服务等为第三产业。"六次产业化"把农产品的产、加、销紧紧联系起来,形成了"大农业"的发展理念。其次是更加凸显农业的基础地位。"1+2+3"等于6,"1×2×3"也等于6,推进"六次产业化",用的不是加法,而是乘法,侧重强调农业的重要性,提出如果没有农业生产,一切都是零,零乘任何数都等于零。再次是更加丰富了产业化经营的发展内涵。即由注重龙头企业的培育到更多注重引导企业与农户建立更加紧密的利益联结关系,实现"风险共担、利益共享",让广大农户更多地分享加工增值利润,这也是产业化经营的本质和目的。完善利益联结与分享机制。一方面,订单农业仍是目前利益联结的基础,仍须大力发展,亟须规范合同内容,逐步实行合同可追溯管理,引导龙头企业与农户形成相对稳定的购销关系,鼓励通过开展定向投入、定向服务、定向收购等方式,为农户提供技术、信息、农资和购销等多种服务。另一方面,股份合作模式,就是龙头企业与农户形成利益共同体,农民以土地承包经营权入股,农产品生产与农产品加工销售由股份公司统一核算,农民既是企业的股东,又是企业的打工者,既能参与股份分红,又能获得打工收入,与企业形成"收益共享、风险共担"的紧密型利益联结关系。这种模式是利益联结的理想状态,是"六次产业化"的发展方向,需要不断总结经验,规范运作,实现双赢。此外还有多方合作模式,这种模式由产业链条的各类生产经营主体和社会化服务组织通过签订合作协议组织起来,发挥各自优势,形成工作合力,为农户、企业提供信贷、保险等服务,促进企业与农户联系更加紧密,推动产业健康发展。

（四）在组织上加强保障措施

1. 政策保障

围绕全市现代农业发展的总体目标,针对淮安当地的具体实际情况,建立完整、有序、有力的政策保障体系。重点制定和贯彻引导产业结构优化调整的产业扶持和限制政策,促进现代农业产业转型升级核心要素集聚的人才引进政策、科技创新奖励政策等,促进农业资源环境可持续性利用的耕地保护政策、生态补偿政策,促进农业经营模式转变的家庭农场扶持政策、社会化服务扶持政策、合作社经营扶持政策、龙头企业培育政策、产业链建设政策、品牌扶持政策,支持现代农业发展的产学研合作支持政策、机械购置补贴政策、各种相关的财政补贴和扶持政策,农民基本权利保护政策,对确定进行现代农业综合配套改革试验的特殊地区的宽松政策环境等。

2. 资金保障

通过政策鼓励社会资金、金融业增加向农业主导产业、农业新兴产业、农产品加工物流相关产业、现代化农业基础设施条件建设、农业生态环境保护、农业高新技术开发等领域的投入。一是通过政府引导资金,带动和鼓励企业、科研院所、合作社、农户增加向农业的投入。建立健全财政支农投入稳定增长机制,加大财政支出投入,支农预算内固定资产投资重点用于农业农村基础设施建设,土地出让收益优先投向农业土地开发和农业农村基础设施建设,逐步稳定提高财政投入资金量。二是灵活应用财政政策和货币政策,利用其杠杆引导作用,带动金融资源和社会资本更多地投向农业。推进农村金融体制改革,构建与农村增长水平相适应的现代农村金融体系。放宽新型农村金融机构准入标准,不断创新和丰富支农信贷产品,实行扶优限劣的差异化金融监管政策和制度安排,完善农村金融机构的服务能力,在支持新型农村金融机构发展的同时注意防控金融风险,构建多层次、可持续、广覆盖的农村金融体系。探索筹建农业投资开发公司,集中社会资金,保障农业投资有利开发与有效管理。支持企业、科研单位、生产经营者、地方政府积极申报国家扶持的科研、开发、建设、技术推广等项目,获取上级政府扶持资金,积极发展土地、财产、收益担保贷款制度。三是加强资金的集中、优化、规范使用管理,提高资金利用效率和效益,优先保障重大项目、重点项目的需要。四是扩大农业政策性保险范围,探索建立以政策扶持与商业运作相结合、政策性保险与商业性保险相衔接的农业保险体系,大力发展多种形式、多种渠道的高效农业保险类型。

3. 人才保障

加强农业系统干部职工培训,优化农技人才队伍,大力培养农业科研领军人才、农业技术推广骨干人才、农业实用人才带头人和农村生产型、经营型、技能服务型人才。大力发展农业职业教育,加快技能型人才培养。分类开展职业农民培训,科学制订符合实际情况的教育培训计划,建立常态化的培训机制,根据不同产业、不同类型新型职业农民从业特点及能力素质要求,实行生产经营型分产业、专业技能型按工种、专业服务型按岗位的分类培训。突出农业从业技能这个核心内容,开展从种到收、从生产决策到产品营销的全过程培训,重点培训良种良法、病虫害防治、农机农艺融合、储藏保鲜、市场营销等现代农业知识技能,以及现代农业管理和经营理念。加强职业和学历教育,以新型职业农民培育对象等为重点,依托农业职业院校、农业广播电视学校等涉农学校,采取弹性学制、"半农半读"形式,就近就地开展中等农业职业教育,培养一批留得住的高素质新型职业农民。加强能力建设与创新力度,健全农广校体系,定向培养新型职业农民。农广校要健全机构、强化职能、建强阵地、配好队伍、提高能力,更要加强新型职业农民培育的创新能力建设。在教育培训实施主体多元化上下功夫,充分发挥高等院校、科研院所、推广单位、农业企业、农业合作社等机构和单位的功能作用,联合并引导这些机构融入并主动开展新型职业农民培育。支持高校毕业生和各类优秀人才投身现代农业建设,鼓励外出务工农民带技术、带资金回乡创业,不断壮大农业农村人才队伍。

乡村振兴战略下淮安休闲农业发展研究

十九大报告指出,实施乡村振兴战略,要按照产业兴旺、生态宜居、乡风文明、治理有效、生活富裕的总要求,建立健全城乡融合发展体制机制和政策体系,加快推进农业农村现代化。"产业兴旺"放在第一位。产业兴旺,就是形成产业多元化。休闲农业,就是利用农业景观资源和农业生产条件,发展观光、休闲、旅游的一种新型农业生产经营形态。作为近年来快速崛起的新产业、新业态,休闲农业能调整农业产业结构,改善乡村生态环境,增加乡村居民收入,从而引领乡村构建新时代的产业治理模式、生态治理模式、社会治理模式,助力脱贫致富,践行社会主义核心价值观,提升文明素养和文化水平,为广大农民提供生态宜居、和谐美丽的幸福家园,最终助推乡村振兴。

近年来中央一号文件从不同高度对发展休闲农业予以重视。2017年中央一号文件提倡要大力发展乡村休闲旅游产业。2018年中央一号文件中再提休闲农业和乡村旅游,指出要实施休闲农业和乡村旅游精品工程。2019年中央一号文件指出要充分发挥乡村资源、生态和文化优势,发展适应城乡居民需要的休闲旅游、餐饮民宿、文化体验、健康养生、养老服务等产业。这足以说明国家对休闲农业和乡村旅游高度关注,并积极推动休闲农业的发展。2016年农业部会同发改委等14部门联合印发了《关于大力发展休闲农业的指导意见》,分别对休闲农业政策扶持、资金支持、用地机制、金融信贷支持和税费优惠建议进行了答复,提出要制定发展政策,以推动农村一二三产业的融合发展。这再次印证了国家对休闲农业的重视力度,可见休闲农业在未来将占有更重要的发展地位。

本文写于2019年10月。

一、乡村振兴战略下淮安休闲农业发展的重要性

淮安是个农业大市,农业地域辽阔,自然景观优美,乡村民俗风情浓厚多彩,发展休闲农业有着得天独厚的条件与广阔的发展前景。

第一,休闲农业是淮安市实施乡村振兴战略的重要举措。乡村振兴战略要求实现乡村产业振兴、生态宜居、乡风文明、农民生活富裕的战略目标。作为近年来快速崛起的新产业、新业态,休闲农业发展得好,农村的人气和资源要素重新聚集,农村社会治理明显改善;大批工商资本投入农业和农村改造,先进生产技术和管理技术得到广泛应用,乡村的路、电、水、气等公共设施得到较大改善,农村的环境面貌极大改观。因此,休闲农业在实现产业兴旺中扮演着重要角色,在实现生态宜居上发挥着重要作用。

第二,休闲农业是淮安市实现高质量发展的强大推动力。淮安作为一个农业大市,依托农村田园风光、乡土文化等资源,大力发展生态休闲农业和乡村旅游,拓展农业多种功能,不仅可以满足城乡居民对美好生活的向往,还可以将生态环境优势转化为经济社会发展优势。发展休闲农业和乡村旅游,不仅能够将农业从单一的生产功能向休闲观光、农事体验、生态保护、文化传承等多功能拓展,还能够借助其较高的经济效益,调动各类经营主体投入改善农业基础设施、转变经营方式、保护产地环境的积极性。发展休闲农业和乡村旅游已经成为淮安市调整农业结构的重要途径,加速现代农业发展从而实现高质量发展的强大推动力。

第三,休闲农业是淮安市全面建成小康社会的有效途径。淮安市政府工作报告显示,2019年全市经济社会发展主要预期目标是:城乡居民人均可支配收入增长8%左右,全面完成脱贫攻坚目标。并指出,要提前一年基本实现"建档立卡低收入人口全部脱贫,省、市定经济薄弱村全面出列,重点片区面貌显著改善"三大目标;强化重点扶贫片区、经济薄弱村项目帮扶,促进村集体和低收入农户双增收;高度重视返贫问题,持续巩固脱贫攻坚成果。今年是新中国成立70周年,是决胜高水平全面建成小康社会的关键之年。通过发展休闲农业,有利于带动餐饮住宿、农产品加工、交通运输、建筑和文化等关联产业发展,推进产业扶贫与现代农业、休闲旅游深度融合。结合区位和资源禀赋,因地制宜,重

点探索"资金变股金、资源变资产、农民变农工"新发展模式,着力提升产业辐射带动能力,实现贫困户多渠道参与产业发展,让休闲旅游农业成为开启脱贫致富之门的"金钥匙",从而增加农民的财产性收入与经营性收入,保障农民收入持续较快增长,进而提高其消费能力,这对于淮安全面建成小康社会意义重大。

作为乡村振兴战略中的重要手段和途径,休闲农业对于淮安农业、农村发展具有独特的促进作用。加快休闲农业发展有利于淮安促进农村一二三产业融合发展,支持和鼓励农民就业创业,拓宽增收渠道;推动农村绿色发展,助推"美丽乡村"建设,促进城乡一体化发展;推进农业供给侧结构性改革,盘活闲置农村资源,有效拉动内需,实现共享发展。因此,休闲农业的发展是淮安推动落实乡村振兴战略的坚实落脚点,并且对于淮安更好地优化发展路径和模式,从而进一步抢抓机遇、增创优势,实现"聚力创新、聚焦富民,高水平全面建成小康社会"具有重要战略意义。

二、淮安市休闲农业发展的概况

淮安市地处我国东部暖温带与北亚热带过渡地带,兼有南北气候特征。境内河川交错,水网密布,农业历史悠久,农业景观类型多样,农业地域宽广,具有发展休闲农业的丰富资源。淮安市委市政府出台的《关于加快"4+1"现代农业产业转型升级提质增效发展的意见》中将休闲农业与优质稻米、高效园艺、规模畜禽、特色水产一同纳入"4+1"现代农业发展规划,也体现出地方政府对休闲农业的重视程度。经过休闲农业的多年实践,淮安市休闲农业已经取得了一定的成效。

(一)淮安市休闲农业发展的现状分析

淮安市休闲农业起步于"十一五"时期,"十二五"期间取得明显发展。近年来,淮安市坚持以"以农为本、因地制宜,突出特色、彰显效益,政府引导、市场运作"为原则,围绕"都市农业、乡村旅游、健康养生、农事体验、生态文明、科普教育、农耕文化"等主题进行差异化布局,着力建设"吃住行游购娱学"一体化的休闲农业景点。

1. 休闲农业规模不断扩大。目前,全市新建成休闲观光农业经营主体 34

个,累计达到 600 多个。其中:江苏古庄牛生态农业开发有限公司、涟水金鸡荡旅游发展有限公司等 4 家企业被评为"全国休闲农业与乡村旅游四星级企业";洪泽龙禹生态园等 8 家园区被评为"全国休闲农业与乡村旅游三星级企业";盱眙县天泉湖镇陡山村等 7 个乡村被评为省级休闲观光农业精品村;淮阴区薰衣草庄园等 9 个休闲农业点被评为省级主题创意农园。2019 年,金湖县前锋镇白马湖村成功入选 2018 年"中国农民丰收节"100 个特色村庄;金湖荷花荡入选全国 100 个休闲农业和乡村旅游精品景点线路。

2. 休闲农业发展模式逐步多样化。根据淮安市休闲农业经营业态现状,休闲农业有原野公园、观光采摘园、观光科教园、生态农庄、休闲乡村和度假庄园六类业态。淮安市休闲农业以观光采摘园为主,占比为 50.30%;其次是生态农庄,占统计项目数的 25.44%。观光采摘园和生态农庄两种业态项目合计占全市休闲农业项目的 75.74%。而处于业态高端位置的休闲乡村和度假庄园,合计占比为 7.70%;度假庄园占比 1.78%。

目前,淮安市已经初步形成了:以柳树湾、桃花坞和花卉基地为代表的古黄河生态民俗游。以涟城镇"荷缘"万亩猪沼藕生态区为代表的涟水乡村观光景区。以洪泽湖湿地为代表的洪泽湖风景名胜景区。洪泽区在开发洪泽湖旅游资源和大闸蟹等特色品牌农产品的同时,做足"好景观",拓展农业发展空间,初步建成东有白马湖湿地公园、西有古堰湖古堰森林公园、南有三河闸水利风景区、北有洪泽湖荷花荡的生态观光农业体系;制定加快发展都市农业的实施意见,积极打造蒋坝河工文化体验区、三河都市农业观光区、西顺河渔家风情区、岔河创意堤岸观赏区、老子山道教温泉养生区,满足市民休闲、观光、娱乐、体验等多元化需求。以铁山寺为代表的盱眙山水旅游景区。盱眙县通过丘陵山区开发,先后成功打造铁山寺国家森林公园、中澳乐博园、玉皇山等一批农业旅游基地;以绿色高效发展理念为引领,打造了一批以高产高效和绿色生态为特色的创意农业园;通过举办"盱眙休闲农业观光季"活动,提升休闲农业知名度。以荷花荡为代表的金湖生态农业观光景区等休闲旅游板块。金湖县依托万亩荷花荡打造全球最大的观荷园;围绕苏北最大的人工生态林,打造华东地区最大的森林休闲度假基地;以瓜果采摘、休闲垂钓、农事体验、花卉观赏等为内容的农业观光旅游,打造沿淮金线休闲农业风光带。淮阴区探索"农业+文化+旅游"发展模式,以节为媒、以节会友,成功举办首届码头蝴蝶兰花节日、棉花庄生态采摘文化节、刘老庄农民艺术节、丁集薰衣草节等一批农业节日,把淮阴的乡村野趣和四季花果串点成线。

3. 休闲农业客源市场日益广泛。全市休闲经营项目主要是农业观光、果蔬采摘、垂钓餐饮、农产品及其加工品销售等。把休闲农业项目的市场范围按照由近及远的顺序分成本县区、本市、周边市、其他更远市四个层级。统计发现,仅有8.79%的项目市场范围局限在本县区,12.09%的项目局限在本市范围,高达62.64%的项目范围涉及周边市,还有16.48%的项目市场范围涉及北京、上海、武汉、杭州等个别特大城市。总体看,目前的市场范围基本符合休闲农业旅游客源地同心圆分布规律(相关研究表明:92.6%的客源分布在休闲目的地周边200千米范围内,5.2%的客源分布在200—400千米范围内,2.2%的客源分布在400千米以外)。2017年,休闲农业接待游客量突破540万人,营业收入达10亿元,从业人员约1.56万人,其中农民1.34万人。全市休闲经营项目主要是农业观光、果蔬采摘、垂钓餐饮、农产品及其加工品销售等。据淮安市政府相关资料测算,2019年,全市休闲观光农业点接待游客预计实现559万人次,其中盱眙县、清江浦区、金湖县、洪泽区等约占全市游客接待总数的85%;全市年实现农业旅游收入14.06亿元;全市休闲观光农业从业人员共计约1.56万人,其中农民1.38万人。休闲农业正成为现代农业新的"增长极"、农民持续增收新的"增长点"。

4. 休闲农业政策的有力支持。休闲农业对提升淮安市现代农业发展水平,推进新农村建设,提高经济、社会和生态效益具有重要意义,这引起了市、县(区)党委政府对休闲观光农业发展工作的高度重视。从2012年开始,"环白马湖生态农业示范带"被列入市政府每年的重点项目。2015年,淮安市将休闲农业明确为全市"4+1"现代农业产业的一大新兴产业,明确了发展目标。2016年将培育休闲农业经营主体纳入年度目标考核中,提高了基层思想认识,加强了组织引导管理;将休闲农业纳入市财政"4+1"现代农业产业专项引导资金(共5 000万元)扶持范围。2017年,淮安市编制了《淮安市创意休闲农业规划(2016—2030)》。2018年,淮安市在"4+1"现代农业产业发展基础上,提出将"特色生态休闲"作为农业高质量发展重点打造的三大高附加值现代农业特色产业之一,进一步推进了淮安市休闲农业提档升级。

（二）淮安市休闲农业发展存在的问题

虽然取得了不错的成绩,淮安市休闲农业在整体规划、基础设施供给、地方特色开发、经营管理人才、核心吸引力、市场需求匹配等方面还有待提升。

1. 休闲农业发展集群度有待提升。淮安市休闲农业尚处于发展的初级阶段,零星分布,发展的随意性较大,规模化优势不突出。虽然淮安市在发展现代农业、休闲农业、乡村旅游等方面都制定了相应的规划,但规划之间、市县之间的衔接性不够。因此,虽然也形成了淮阴区刘老庄乡和码头镇、涟水县红窑镇和保滩镇、洪泽湖洪三路、盱金路沿线等少数集聚点或发展带,但大多数项目仍呈现分散布局特点,缺乏统筹考虑和科学安排。创意休闲农业是朝阳产业,需要按照产业链分工,在空间上集聚发展,从而形成产业集群。这无论是对于行业整体提升,还是对于单个项目发展而言,都是非常有利的。

2. 休闲农业产品结构有待优化。目前,淮安市休闲农业点经营内容单一,农事体验、科普教育、住宿娱乐等功能不全,趋同性比较明显,功能特色有待拓展。多数休闲农业点没有自身特色和品牌,市场知名度不高。虽有少数创意农业项目,各县区较为重视并取得一定成效(如在品牌打造上,盱眙打造"特色休闲之都",金湖县以荷文化节为依托,积极打造以赏湖景、品湖鲜为主题的"渔家乐"旅游,洪泽区在三河、朱坝、蒋坝等乡镇打造生态观光农业品牌),但整体看,具有地方特色和较大知名度的创意休闲农业品牌企业非常缺乏。从休闲农业产品结构形式看,类型上以"农家乐"居多,在吃、住等方面发展较好,而农业观光、体验教育和农村民俗文化等休闲农业产品开发相对欠缺,对本地乡土文化的挖掘利用程度明显缺乏,极少数涉及乡土文化的项目也多停留在农耕文化展示的浅层利用上。品牌的塑造是一个系统的过程,不仅仅是休闲农业经营者的分内事,也是政府义不容辞的责任。相比苏南地区,淮安市休闲农业的区域品牌认知度较低,项目品牌认知度更低,同时缺乏工业化、现代化、市场化理念以及农业科技支撑和引领作用,农产品还处于产品价值链最低端,创意元素注入不足,农产品附加值不高,缺乏深加工的乡村旅游购物品。

3. 休闲农业服务保障有待提高。一方面,基础设施有待提高。多数经营主体受自身实力限制,投入不足,尤其一些经营者、农户几乎不做市场调查,在对客源类型、客源分布、市场规模、消费需求和消费能力完全不了解的情况下,仅对乡村资源稍加改造就仓促实施,缺乏统一规划,以致建成后才发现交通条件、食宿条件,包括路、水、电、厕所、停车场、垃圾污水处理设施、信息网络等基础设施与环境承载能力都无法很好协调、配套,从而制约休闲农业旅游发展,导致节假日接待游客严重超负荷。由于进入门槛低,采用粗放经营模式,这就必然导致经营主体以降低品质、低价竞争的方式来吸引客源,既会严重破坏当地的生态环境和旅游资源,又会影响休闲农业的可持续发展。另一方面,资金渠道有待拓宽。目前,休闲农业比一般的龙头农业项目投入要多,农业的投资主体大多是工商资本,资金投入渠道单一,农民大户等投资偏少,不利于农民创业。

4. 休闲农业专业人才缺乏。淮安休闲农业的发展,总体处于规模小、数量多、布局散的发展阶段,经营方式多为以家庭为经营单位,对休闲农业的发展缺乏专业的经营管理知识,也对市场运行规律缺乏专业的认识。即使是一些规模较大的休闲农庄的管理人员,其思维方式和管理方法仍然采用传统农业的经营办法,不利于休闲农业的创新发展。再加上各地劳动力特别是有文化的年轻男性劳动力大都外出打工,而农村的留守人员多为老幼妇弱,休闲农业从业人员基本上为当地农庄周边的村民,大多没有接收过正式的行业培训,文化素养、综合素质、创新能力较低,为顾客服务的意识也比较淡薄,无法满足建设高品质、提供优质服务的休闲农业的要求。休闲农业在我国是一项新兴产业,暂时没有形成完整的教育培训体系,大学教育中更是没有提及休闲农业人才的培养。从业人员基本上是一个地区周边的农户,普遍存在教育水平不高和接受新事物新信息能力较差的问题。人才的匮乏严重制约了休闲农业的发展。

三、国内外休闲农业发展的经验借鉴

对国内外休闲农业发展的成功案例进行分析,吸取其成功经验,有利于促进淮安市休闲农业的发展。

(一)国外休闲农业成功案例借鉴

本部分选取澳大利亚休闲农业发展状况进行探讨。

澳大利亚是最早发展休闲农业的几个国家之一,在休闲农业园区建设、休闲农业信息化推广等方面具有丰富的发展经验。如澳大利亚葡萄酒庄园已经成为目前游客来到澳大利亚所必须进行游览的重点度假目的地之一,这主要是借助于当地葡萄酒酿造业的发展。当地葡萄酒在世界范围内非常著名,价格也非常优惠,因此很多葡萄酒爱好者慕名而来,而且其葡萄酒庄园和庄园城堡的特色景观也吸引了大量的游客。围绕着这一地域特色,葡萄酒庄园还进行了大胆的创新,比如在葡萄种植的基础上,形成集采摘、休闲度假、葡萄酒品尝鉴赏、葡萄酒销售、酒文化沙龙等多种形式为一体的活动,既充分发挥了农业的多功能属性,又增加了产品的收益,这些都促进了休闲农业进一步发展。澳大利亚的葡萄酒庄园很好地利用了花卉节等开发主题,形成一种在全球范围内的独特景观,更重要的是在一些具体的环节上增加了互动性,因此使得很多游客的体验更具趣味性。澳大利亚休闲农业经过多年的发展,形成了一整套成熟的运作方式,有着丰富的经验,其对淮安市休闲农业发展的主要启示有:

(1) 打造"休闲农业+互联网"新业态,构建智慧休闲农业。澳大利亚打造休闲农业信息化网络,为游客提供系统全面的农业旅游信息网。淮安的休闲农业也应该积极应用互联网技术,农业部门和旅游部门以及各个农业庄园应共同努力建设智慧休闲农业生态。一方面寻求现有的出行旅游软件进行合作,在网络上展示农庄的优美环境、绿色无污染的农产品以及丰富的娱乐活动,扩大对游客的吸引力。另一方面,规划智慧出行的精品旅游线路,并通过智能应用连接互联网,让游客能够提前知道线路和景点情况,合理规划出行。总之,通过多种智慧旅游手段让居民与游客感受现代休闲农业游的舒心。

(2) 休闲农业产品多元化发展,加大对休闲旅游的推广工作。澳大利亚休闲农业在兴起阶段,主要是依托消费者来园区观光,借机向他们推销农产品。但随着休闲农业的发展,澳大利亚不断开发具有特色的休闲农业旅游项目和产品,体验式乡村生活、升级版农家乐、稻田民宿等新型项目和产品逐渐兴起。淮安休闲农业的发展和澳大利亚最初的发展状态类似,仍主要局限在农产品销售和农业景观观光上,所以需要持续地对农产品进行更新;在产品体系不断完善之余,也要加大对休闲农业美丽的景色、有趣的农家体验和美味的农家美食的宣传推广工作。一方面,将传统文化根植于品牌创建中。通过深层次开发和利用文化资源,扩大淮安农业品牌的影响力,激发巨大的经济效益。比如淮安特有的蒲菜,曾被小说家吴承恩写入名著《西游记》中;也曾是抗金名将梁红玉的"军粮",她领兵镇守淮安遭遇金兵围困,偶然发现蒲菜,解决了粮食尽绝困境,因此蒲菜在历史上曾被称为"抗金菜"。充分利用这些文化资源,将会很好地扩大蒲菜品牌影响力。另一方面,线上线下相结合,实施"互联网＋农产品品牌"营销计划。充分利用国内外各类农业展示展销平台、大众媒体等,宣传推介农产品品牌。如阳澄湖大闸蟹,在产品未上市之时,就通过"饥饿营销＋网络营销"方式,利用微博炒热并进行团购预定,使品牌获得了飞跃。积极培育农产品新型专业市场,结合线下品牌农产品配送中心等现代物流业,不断提高品牌农业的影响作用范围。

(3) 促进"农业＋旅游"产业链融合,打造具有特色的农业旅游产品。休闲农业是农业＋旅游的交叉产业,促进农业和旅游业高效有机融合,是实现休闲农业经济效益的有效途径。澳大利亚充分利用休闲农业的农业属性和旅游观光属性,开拓了农业生产、产品销售、农业园区观光、农事体验、产业文化交流等多种形式的体验项目,在农业生产的基础上尽可能地延长了产业的发展链条,推动一二三产业融合发展,实现了农业与工业、农村与城市的休闲农业旅游的有机融合。淮安可以借鉴澳大利亚的经验,拓展休闲农业产业链,开发种植、加工、乡村民俗等产业的旅游功能,打造真正富有农味的一二三产业融合的休闲农业旅游模式。

(二)国内休闲农业规划经典案例

本部分选取台湾休闲农业发展状况进行探讨。

休闲农业是重要的民生产业和新型消费业态,是新常态之下农村经济增长的潜力所在。农村改革与土地流转的持续推进,有利于发展规模化、专业化的休闲农业产业链。台湾休闲农业共有7种类型:

(1) 乡村花园。清境小瑞士花园位于台湾南投县仁爱乡台14甲公路清境农场旁,海拔大约有1 800米。这里的空气清新自然,景色优美如画,兼具北欧风光,因此又有"台湾小瑞士"及"雾上桃源"之美名。清境小瑞士花园的年平均温为15—23℃,舒适宜人的气候成为人们避暑的胜地。园区内种植了世界各地的奇花异草,美丽又新奇。而区内的设施如挪威森林广场、阿尔卑斯双塔、落羽松步道、主题花园等皆环绕天鹅湖而建,悠然地徒步其间犹如置身在欧洲。园中还设有大型停车场、露营烤肉区、欧式花园、精致餐饮中心、纪念品贩卖部、露天咖啡广场等,提供另一种休闲享受。

(2) 乡村民宿。清境地区民宿通过策略联盟经营的方式,成立了清境观光发展促进会,共同进行营销活动推广,在对外事务的利益争取、地区发展的规范、地区的资源分配与协调等方面取得了很大的进展,进一步推动了当地乡村民宿的健康发展。而台北黄金山城金瓜石则充分利用丰富的人文风情和优美的自然风景,把原先的台湾冶金矿区,从炼金厂到古烟道等进行了合理规划开发,独特的景观吸引着无数游客前来到访。

(3) 观光农园。台湾的观光农园最初为苗栗大湖、彰化田尾菜地1980年开始经营的观光果园、观光花市。到1998年,北部区域已有55处观光农园,占全台湾地区观光农园总数的55.56%;中部区域有21处,占21.21%;东部区域有12处,占12.12%;南部区域有11处,占11.11%。目前,观光农园的类型包括观光果园、观光茶园、观光菜园、观光花园、观光瓜园等。各式各样的观光农园因开放时间不同分布全年不同季节,让人们一年四季都可享受观光、休闲、摘果、赏花的田园之乐。

(4) 休闲农场。休闲农场是台湾农业类型中最具代表性者。农场原以生产蔬菜、茶或其他农作物为主,且具有生产杂异化的特性。休闲农场具有多种自然资源,如山溪、远山、水塘、多样化的景物景观、特有动物及昆虫等,因此休闲农业可发展的活动项目较其他类型的休闲农业更具多样性。常见的休闲农场活动项目包括农园体验、童玩活动、自然教室、农庄民宿、乡土民俗活动等。休闲农场是由数个农民或多个农民团体联合兴办的,规模比观光农园要大,面积一般在50公顷以上,经营的项目比较多元化。

(5) 教育农园。教育农园是利用农场环境和产业资源,将其改造成学校的户外教室,具备教学和体验活动之场所、教案和解说员。在教育农园里,各类树木、瓜果蔬菜均有标识牌,这里有昆虫如蝴蝶是怎样变化来的等活生生的教材。游客在此参与农业、了解农产品生产过程、体验农村生活。这里为城市的青少年了解自然、认识社会、了解农业和农村文化创造了条件。台一教育休闲农场于1991年成立,起初以提供农民各类蔬菜、花卉的种苗培育为主,近年来致力于推广地方的产业观光,开始积极转型。在场区规划设置多项深具文化教育和休闲娱乐功能的设施,如插花生活馆、DIY才艺教室、亲子戏水区、浪漫花屋、可爱动物区、度假木屋、景观花桥、各类植物生态标本区等。这里规划建设了全亚洲最大的蝴蝶生态馆及甲虫生态馆,利用园区内原有的多种蜜源植物来培育各种蝴蝶,利用香菇废弃物等营造出甲虫的生态空间,为游客提供认识昆虫生态的地方,是一处兼具农业休闲和教育学习功能的园区。

(6) 市民农园。市民农园是指经营者利用都市地区及其近郊的农地划分成若干小块供市民承租耕种,以自给为目的,同时可让市民享受农耕乐趣,体验田园生活。1989 年,台北市农会积极规划推动市民农园,并于 1990 年辅导北投区设立第一家市民农园,也是台湾第一家市民农园。到 1998 年底,台湾已设置 58 处市民农园,都属于农耕体验型市民农园。这些市民农园的设置,以都市近郊、水源充足、环境优美、交通便利、车程在半小时最为理想。与观光农园相对,市民农园是由城市市民利用平时业余时间经营的,不以营利为目的。从总体发展情况来看,台湾市民农园的规划建设远没有其他园区形态发展得好。

(7) 休闲牧场。休闲牧场是以名、特、优、新的农作物以较好的设施和高科技含量进行生产来吸引游人,向人们展示先进的生产技术和多姿多彩的产品。初鹿牧场地处台东县卑南乡明峰村内,场区占地约 54 公顷,为全省坡地集中牧场之最。休闲牧场内宽广辽阔,乳牛及乳制品是主要的经营目标,以奶牛饲养,品尝自产牛奶、奶酪、牛肉,以及其秀美的牧场景观吸引游人。2004 年,仅门票收入一项就达 300 万元人民币,效益很是可观。牧场划分为露营区、产品贩卖部、菠萝园、茶园、槟榔园、枇杷园和竹林等区域,是适合露营度假的好去处。

台湾休闲农业给淮安休闲农业发展的启示有:

(1) 充分发挥休闲农业的多功能属性。深度体验,其乐融融。台湾休闲农庄都设有可供多人同乐的设施,例如烤肉区、采果区、游戏区,农耕体验区等,有的还设有充满台湾农村乐趣的烘烤区,供游客享受土窑烤地瓜、烤土窑鸡的乐趣;有的不定期举办农业有关的教育活动、趣味比赛;有的提供与场内动物接触的机会,游客可以借喂养小牛、挤牛奶、喝生奶的过程,体会牧场农家的生活。寓教于乐,广受欢迎。休闲农庄不仅是休闲娱乐、游玩,且是实践、学习的好场所,农庄平时主要接待学校师生,用作毕业旅行或户外教学,周末则以吸引全家度假的客人为主。如"台一生态教育农园"精心设计了插花生活馆、才艺教室、亲子戏水区、花卉迷宫、浪漫花屋、蝴蝶甲虫生态馆等不同区域,游客可依序参观。

(2) 融合民族文化,突出文化特色。如松田岗创意生活农庄以东南亚民族风情为特色,深入挖掘了东南亚民俗文化,每个星期的礼拜五和礼拜六都会表演东南亚民族风情的舞蹈,歌唱独特的民族歌谣,让游客仿佛置身于另一个国度。农庄中最为有名的是席拉曼表演秀,该表演向游客展示各个国家独特的民族风情,让游客感受到别样的文化体验。

（3）将艺术融入园区建设，用创意打动游客。台湾休闲农庄主有一个共同的特点，那就是都特别热爱乡村田园生活。他们建设休闲农庄的初衷，有的可能只是为了圆儿时的一个梦想。他们不追求短时间的暴利，而是从一开始就非常注意生态环境的保护。在建设与经营过程中，不断融合自己的创意，将农庄当作自己的艺术作品，客人可以明显感受到庄主的艺术风格和个性追求。不断创新，追求创意。例如头城农场的传统项目叶拓 T 恤，不断有新的图案推出，时常有新意，固定的客源可以反复前来消费。金勇 DIY 农场每年都会增加新的番茄品种，将来自各国的西红柿组合在一起的"联合国西红柿礼盒"让游客在一个礼盒中就可以品尝到来自各国的各种形状、各种颜色、多种口味的西红柿。

四、淮安市休闲农业高效发展的对策建议

（一）科学合理布局　统筹开发市场

休闲农业一产是基点，二产是重点，三产才是亮点。休闲农业的布局要注重实现一二三产融合发展，根据经营模式进行设计定位。规划要以地域特色为基础，按照"因地制宜、突出特色、合理布局、和谐发展"的要求，定位精准，主题鲜明。建设要善于就地取材，同时还必须避免重复建设。只有注重全局发展，因地制宜创新经营方式，形成"点、线、面"的串联营销，项目的活力才能得到真正的释放。要鼓励科研教学单位建立一批创意设计中心、规划研究中心，组织开展头脑风暴、展示交流等活动，为创意农业发展提供智力支撑。投资企业、行业协会、科研院所、政府等要共建产学研平台，实现良性互动发展。

随着现代游客对观光独特性需求的不断提升，休闲农业的发展必须着眼于当地特色资源，努力开发创新市场以拉动消费增长。一方面，创新发展模式。积极引导符合条件的农户利用农业与生活资源，大力发展以"吃农家饭、住农家院、摘农家果"为主要内容的农家乐；打造以休闲度假和参与体验为核心，功能齐全、环境友好、文化浓郁的休闲农庄；突出传统农耕文化与现代科技的结合，拓展教育示范功能，推进现代农业示范园建设；充分利用农业生产过程的时空景观，发展农业观光园，彰显人与自然和谐的丰收景象。

另一方面，随着居民收入的增长，人们对生活品质的要求提高，应充分挖掘

休闲农业的市场潜力。休闲农庄作为短途目的地,主要供城镇居民周末休闲而创建,针对都市人群,所以应以缓解压力为出发点,节约时间、资金成本为目的,设立适合目标人群的活动项目,以此来吸引更多潜在游客及常客。庄园要有的放矢,针对都市年轻人可以不定期举办聚会活动项目,针对外地游客可以开展民俗风情文化交流活动,针对老年人可以设立老年活动场所,如养生馆、素食斋等,针对青年儿童可以开展科普教育或亲子活动,如集训营、小小实验室等,让更多人体悟自然、本土风情。

(二)加强品牌建设 扩大营销宣传

创意休闲农业不仅可以地理上临近,而且融合了一二三产业,产业关联性强,具备集群化发展条件,应坚持集群化空间发展战略。空间布局坚持集聚发展,产业发展坚持价值链延伸。可以选择依靠关联产业、依靠大企业带动小企业、依靠科技支撑、依靠特色农业资源、依靠园区与市场结合等不同模式培育产业集群。坚持把打造品牌作为创意休闲农业提质增效的重要手段。政府、行业协会、产业联盟鼓励加大对创建品牌培育的引导和扶植。切实发挥经营主体在品牌创建中的主动性积极性。通过特色化、规模化发展打造一批国家级和省级品牌项目,进而示范引领全市创意休闲农业优质发展。

好的品牌需要强大的宣传力度才能树立口碑。第一,要利用好电视、广播、报纸等一些传统媒体进行广泛的宣传,这些传统的媒体虽然在目前数字媒体的夹击下已经逐渐式微,但是依然有着比较大的受众群体,而且图文并茂,成本逐步降低,能够长期进行广告的投放。要利用好电视传媒进行广泛的宣传,这种具有立体感和现场感的传播形式,能够增强宣传效果。

第二,在互联网快速发展的当下,休闲农业的发展也必须依靠科技的推动力量。休闲农庄可以通过自媒体建立微博、微信公众平台,将农庄的特色优势及不断推出的活动实时更新,让观光游客积极关注并转发相关信息,提高知名度并树立良好的口碑。利用新型传播媒介,比如抖音等微视频平台,紧跟重要的移动互联网流量入口,加强宣传。一是要邀请一些休闲农业摄影爱好者进入淮安来拍摄等,通过抖音等途径进行传播;二是政府机构要制作相关的纪录片或者是宣传片等,通过一些大型流量平台的投放,比如朋友圈广告等。多途径、多种形式地对淮安休闲农业特色进行包装宣传,做好各类产品和项目定位,吸引更多的人到乡村体验乡风、品尝美食。

第三,休闲农业商品也是宣传淮安的有效途径。游客在休闲体验之余,往往会选择购买具有当地特色的名优土特产带回家,并转赠亲朋。因此,设计具有文化性、纪念性、收藏性和艺术性的高质量、高附加值的淮安特色产品,能够直观地体现淮安特色,吸引更多的人来淮安休闲度假。

(三)加大资本投入　完善配套设施

加大人力资本投入。当前,淮安市休闲农庄就业人员素质普遍较低,严重影响了休闲农业向较高层次发展的进程。应积极加强与当地高校、科研单位及农学会的联系,开放用人机制,让更多拥有专业知识的人才加入休闲农业的建设中;对于在职人员应增加培训课程,定期反映实践中出现的难题,通过专家讲座、开设课程等培训形式对从业人员进行专业知识及经营管理的培训指导;培育新职业农民,提升农民的职业技能及科技创新意识,探索培育农业职业经理人。

拓宽融资渠道。创意休闲农业投资大,周期长,目前以个人独立投资为主的形式难以实现更大更好发展。必须拓宽融资渠道,改善投资结构。鼓励民间资本、金融产品、工商资本投资采取独资、合资、合伙等多种形式参与休闲农业开发和经营。鼓励农户以土地使用权、固定资产、资金、技术、劳动力等多种生产要素投资休闲农业项目,以互助联保方式实现小额融资。鼓励担保机构对信用状况好、资源优势明显的休闲农业项目适当放宽担保抵押条件,并在贷款利率上给予优惠。鼓励利用PPP模式、众筹模式、互联网+模式、发行私募债券等方式融资。探索以旅游资源、扶贫资金等入股方式投资。加大财政补贴扶植力度,实施创意休闲农业多元化投融资战略。围绕现代农业发展和新农村建设要求,各类惠农项目向休闲农业倾斜。要将休闲农业的公共基础设施建设纳入当地基础设施建设计划并予以支持,水利、公路等部门要优先安排休闲农业项目区相关基础设施建设,为项目区提供良好的硬件支撑。各级政府要逐步建立休闲农业发展基金,专项支持休闲农业的规划制定、基础设施建设、特色产业、村庄治理、产品开发和宣传推介等工作。

完善基础设施。加快休闲农业点的路、水、电、通信等基础设施建设,建立明晰的路标指示和完备的停车场。参照相关规范标准,改善住宿、餐饮、娱乐、垃圾污水无害化处理等服务设施,使休闲场所和卫生条件达到公共卫生标准,实现垃圾净化、环境美化、村容绿化。加强休闲农业生产基础条件建设,在动植物新品种引进、现代种养技术示范、设施农业生产设备、绿色有机农产品生产等方面加大建设力度,为拓展农业功能创造条件。

增强风险保障。创意休闲农业投资大、回收期长、市场波动大、自然灾害威胁高等特点,决定了其项目投资风险较高。一旦发生风险事件,投资人往往损失严重,而政府财政在此方面的应急补偿非常有限。因此,积极探索新型保险、增强风险保障成为当务之急。一要鼓励保险企业建立农业新险种,除自然灾害险、病虫害险、种子险等常规险种外,要积极建立产值保险、价格保险、技术保险、收入保险等新险种。二要加大宣传力度,强化投资人风险意识,扩大投资人参保范围,提高投资人参保额度。三要转变农业补贴方式,由直接补贴转为保费补贴,由补贴土地承包人转为补贴土地经营者。

(四)成立行业协会 强化规范管理

行业协会是自组织管理的有效载体和形式。国外休闲农业发展较为先进的国家都相继成立了休闲农业行业协会。行业协会不仅可以对国家的相关政策法规做出明确的解析和判断,更有助于指导和监督行业发展。淮安市应组织开展休闲农业协会,制定行业标准,建立监督机制,更好地带动休闲农业产业发展。

第一,必须尽快成立相关的协会,并引导这些专门的机构和项目农业相关的部门进行更好的对接,就淮安休闲农业的发展相关事宜进行更好协商,共同服务于淮安休闲农业发展。市县两级要在农业主管部门指导下成立创意休闲农业协会,建立协会章程,完善组织架构,补充专业管理人员,理顺工作机制,建立行业规范。积极发展会员,加强对会员的指导管理。第二,必须要加强制度的建设,使得各个部门对于休闲农业的建设方面分工明确,包括行业经营者的制度建设,要进一步规范行业的发展,制定适当的标准,推动行业整体水平全面提升。第三,依托新型职业农民培育、农村电商培训等教育培训项目,加快培养创意休闲农业管理与服务人才。加强与国家级、省级协会的对接,积极参加各级协会组织的活动。通过协会,规范本地创意休闲农业发展,扩大淮安品牌影响力。同时,要组建创意休闲农业与乡村旅游产业联盟,通过联盟实现创意休闲农业与乡村旅游融合发展。

以农业全产业链建设支撑和引领乡村振兴的对策研究

乡村振兴战略是我国未来相当长时期内指导农业农村工作发展的一项重要政策。"产业兴"则"乡村兴",乡村振兴的关键之一是产业振兴,而农业高质高效是产业兴旺的重要一环,也是县域经济核心竞争力所在。因此,加快建立和健全现代农业全产业链成为落实乡村振兴战略的重要举措。淮安市政府批复同意的《淮安市"十四五"全面实施乡村振兴战略推进农业农村现代化规划》,勾勒出了淮安市"十四五"期间推进农业农村现代化的"路线图",明确提出全面推进产业转型升级,加快农业现代化建设,提升农业全产业链发展水平。

一、淮安农业全产业链建设引领乡村振兴的战略意义

淮安市第八次党代会提出淮安要由"农业大市"向"农业强市"跃升。现代农业的发展离不开全产业链模式的打造,现代农业竞争已由产品之间的竞争转为产业链之间的竞争。加快培育发展农业全产业链,推动农业规模化、产业化、市场化发展,对于淮安巩固拓展脱贫攻坚成果与乡村振兴有效衔接和农业农村现代化发展,进而实现共同富裕、加快建设长三角北部现代化中心城市具有重要意义。

第一,有利于发挥农业多种功能,提升乡村多元价值。打造农业全产业链是聚集农业多种功能、提升乡村多元价值的具体体现;通过打造农业全产业链,推动农业及其相关联产业产值上升,为乡村全面振兴铸就坚实基础。一是能够发挥农业食品保障功能,延长产业链,提升价值链,打造供应链,为消费者提供安全优质健康的食品保障。二是能够发挥农业生态涵养功能,践行"绿水青山

本文完成于2022年12月。

就是金山银山"理念,开发绿色生态高附加值产品,遵循高效利用的循环经济。三是能够发挥农业文化传承功能,推进城市产业创新。

第二,有利于拓展产业增值空间,助力农民增收致富。打造农业全产业链,要紧紧抓住"粮头食尾、农头工尾",以分工协作为前提、以规模经营为依托、以利益联结为纽带,通过赋能产业链,农民就业增收由狭窄的种养领域向宽广的二三产业领域持续拓展,由农业单项生产环节向全产业链持续增收拓展,实现循环增值、梯次增值、全链增值,从而实现淮安市在八届四次会议上提出的扎实推进富民强村帮促行动、农民收入十年倍增计划,更好助力农民增收致富。

第三,有利于提高现代农业水平,主动地融入双循环。打造农业全产业链,要打造核心优势,确保产业链、供应链安全稳定,增强核心控制力。发挥企业创新主体作用,围绕乡村产业发展中面临的原料靠进口、加工在城市、供需有矛盾等问题,统筹布局一批产业基础安全可靠、产业链条健全完整的新项目,使农业全产业链关键技术装备打好基础,减少对外依赖。同时,提升淮安农业主导产业全产业链现代化水平,顺应消费升级需求,推动农业向价值链中高端跃升,为新发展格局的形成提供坚实的内需战略支点。

二、全产业链视角下淮安农业的发展现状分析

全产业链是对产业链条中每一个环节和部分都可以进行有效控制的发展方式,在发展过程中,以市场作为发展的核心,经营主体的业务范围进行横向和纵向的扩张,并向相关产业的上下游进行多方位的延伸,通过签订合约,或者进行产权合并,发展除主营业务的其他业务,其有效控制的环节包括原料的培育、产品的研发和运输以及销售服务的多个环节。农业全产业链是围绕区域农业主导产业,将农业研发、生产、加工、储运、销售、品牌、体验、消费、服务等各个环节、各个主体链接成紧密关联、有效衔接、耦合配套、协同发展的有机整体,推动农业从抓生产向抓链条、从抓产品向抓产业、从抓环节向抓体系转变。

近年来,淮安市依托独特的气候地理资源,打通"从种子到筷子"全链条通道,取得了不错的成绩,但同时也存在一些亟须提升的方面。

(一)发展成就

淮安是农业大市,素有"鱼米之乡"的美誉。近年来,淮安坚持质量兴农、绿

色兴农、品牌强农,重点发展特优高效种植、特种健康养殖、特色生态休闲三大产业,加快产业融合发展,促进农业高质高效发展。

1. 积极打造农业主导产业。多年来,淮安市农业坚持走特色精品发展之路,稳步推进稻米、小龙虾、规模畜禽、螃蟹、特色蔬菜五大现代农业产业集群建设,着力培育具有淮安特色的现代农业产业体系。淮安粮食产量从2016年开始,连续6年增产,成为首个荣获"中国稻米产业融合发展示范市"称号的城市。以小龙虾、螃蟹为特色的水产健康养殖面积59万亩,稻虾综合种养规模110万亩,小龙虾产业获批国家优势特色产业集群。2020年以来,全市新增万头以上生猪养殖项目26个,生猪、家禽养殖总量均处于全省前列。全市认定绿色蔬菜产业基地93个。2021年农业产业集群产值达到600亿元,主要农产品加工转化率65%以上,引进培育年销售收入超5亿元农业精深加工企业2户以上,积极创建省级区域公用品牌。严格落实粮食安全责任制,确保重要农副产品稳产保供。

2. 积极建设示范性农业全产业链。近年来,淮安不断夯实产业根基,打造农业主导产业及休闲农业、食用菌、中药材3个成长型产业,构建完善全产业链,大力推进农业上下游产业、前后环节有效连接的农业全产业链示范样板和全产业链集群。先后建成淮安淮阴台湾农民创业园、淮安国家农业科技园、洪泽国家现代农业示范区、淮安国家农村产业融合发展示范园、盱眙国家现代农业产业园、国家级两岸现代农业合作试验区等6个国字号农业园区,3个省级现代农业产业示范园,10个省级现代农(渔)业产业园区,14个市级现代农(渔)业产业园区。淮安市加强农产品冷链仓储设施建设,当前全市正在建设的蔬菜产业项目共14个,总投资17.88亿元。清江浦区清香农场现代农业产业化基地、淮安区明好食品预制淮扬菜、淮安福昌食品净菜加工、盱眙县和善园绿色蔬菜规模种植和冷冻食品项目、天隆康特色预制菜肴、金湖杉荷农产品加工产业园等一批重点项目正在有序建设。淮安区预制菜等新兴产业项目建设有序推进,江苏淮安苏食肉品有限公司投入0.3亿元扩大中央厨房生产线,开展丸类、香肠等预制菜生产。绿色农业蓬勃发展,淮安推广使用植保新设备、新技术、新模式,在全国率先启动农业农村部农产品全程质量控制技术体系试点,农作物病虫害统防统治率近70%,测土配方施肥覆盖面达90%,涌现出绿色稻米、绿色芦笋、绿色芡实等一大批绿色品牌。创新稻虾种养模式,生态虾、龙虾米供不应求。率先全省实施生态鱼池改造,规模养殖场污染处理设施100%配齐,养殖尾水循环利用"零排放"。从"产量农业"到"效益农业",再到"高效生态农业""美丽经济",农业产业整体层级不断提升。

3. 农业产业化水平显著提高。在"一县一特、一村一品"政策的推动下,全市农业企业发展迅速。现代经营体系加快建设,新增土地流转面积20万亩,新建改造高标准农田59万亩,新增省级以上农民专业合作社30个,省级以上龙头企业销售收入增长7.5%,创成2个省级农业生产全程全面机械化示范县。截至目前,全市共有市级以上农业龙头企业338家,其中国家级农业龙头企业5家、省级农业龙头企业60家、市级农业龙头企业273家。着力提升农业综合效益,健全质量安全全程追溯生产体系,开展种业振兴行动,争创涟水芦笋、清江浦红椒、淮阴黑猪等一批国家特色农产品优势区,积极创建国家级绿色农业发展先行区。加大"淮味千年"品牌线上线下推广力度,打造一批农产品网货基地,促进农业"接二连三"发展。

(二) 存在问题

淮安市农业全产业链建设虽然取得了不错的成绩,但也存在一些亟待提升的方面。

1. 产业链空间布局有待优化。目前,淮安市农业全产业链升级发展尚限于市县层面,在省级层面的顶层设计仍然缺位。同时,市级示范性农业全产业链的产业分布和空间分布不均衡问题也比较突出,往往进一步导致产业资源空间错配,降低资源配置效率,对产业发展空间和竞争力提升形成严重制约。比如淮安大米虽然获得过行业和全国性金奖,但产地分布较散,生产主体杂乱,没有任何集种子研发、培育、种植、加工、展览等于一体的核心区,且缺乏统一的品牌运营,难以占据高端市场。此外,科技含量不高。运用国际国内领先的农业技术的深度、广度不够,科技含量不高,共产化、智能化、模块化、标准化的先进生产方式缺乏引进和推广。农业生产大多仍停留在传统种养模式,农产品增值效益和溢出效应较低,产出效益较先进地区差距十分明显。

2. 产业链利益联结机制有待完善。全市农业全产业链的利益联结机制相对单一、松散,多数情况下,农户参与度仍偏低,话语权不足,产业利益分配仍多偏向于企业主体。企业主体在产业化机制中占主导地位,同时,在整个农业产业链中,农户往往只参与生产环节,而加工、流通环节的利益增值和利润返还,农户很难参与进来。农产品销售仍以"原"字头为主,大量农产品只能作为原材料运往外地销售或进行二次加工,本地农产品初级加工和低档次产品多,传统农副食品加工占比达54%,利润空间较小。企业带动不强,全市共有规上食品工业企业193户,农产品加工以中小企业为主,企业平均规模小,核心竞争力不强,销售超10亿元企业仅31家,占集群规上企业数的4%,产业带动力和影响力弱。

3. 产业链品牌价值有待提升。仍存在全产业链内容空洞、主体不强、品牌不优等问题,产业链体系尚不完善,产业功能亟须拓展和丰富。淮安市农产品地理标志证明商标数在全国社区中排名第三,但地方品种多而杂乱,没有整合资源、统一运营,缺乏在全省乃至全国有重要影响力的特色农产品。比如淮安水稻有近百个品种,各种品种各自为战,没有面向市场形成统一的运营品牌,导致市场效应分散、经济效益不显。品牌特色不够凸显,带有地域特色的农产品在近年发展中逐渐趋于弱势,农产品供给缺乏特色,附加值较低,种养殖效益长期在低层次徘徊。比如淮阴黑猪价格高于白猪市场售价,但由于生产生长周期长,饲养成本高,养殖户大多不愿意养殖黑猪,相关部门又缺乏政策引导,导致淮阴黑猪养殖规模长期停留在低位水平。长此以往,地方特色农产品有断代风险。特别是多数产业供应链、营销链建设不足,基于产业地域特色和核心竞争优势的品牌体系相对薄弱,具有全国乃至国际知名度的企业和品牌十分稀少,进一步制约了全产业链的价值提升和实现,不利于产业的升级发展和提质增效。

三、农业全产业链建设引领淮安乡村振兴的对策建议

据此,多层次、深层次打造新时代淮安农业全产业链,助推乡村振兴,要立体式、开放式打造"三链协同"。

横向延伸拓展,提升价值链。以农业为基础,着眼消费者需求,延长农业全产业。贯通产加销,从原材料型、鲜食型等初级产业延伸至食品加工、生物材料、清洁能源等加工型产业,推动农业产业链条持续向上下游的种养、加工、销售等领域延伸,实现农产品的品质提升与价值增值。要加强规划引领,立足整

体规划，在全市层面，摒弃门户之见，突破村与村、镇与镇、县区与县区之间的行政区域限制，以特色农产品和产业基础为出发点，科学规划农业产业布局，不断优化农业产业配置，形成集聚效应。比如可将金湖、洪泽等部分区域纳入盱眙龙虾小镇共同规划，加快推进项目建设，以盱眙龙虾为统一品牌，发挥整体优势，增强竞争力，提高辐射力。三个县区在龙虾产业发展中各美其美，各得所得。此外，要以特色化、品牌化为方向提升价值链，构建生产过程标准化、质量安全可追溯、市场监管制度化的品质，打造更多高品质、有口碑的农业"金字招牌"。如淮安市洪泽岔河大米，目前生产此大米的岔东公司对所有水稻基地实行"八统一"管理服务，即统一育秧、统一耕整地、统一机械化插秧、统一机械植保、统一施肥、统一管水、统一收获运输、统一烘干收储，推进优良水稻品种种植和水稻全程产业链机械服务。还将基地所有水稻种植面积纳入质量追溯范畴，委托专业机构对产品进行定期检测，建立起从田头到餐桌全程可溯源的质量安全管理体系，从源头上保障农产品品质和质量安全。

将产品附加值高、经济效益好的农业产品作为产业链上的特色品牌，提高农产品的生产效率，加强宣传推荐，扩大农产品的品牌影响力。一方面，精准线下营销。在全市旅游景点、商业集中区新增"淮味千年"品牌线下专营店，让优质农产品走进本地市场，积极培养本地消费习惯和消费能力，增加本地消费者认同感，同时面向北京、上海、南京等重要消费市场，利用淮商现有场所、现有营销渠道，布设市外线下店。另一方面，拓展线上营销。顺应网络时代、流量时代和直播时代，进一步深化与淘宝、京东、拼多多等知名电商平台的合作，加强与抖音、快手等社交类平台合作，尝试与优质网红开展直播带货合作。通过电商销售、网红带货等方式，在线上大力营造品牌形象，以流量带动销量。还要放大节庆营销。以每年世博会为牵引，各县区持续办好金湖荷花节、盱眙龙虾节、洪泽螺蛳节等地方节庆活动，在主要消费城市核心地段精准投放广告，并召开产品推介会，不断放大节庆效应。

纵向要素融合，增强供应链。以农业龙头企业、"领头羊"企业的产业链为主对整个生产管理过程进行设计，主要采用龙头企业的高效运作与专业化生产，以中介组织如农业合作社管理机制为中心，并以农业生产基地附近的专业化营销市场为依托，通过龙头企业的专业生产基地带动农户的生产。通过企业的生产、加工、控制、冷藏、物流配送，完成产品的销售。同时农户还可以根据市场的需要,与市场直接联系,销售自己生产的产品,实现混合纵向一体化发展的全产业链结构(如图1)。

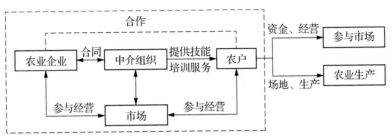

图1 混合纵向一体化的全产业链模式

此外,在互联网、大数据、云计算等信息技术快速发展与广泛应用的背景下,推动科技、数据、资本等要素的空间集聚、融合,实现农业"稳定供血、分压增氧"的动脉链条。以科技促进产业提质增效,以信息拓展市场并提升收益,通过资源与要素的自由流动、优化重组,显著提升农业全产业链的流通效率。尤其要用好数据要素,对农业生产、加工、销售、库存、消费、进出口等全产业链条进行数据采集、分析、应用,发挥优化资源配置、预测预警等功能,进而释放数据经济价值,提高全要素生产率,促进农业高质量发展。近年来,淮安市在农业农村各领域持续推动数字技术应用创新,积极创建一批省、市级数字农业农村基地,进一步引领驱动全市数字乡村高质量发展和农业农村现代化建设。根据最新数据,全市共有淮安区蓝水湾、涟水瑞丰农业、江苏淮香食用菌等37个市级数字农业农村基地,金湖荷盛莲业有限公司、淮安柴米河、淮安哒哒牧业等19个省级数字农业农村基地。

产业跨越融合,优化功能链。在农产品供给的基本功能之外,充分挖掘劳动就业保障、生态涵养、农耕文化传承、文旅康养、民俗体验等功能特征和"农业+"文化,催生创意农业、"农业+"教育,催生教育农业、"农业+"信息,催生智慧农业,推进农业与旅游、文化、教育等第三产业的深度融合,激发农业生产的内生动力,促进农业由物质产出向非物质产出延伸、由平面农业向立体农业转变、由有边有形向无边无形拓展,拓宽农民增收渠道。淮安市已出台《淮安市农村一二三产业融合发展工作实施细则》,推动淮阴区马头镇国家农村产业融合发展示范园创建,加快百斯特鲜食公司一二三产融合发展标准化试点项目建设。围绕"农业+"拓展农业多种功能,组织开展农事节庆活动,提升发展农旅项目,已成功举办洪泽(蒋坝)网络螺蛳节和第二十二届盱眙国际龙虾节等活动,培育市级乡村旅游重点村8个,2个乡村旅游重点村通过省级示范评审,全市实现休闲农业综合收入11.23亿元。结合乡村振兴先导区建设,以高标准农田建设为载体,统筹现代农业产业布局,优先向大运河百里画廊乡村振兴示范带安排。积极培育产业强镇,引领三产融合发展。金湖县塔集镇成功获批国家级农业产业强镇创建单位。如已正式获批成为国家AAAA级旅游景区的淮安市白马湖"向日葵的故事"是白马湖旅游度假区的三大核心景区之一,是长三角地区生态特色鲜明的农旅融合产业基地。景区以向日葵的故事为主线,着力打造集花卉种植、产品加工、旅游观光等功能于一体的农旅融合试验区。景区中向日葵种植、灌溉、施肥、收割已全面实行机械化,葵花收割后,葵秆粉碎还田,可作为第二季向日葵种植的肥料;剥离的葵花籽烘干后,与国内知名葵花加工企业合作开发葵花籽、葵花油等衍生品,形成向日葵经济产业链,实现景观效益和经济效益共赢,有效放大农旅融合的倍增效应。

农村篇

Countryside

城镇化和财政支农
对城乡收入差距影响的实证研究

一、引言

我国自改革开放以来,经过30多年的高速增长,经济和社会发展取得了巨大的成就,居民收入水平也有了较大幅度的提高,但同时也伴随着一些结构性问题,其中比较明显的是城乡居民收入差距持续扩大的问题。1980—2010年,我国城乡收入比由1.8升到了3.23,而这两年由于农产品价格上涨、外出务工人员最低工资增加和城市职工尤其是城市公务员和事业单位人员工资没有调整等原因,这个比率有所下降。但中国社会科学院在北京发布的2013年社会蓝皮书——《2013年中国社会形势分析与预测》显示,中国收入分配不平等程度总体上仍在继续提高,城乡居民收入差距有反弹的风险。2011年,我国城镇居民家庭人均收入是农村居民家庭人均收入的3.13倍,比2010年有所缩小;但2012年1—9月城镇居民家庭人均收入实际增长幅度同比明显提高,农村居民家庭人均现金收入实际增长幅度同比则有所回落;故按照这种态势,2012年城乡居民收入差距确实有反弹迹象。我国是世界上城乡收入差距最大的国家之一,同时也是世界上3个城乡收入比高于2的国家之一,而世界上绝大多数国家的城乡人均收入比小于1.6。城乡差距大是收入分配结构失衡的最突出体现[①]。

城乡居民收入差距问题不仅是一种经济问题,也是关乎改革发展稳定的社会和政治问题。城乡居民收入差距呈扩大的趋势,已经成为我国经济社会协调

本文写于2013年3月。
① 清华大学中国与世界经济研究中心研究员袁钢明对此进行的评论。

发展的主要障碍。它不仅影响了农民的生产积极性,而且严重制约了农村巨大需求潜力的释放与小康社会的构建进程。因此,研究城乡收入差距问题具有重要的现实意义。本文试图以我国1978—2012年的数据为样本进行实证分析,厘清城镇化①、财政支农对城乡收入差距的动态作用机制,找出问题的症结所在,为解决城乡收入差距扩大趋势、统筹城乡发展提供借鉴意义。

二、相关文献综述

关于我国城镇化与城乡收入差距的关系,许多学者分别从不同的视角进行了分析,主要有以下几种观点:部分学者认为城镇化缩小了城乡收入差距,如苏雪串认为城镇化滞后是制约农村居民收入水平的根本原因,加速城镇化有利于缩小城乡居民收入差距[1];姚耀军通过利用中国改革开放以来20多年的数据进行实证分析,发现城市化水平与城乡收入差距负相关且是其格兰杰原因[2]。相反,有的学者认为城镇化通过促进二元经济结构形成以及加大农产品价格剪刀差等问题,从而扩大了城乡收入差距[3-5]。此外,部分学者认为城镇化对城乡收入差距有双向效应,主要是取决于城乡居民收入比的临界点2.54[6]。

此外,财政支出也被认为是影响我国城乡收入差距的重要因素。有的学者认为财政支出政策显著扩大了城乡居民收入差距,财政收入会缩小而财政支出会拉大城乡收入差距[7]。陆铭和陈钊在研究城乡收入差距时发现,科教文卫事业占财政支出比重的增加将扩大城乡收入差距,而基本建设支出、支农支出比重的增加均有利于缩小城乡收入差距[8]。陈安平和杜金沛从财政分权以及财政支出结构的角度研究其对城乡居民收入差距的影响,结果发现扩大财政支出并不利于缩小城乡收入差距,但在财政分权制度下,财政支出的不利作用在减弱,科教文卫、农业支出有利于缩小城乡收入差距,但是随着财政自主权程度加强,它们对城乡差距的削减作用逐步减弱[9]。

以上研究对于认识我国的城镇化、财政支农和城乡收入差距之间的关系具

---

① 城镇化,又称城市化、都市化。伴随着工业化进程的推进和社会经济的发展,人类社会活动中农业活动的比重下降、非农业活动的比重上升,与这种经济结构变动相适应,乡村人口与城镇人口此消彼长,同时居民点的建设等物质表象和居民的生活方式向城镇型转化并稳定,这样的一个系统性过程被称为城镇化过程。

有重要借鉴意义。但相关文献对于三者大多是将其作为单独系统进行研究,将三者作为一个整体进行研究的很少,尤其缺乏动态分析。因此,本文在上述研究的基础上,将城镇化和财政支农纳入分析框架中,以揭示三者之间的动态关系,为缩小城乡收入差距、统筹城乡协调发展提供政策建议。

三、实证分析

(一) 变量的选择及数据的来源与处理

1. 变量的选择

城乡收入差距(Y)。根据大多数学者研究城乡收入差距的指标选取方法,本文采用城市居民家庭人均可支配收入与农村居民家庭人均纯收入之比来衡量城乡收入差距。显然,这个比值越大,说明城乡差距越大。

城镇化(U)。对于城镇化水平的衡量,有单一指标(如城镇人口占总人口比重、非农业人口占总人口的比重)法和综合指标合成法①。本文采用目前学界公认的单一指标法,即城镇人口占总人口的比重来表示城镇化水平。

财政支农(G)。作为主要的解释变量,用财政用于农业的支出占财政总支出的比重来衡量。其中,用于农业的财政支出包括农业基本建设支出、支援农村生产支出和农林水利气象等部门的事业费、农业科技三项费用以及农村救济费。

2. 数据来源与研究方法

本文采用1978—2012年的年度数据,城乡收入差距与城镇化数据来源于1980—2012年《中国统计年鉴》,财政支农数据来源于历年《中国财政年鉴》。

本文主要利用 EViews 6.0 进行相关的数据统计分析。为考察城乡收入差距、城镇化、财政支农之间的动态关系,本文通过建立向量自回归模型(VAR)来研究。首先需要检验时间序列的平稳性,否则可能会出现虚假回归问题;其次对三个时间序列进行协整检验,以验证城乡收入差距、城镇化、财政支农之间是

---

① 综合指标合成法:主要考虑城市化诸多方面的因素来衡量,以"人口城市化""经济产值城市化"和"面积城市化"3个指标作为基础,并赋予不同的权重合成的数据来代表城镇化水平。

否存在长期稳定的均衡关系;接下来用格兰杰(Granger)因果检验法描述三者之间因果关系的方向性;最后通过建立向量自回归模型(VAR)的脉冲响应分析和方差分解动态地揭示三者之间的关系。

(二) 模型的估计与检验

1. 平稳性检验

为了消除可能存在的异方差的影响,对各变量进行自然对数变换,原序列的协整关系不会因此而改变,变量的对数形式分别表示为 LY、LU、LG。通过利用 ADF 检验方法对 LY、LU、LG 进行单位根检验(如表1)发现 t 检验值都大于 5% 的临界值,这说明 LY、LU、LG 均为非平稳序列,接着对三个序列的一阶差分 DLY、DLU、DLG 进行单位根检验,结果发现都为平稳序列,这说明 LY、LU、LG 均为一阶单整 $I(1)$,满足了协整检验的前提。

表1 变量单位根检验结果

变量	ADF 检验值	检验类型(C,T,K)	临界值	检验结论
LY	−1.424 427	(C,0,1)	−3.646 342	非平稳
DLY	−3.134 627	(C,0,0)	−2.954 021	平 稳
LU	−1.607 181	(C,T,1)	−4.262 735	非平稳
DLU	−4.387 099	(C,0,0)	−3.646 342	平 稳
LG	−2.570 709	(C,0,0)	−3.639 407	非平稳
DLG	−7.356 372	(C,0,0)	−3.646 342	平 稳

2. 协整关系检验

采用恩格尔(Engle)和格兰杰(Granger)提出的基于残差的检验方法。首先建立城乡收入差距、城镇化和财政支农之间的回归模型,即 $ecm_t = ly_t - \alpha lu_t - \beta lg_t$,接着检验方程残差的单整性,发现 ADF 检验统计量 −3.405785 明显小于 5% 显著性水平下的临界值 −2.954 021,残差序列 ecm_t 为平稳时间序列,说明三者之间存在一种长期的趋势,即存在协整关系。

3. 格兰杰因果关系检验

协整检验表明城乡收入差距、城镇化、财政支农之间存在长期稳定的均衡关系,但这种均衡关系是否构成因果关系,需要用格兰杰因果检验法进一步验

证时间序列 LY、LU、LG。结果如表 2 所示。

表 2 城乡收入差距、城镇化和财政支农的格兰杰因果检验

零假设	滞后阶数	F 检验	概率
LU 对 LY 不存在格兰杰因果关系	1	7.013 39	0.012 6
LG 对 LY 不存在格兰杰因果关系	1	12.023 9	0.001 6
LU 对 LY 不存在格兰杰因果关系	2	5.765 82	0.008 0
LG 对 LY 不存在格兰杰因果关系	2	1.924 03	0.104 8
LU 对 LY 不存在格兰杰因果关系	3	7.187 43	0.001 2
LG 对 LY 不存在格兰杰因果关系	3	1.930 94	0.150 4
LU 对 LY 不存在格兰杰因果关系	4	4.464 35	0.008 6
LG 对 LY 不存在格兰杰因果关系	4	1.198 32	0.279 5
LU 对 LY 不存在格兰杰因果关系	5	1.964 97	0.130 5
LG 对 LY 不存在格兰杰因果关系	5	1.372 12	0.338 6

由表 2 可知，从滞后 1 期到 4 期的 LU 不是 LY 的格兰杰原因的概率很低，这说明城镇化是城乡收入差距的格兰杰原因，城镇化对城乡收入差距具有显著的影响。相反，从滞后 1 期到 2 期 LG 是 LY 的格兰杰原因，这说明财政支农在滞后 2 期内对城乡收入差距具有显著的影响，但从滞后 3 期开始缺乏显著的影响。以上说明，城镇化和财政支农都是引起我国城乡收入差距变化的原因，但财政支农对城乡收入差距变化的解释能力与影响程度不及城镇化。

4. 脉冲响应函数分析

建立 VAR 模型前，通过采用 LR(Likelihood Ratio，似然比)检验方法，从最大滞后阶数开始，利用 EViews 6.0 软件，LR(23.129 46)、FPE(2.68e$-$09)、AIC($-$11.246 29)、HQ($-$10.927 45)均指向 2 阶滞后，因此本文选取 2 阶滞后进一步验证 VAR(2)模型的稳定性，计算 AR 的特征多项式根，所有根的倒数的模都小于 1 并位于单位圆之内。因此，该模型的稳定性条件得到满足，根据其所构建的 VAR 模型是平稳的。本文为了直观反映城乡收入差距、城镇化和财政支农的关系，直接在模型的基础上，采用渐进解析方法计算响应函数的标准方差(如图 1)，以直观地展示变量之间的相互关系。

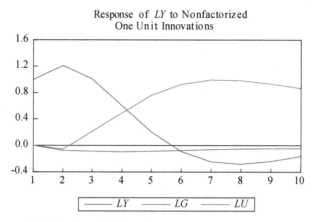

图 1　城乡收入差距对城镇化水平、财政支农的脉冲响应函数曲线

脉冲响应分析的结果表明,城乡收入差距对于来自城镇化的冲击响应,前 2 期为负,从第 3 期开始转为正,随后逐渐上升,在第 7 期达到峰值,但总体来说是正向冲击,这说明刚开始城镇化水平的提高有利于缩小城乡收入差距,但随后城镇化水平的提高则不利于缩小城乡收入差距。而城乡收入差距对来自财政支农的反应一直为负,其中前几期带来了较大的负面冲击,该阶段财政支农的缩减效应要大于城镇化水平的缩减效应,随后从第 5 期开始,财政支农对城乡收入差距的影响力度逐渐减少,但总体来看,呈现有利于缩减城乡收入差距的趋势。

四、结论分析与政策启示

对我国城镇化、财政支农与城乡收入差距关系的实证分析表明,城镇化与财政支农对城乡收入差距均具有显著的影响,但所起的作用不同,并且长短期也各不相同,主要结论如下:第一,长期来看,城镇化水平、财政支农与城乡收入差距之间存在显著的长期均衡关系,并且城镇化将导致城乡收入差距扩大,而财政支农则有利于缩小城乡收入差距。第二,短期来看,城镇化水平与财政支农对城乡收入差距都带来了较大的负面冲击,这表明城镇化水平与财政支农的提高短期内有利于缩小城乡收入差距,且该阶段财政支农的缩减效应大于城镇化水平的缩减效应。

总结本文的研究结论,短期内城镇化对缩小城乡收入差距有显著的影响,但是在此过程中,由于城镇化带来的各种问题制约着农业的发展,如耕地、水资源量减质降,生态环境局部改善但整体恶化,农业基础设施仍较薄弱,这些都影响着农业生产的发展。此外,随着农村生产要素和资源流向城镇,支撑条件日益弱化。1979年诺贝尔经济学奖获得者舒尔茨曾指出,改造传统农业必须从外部注入新的生产要素:资本、技术、人才以及新制度要素。然而现行体制下,加快城镇化的结果是导致农村廉价的生产要素,即土地价值、农村资金和优秀劳动力流向城市和工业,这就使中国改造传统农业的速度和效益大打折扣。这些都使得城乡居民收入在一度缩小后又进一步扩大。

财政支农有利于缩小城乡收入差距,但在后期影响力逐步减弱。原因在于国家财政用于农业的支出占总财政支出的比重低下且总体呈现下降趋势,由1978年的13.43%下降到2003年的7.12%,到2008年稍微提高。农业基本建设支出占总财政支出的比重,1978年为4.52%,2003年下降到2.14%。此外,财政资金的分配进一步向城市倾斜,2007年主要针对城市居民日常生活的粮、棉、油、肉等各项财政性补贴支出,就超过了国家财政用于农业基本建设的支出。但值得欣慰的是,近年来,国家意识到了城乡公共投入的差异,逐渐增加了对农村的投入[①],但由于我国农村地广人多,广大农村尤其是中西部地区农村,在水、电等基础设施方面与城市的差距较大,城乡居民能够享受的公共服务差距比较明显。

因此,要缩小城乡收入差距,就必须妥善破解这些困境,选择更合适的城镇化发展模式和财政支农路径,实现我国城乡统筹发展。政策启示如下:

遵循城镇化的客观规律,积极稳妥推进新型城镇化。在加速推进新型城镇化进程中,必须从制度和政策改革入手,立足资源的合理配置和优化。"城镇化"不是简单地将城市人口比例增加和城市面积扩张,更重要的是实现产业结构、就业方式、人居环境、社会保障等一系列由"乡"到"城"的重要转变,并促使国内二三产业不断向城镇聚集。此外,人的城镇化是新型城镇化的核心。带动农民自然而然地通过在工厂、企业、公司稳定就业后转化为市民,地理位置的转移和职业的改变将不可避免地引发农民生产、生活方式的演变,从而扩大内需

---

① 2008年中央财政用于"三农"的支出比上年增长37.9%,达到5 955.5亿元,占中央财政总支出的11%左右。

市场的逐步形成和农村、城镇化居民收入的提高,以缩小城乡收入差距。此外,统筹推进城乡改革,消除体制性障碍,逐步建立城乡统一的劳动就业制度、户籍管理制度、义务教育制度和税收制度等,逐步形成有利于城乡相互促进、共同发展的体制和机制,促进资源要素在更大范围内的流动,提升工业化、城市化和农业现代化水平,建立城市反哺农村的有效机制,充分发挥城市的辐射效应,为城乡统筹的制度创新提供更广阔的空间,从而最终实现城乡经济互动、社会和谐发展。

增加支农支出占总财政支出的比重,优化财政支农结构。第一,应着力推行农村偏向的政策,加大对农业和农村的转移支付力度。提高农业补贴,改进补贴办法。对农民补贴可借鉴西方发达国家的做法,对农民进行直接补贴,按人头将补贴通过银行直接划到农民的账户上,这也是提高我国农产品国际竞争力的需要。第二,加大对农业的科技投入。要提高农业的科技创新能力,加大对农业技术的研制和推广力度,大力发展以市场为导向的农业产业化,提高农业的经营组织程度尤其要加强县乡级农技人员队伍建设,提高农业科研和推广的效率,切实增加农民的收入。第三,逐步实现城乡公共服务均等化。加大对农村的教育投入力度。夯实农村的义务教育,大量发展农村职业教育以及加强对城市流动人口子女的教育管理,健全城市实施流动人口随迁子女义务教育的体系。第四,完善农村基本社会保障制度建设。应该重点加强最低生活保障制度、医疗保险制度和养老保险制度的建设。要科学地确定最低生活保障线标准,合理地界定最低生活保障的对象。建立农村医疗保险制度,加强农村的公共医疗卫生建设,明确农村医疗卫生事业的责任主体,强化政府责任,加大对农村医疗卫生体系的财政投入和补贴力度,加强对农村医疗卫生体系人才的培养。

参考文献

[1] 苏雪串. 城市化与城乡收入差距[J]. 中央财经大学学报, 2002(3):42-45.

[2] 姚耀军. 金融发展、城市化与呈现收入差距:协整分析及其 Granger 因果检验[J]. 中国农村观察, 2005(2):2-8.

[3] 程开明, 李金昌. 城市偏向、城市化与城乡收入差距的作用机制及动态分析

[J].数量经济技术经济研究,2007,24(7):116-125.

[4] 陈迅,童华建.城市化与城乡收入差距变动的实证研究:基于1985—2003年中国数据[J].生产力研究,2007(10):64-65.

[5] 贺建风,黄软炼.城市化、技术进步与城乡收入差距的动态分析[J].科技管理研究,2011(14):51-54.

[6] 郭军华.中国城市化对城乡收入差距的阈值效应:基于我国省际面板数据的实证研究[J].山西财经大学学报,2009(11):23-29.

[7] 章奇,米建伟,黄季.收入流动性和收入分配:来自中国农村的经验证据[J].经济研究,2007(11):50-58.

[8] 陆铭,陈钊.城市化、城市倾向的经济政策与城乡收入差距[J].经济研究,2004(6):50-58.

[9] 陈安平,杜金沛.中国的财政支出与城乡收入差距[J].统计研究,2010(11):34-39.

[10] 高铁梅.计量经济分析方法与建模:Eviews应用及实例[M].北京:清华大学出版社,2010.

[11] 朱光磊.中国的贫富差距与政府控制[M].上海:上海三联出版社,2002.

[12] 王书华,张润林.金融资源配置与城乡居民收入差距研究[J].商业研究,2012(7):131-134.

[13] 陈敏,崔晓.城乡统筹视角下的我国农村社会养老保险研究[J].哈尔滨商业大学学报(社会科学版),2011(1):8-11.

[14] 夏龙.经济发展、制度变迁与城乡收入差距[J].经济与管理评论,2012(5):20-24.

[15] 曲顺兰,许可.居民收入分配与税收政策研究国内外文献述评[J].山东经济,2011(6):105-108.

新中国 70 年农地制度变迁研究

三农问题是中国经济发展最基本的问题,不仅关系到农民的生存发展问题,也关系到整个中国社会稳定和发展的全局性问题。"三农"问题的关键是农民问题,农民问题的关键是土地问题。土地制度是农村各项制度中的基础性制度[1]。从古至今,农地制度改革都是我国政府工作中的重中之重,可以说农地制度的变迁影响着整个社会经济的变迁。制度经济学家诺斯认为,改革路径的选择是历史在起作用,经济的发展也是如此,如果我们不知道自己是如何过来的,就不知道今后前进的方向[2]。鉴于此,有必要对新中国成立以来农地制度的历史演变进行概括和梳理,并对农地制度的变迁进行经济学分析,重点是分析制度变迁的动因、路径选择、经济绩效,从而为我国农地制度未来的改革方向提供有益思路。

一、新中国农地制度变迁的历史回顾

新中国成立 70 年来,我国农地制度经历了不同的历史变革时期,产生了深刻的变化。要对我国农地制度变迁进行经济学分析,需要对新中国成立以来的农地制度变迁进行历史回顾。

(一)土地改革时期的"产权合一":农户所有、家庭经营

把封建土地所有制改革为农民私有的土地制度。1950 年,在七届三中全会

本文写于 2019 年 9 月。
[1] 陈金涛,文君. 农村土地"三权分置"的制度设计与实现路径探析[J]. 求实,2016(1).
[2] 诺斯. 诺贝尔奖得主诺斯答京城听众问[N]. 经济消息报,1995-04-08.

上,国家确立了土地改革的总路线——依靠贫农、雇农,团结中农,孤立富农,有步骤地有分别地消灭封建剥削制度,发展农业生产。1950年通过的《中华人民共和国土地改革法》,再次明确规定了土地改革的目的是"废除地主阶级封建剥削的土地所有制,实行农民的土地所有制",并规定了对"所有没收和征收得来的土地和其他生产资料,除本法规定收归国家所有者外,均由乡农民协会接收,统一地、公平合理地分配给无地少地及缺乏其他生产资料的贫苦农民所有"。这是最彻底地消灭封建土地所有制的一种方法,是完全符合中国广大贫苦农民要求的变革。这一时期,农民拥有比较完整、独立的农地产权,土地所有权和使用权高度集中于农民手中,农民拥有对个人所有土地完整的占有、使用、收益、处分的权利,而国家主要通过登记发证、征税等手段对农地进行行政管理。

总体来说,这一时期农村土地制度实现了在农户层面的"产权合一",农户所有、家庭经营。从产权关系上看,是新民主主义的性质;从生产力性质上看,是传统的小农经济[①]。

(二) 合作化与人民公社时期的"两权分离":集体所有、集体经营

把土地农民私有制改为集体统一经营使用的土地制度。合作化与人民公社时期的农地制度变迁过程,可分为两个阶段,这两个阶段的农地制度在产权界定上发生了深刻的变化:一部分是合作化前期,包括互助组和初级社阶段;另一部分是合作化后期和人民公社时期,合作化后期主要是高级社阶段。

1. 互助组和初级社阶段。新中国成立初期的农地私有制不利于工农业的发展,结合当时中国的实际情况,政府引导农民走合作化的道路。1951年,国家通过了《关于农业生产互助合作的决议(草案)》,并提出了农业生产互助合作运动的三种主要形式。1953年,中共中央通过了《关于农业生产互助合作的决议》,在全国范围内实行准社会主义性质的初级农业生产合作社,以"劳动互助"的形式发展农业生产合作化。随后,中共中央又发布了《中国共产党中央委员会关于发展农业生产合作社的决议》,提出农民的生产合作化就是"经过简单的共同劳动的临时互助组和在共同劳动的基础上实行某些分工分业而有某些少

---

① 顾钰民.建国60年农村土地制度四次变革的产权分析[J].当代世界与社会主义,2009(4):34-37.

量公共财产的常年互助组,到实行土地入股、统一经营而有较多公共财产的农业生产合作社,到实行完全的社会主义的集体农民公有制的更高级的农业生产合作社(也就是集体农庄)"的道路①。

互助组阶段没有改变农民的土地所有权性质,而初级社则具有一定的组织形态,农地所有权仍然在农民手中,土地入股合作社之后,农地的使用权便归合作社集体统一支配使用,但退社自由保障了农民的经济权益。从理论上看,土地不再实行分散式的小农经营,这有利于推进农地的规模经营和农业现代化的发展。但从实际情况来看,农民的经济地位下降,使得土地产权的这一变革本应对农业生产力发展产生的积极作用并没有充分地显现出来。

2. 高级社和人民公社阶段。1955 年,国家出台了《关于农业生产合作化问题的决议》,提出应根据生产需要和经济条件以及人民群众的觉悟,逐步将初级社转变成具有社会主义性质的高级社。高级社阶段,农地制度发生了深刻的变化,1956 年颁布的《高级农业生产合作社示范章程》表明,农地产权制度已由农民私有正式改为集体所有、统一经营。生产队是基本的组织形式,统一支配生产资料、统一劳动、统一按劳分配。高级社的建立,是中国农业社会主义改造完成的标志。

1958 年,中共中央政治局扩大会议通过了《中共中央关于在农村建立人民公社问题的决议》,提出了发动人民公社化运动的口号,拉开了人民公社化进程的序幕。人民公社全面、无偿占有农民的生产资料、生活资料和自然资源,实行"一大二公"和单一的产权制度,把农民土地私有、集体统一经营使用的土地制度改革为集体即人民公社统一所有、统一经营的土地制度。由于人民公社存在注重平均主义的弊端,影响了广大农民的生产积极性,国家在 1962 年颁布了《农村人民公社工作条例修正草案》,取消了带有平均主义色彩的公共食堂和一些供给制度,并规定农地"三级所有、队为基础"②,并对生产队范围内的农地拥有所有权,从而保证了生产与分配单位的统一,避免了生产队之间的平均主义

---

① 中共中央党校党史教研室. 中共党史参考资料(第八册)[M]. 北京:人民出版社,1979:11—27.
② 即规定农地归人民公社、生产大队、生产队三级集体所有,以生产队作为基本的核算单位。

问题。这次变迁在一定程度上缓解了生产关系大大超越生产力、农民觉悟、干部水平的问题。

人民公社下的农地产权制度最重要的特征就是产权的高度集中化,组织成本极高,缺乏有效的利益激励机制。

总体来说,合作化与人民公社时期可以看成是土地的集体化时期,它是伴随着短期内农业合作化政策的渐次调整而逐步形成的,可以概括为"两权分离",集体所有、集体经营①。

(三) 改革开放以后的"两权分离":集体所有、家庭承包

改革开放以后的农地制度改革主要以家庭联产承包责任制为核心,土地的所有权仍然归集体,只是生产经营方式发生了变化,转变为承包经营、统分结合,从而实现了土地所有权和经营权的分离。我国家庭联产承包责任制的推行经历了零星发展、全面推广、进一步改革完善等阶段。

家庭联产承包责任制拉开了中国农村土地制度改革的序幕。1978—1984年为包产到户过渡,这一时期土地经营模式为生产队—包干到户的过程,直到1982年的中央一号文件中明确提出将家庭联产承包责任制作为我国农村土地的基本制度。1985—1992年为家庭联产承包责任制的巩固阶段,1984年发布的《关于一九八四年农村工作的通知》,继续以一号文件的形式发出,明确提出将农村土地承包期限延长到15年,从1983年开始到1997年截止;从1997年开始土地承包期再延长30年不变。随后在1998年的《中共中央关于农业和农村工作若干重大问题的决定》中指出继续赋予农民30年有保障的土地使用权,还指出"土地使用权的合理流转,要坚持自愿、有偿的原则依法进行……可以在提高农业集约化程度和群众自愿的基础上,发展多种形式的土地适度规模经营"。2008年中共十七届三中全会通过的《中共中央关于推进农村改革发展若干重大问题的决定》进一步承诺:"现有土地承包关系要保持稳定并长久不变。"

总体来说,改革开放以来,经营权从生产队渐次下放到农户,以"所有权属

---

① 公社和生产大队已经成为"所有权"主体,而生产队成为事实上的"经营权"主体,农地产权已经从农户所有转向集体组织所有,这可以说是农地产权制度在集体组织内部层次两分的"两权分离"。

于集体、承包经营权属于农户"为内容的集体和农户层次两分的"两权分离"农地制度正式确立并逐渐完善。

（四）新常态以来的"三权分置"：集体所有、家庭承包、多元经营

农地流转的实践探索先行于农地"三权分置"的制度建构。中央政府一直重视农业农村经济发展变化。2005年，国家通过了《农村土地承包经营权流转管理办法》，正式认可了农地承包经营权流转。不过，正式体现农地"三权分置"精神的中央文件则出自2014年新常态以来的《关于引导农村土地经营权有序流转发展农业适度规模经营的意见》。文件指出要"坚持农村土地集体所有权，稳定农户承包权，放活土地经营权"。2016年《关于完善农村土地所有权承包权经营权分置办法的意见》的颁布，则正式定调要"将土地承包经营权分为承包权和经营权，实行所有权、承包权、经营权分置并行"，"土地经营权人对流转土地依法享有在一定期限内占有、耕作并取得相应收益的权利"，并指出农地三权分置"是继家庭联产承包责任制后农村改革又一重大制度创新"。可见，相较于之前的文件，2016年的《关于完善农村土地所有权承包权经营权分置办法的意见》首先是明确指出经营权的来源，其次是充分保障经营权的权能，最后是高度肯定"三权分置"的时代价值。

总体而言，新常态以来的上述文件，不仅正式确立了"三权分置"的农地制度框架，同时也为未来农地制度的改革指明了方向。

二、新中国农地制度变迁的经济学分析

在对新中国农地制度变迁历史回顾的基础上，本部分着手对农地制度变迁进行经济学分析，重点是分析制度变迁的动因、路径选择、经济绩效，展开对不同农地制度变迁过程和结果的经济学分析。

（一）土地改革时期农地制度变迁的经济绩效分析

新中国成立以前，我国的农地制度主要是封建地主土地所有制，由此，农民便成了地主经济剥削的对象。制度的分配效应，造成了经济利益在地主与农民之间的不公平分配，形成了利益分配冲突。中国共产党领导人民取得国

家政权,使农民与地主的力量不对等的状况发生了重大改变。因为中国共产党是以工农联盟为基础的,代表着农民大众的利益,从而使得改变原有利益分配结果成为可能。国家帮助农民获得了重新分配土地产权的结果,在新的分配结果的产生过程中,便也实现了封建地主土地私有制向农民土地所有制的变迁。

这场强制性制度变迁使农民真正成为土地的主人,贫农、中农得到了耕地的90%以上,每年免除了700亿斤要向地主缴纳的粮食地租,极大地缩小了贫富差距。农民成为农地和其他生产资料的所有者后,唤醒了生产积极性,使农村经济得到了迅速发展。新中国成立以前,我国粮食的最高年产量为2 774亿斤,1949年仅有2 263.6亿斤。到1951年,粮食产量就达到了2 873.7亿斤。1952年,我国农业总产值比1949年增长48.5%,年均增长14.1%,粮食总产量增长了42.8%,达到了3 000亿斤以上[1]。在当时的社会状况下,土地改革是一场重新确立国家和农村关系的社会革命,巩固了中国共产党在农村的政权基础,为后来农地产权集体化的制度变迁和大规模的社会资源调动打下了坚实的政治基础。同时,马克思主义思想伴随着土地改革在农村和农民中广泛传播,政治民主、经济平等和剥削有罪的观念深入人心,为后来的政治和经济制度的演变夯实了思想基础。

(二) 合作化与人民公社时期农地制度变迁的经济绩效分析

合作化与人民公社时期,农地制度实现了由农民土地所有制向集体土地所有制的转变。这一时期,优先发展重工业的工业化战略要求更多的资金积累,而对于"一穷二白"的新中国来说,只能依靠自身力量从历经土改之后的高度分散的小农户群体中提取农业剩余以完成工业化的原始资本积累。另外,从当时历史现实来看,农民力量薄弱,无力进行扩大再生产。鉴于此,国家存在谋求重新获得分配优势的动力,因此逐步引导农民走上集体化道路是社会发展的必然要求。随着互助组、合作社、人民公社等组织的不断升级,农民的所有权发生了由完整到残缺到消失的转变:互助组联合了农民的生产活动,初级社归并了农

---

[1] 资料来源:中国经济年鉴编辑委员会.中国经济年鉴[M].北京:经济管理出版社,1982:204.

民的主要财产,高级社消灭了土地和牲畜分红,人民公社则在更大范围内推行公有化①。

合作化初期,农民的最大化行为提高了劳动努力水平和分工协作水平,使技术效率上升,进而促进了农业经济增长,取得了良好的经济绩效。高级农业生产合作社和人民公社是在农民利益损失的状况下实现的,农地产权的不确定性带来分配的不合理以及极高的交易费用,生产队中高昂的监督和计量成本严重制约了农民的生产积极性,农村经济一直处于徘徊不前的状态。从表1中可以看出,1957年到1969年的13年时间内,中国粮食产量出现了严重的负增长,其中的主要原因是体制性问题和自然灾害两方面,但总的来看,完全集体性质的农地产权制度严重制约了农业生产的效率,也是中国农业长期发展滞后的根本原因之一。

表1 人民公社时期粮食产量与人口增长变动

年份	1957	1958	1959	1960	1961
粮食增长率/%	1.28	1.41	−15.96	−17.84	−6.26
人口增长率/%	3.82	2.03	1.90	−1.51	−0.53
人均粮/公斤	306.7	298.5	252.5	227.3	207.3
年份	1965	1966	1967	1968	1969
粮食增长率/%	3.61	9.10	1.75	−4.19	0.91
人口增长率/%	2.79	2.69	2.41	2.86	2.66
人均粮/公斤	258.9	287.1	286.5	266.2	263.1

资料来源:《中国农村40年》,中原农民出版社,1989年版。

(三)改革开放以后农地制度变迁的经济绩效分析

改革开放以后,实现了土地集体所有、集体经营向土地集体所有、家庭经营的制度变迁。随着国家工业基础的逐渐建立,以及农村长期贫困的现实,累积形成的城乡二元结构使得国家在自身利益最大化与农业产出最大化两个目标

---

① 周其仁.中国农村改革:国家和所有权关系的变化(上):一个经济制度变迁史的回顾[J].管理世界.1995(3):178-220.

间的重心也发生了转换,农地制度改革成为必然趋势。家庭承包经营虽然使农民获得了土地的使用权和收益权,但它是建立在集体土地所有制基础上的,农民没有买卖集体土地的权利,这是一种基于国家政治利益与经济利益权衡的产权理性复归。

家庭联产承包责任制重新使农民在农业经济的发展中占据主体地位,建立了劳动激励机制,诱发了劳动者生产积极性,提高了农业生产率,大幅增加了农民的收入。1978年,农民的人均纯收入为133.6元,仅比1949年的44元提高了89.6元。而到2011年末,我国农民人均纯收入则达到6977元,当年农村居民消费价格指数为1985年的4.27倍,其购买力水平则相当于1985年的3.71倍[1]。农业生产者的个体劳作效率有了显著增长,1978年到2004年间,粮食作物、棉花、油料、糖类、水果的人均产量分别增长了0.49倍、1.68倍、4.42倍、2.7倍、18.87倍,与人民公社时期停滞不前形成了鲜明的对比[2]。家庭承包制的确立,既满足了农民对潜在利益的探索,又大大促进了政治的稳定和中央政府公信力的提高,进一步增强了人民群众对中国共产党的爱戴之情。1978年以来的农地产权制度变迁表明,国家、集体、农民个人以及其他各行各业都获得了不同程度制度收益,因而实现了经济学中的"帕累托改进"[3]。

(四)新常态以来农地制度变迁的经济绩效分析

实行家庭承包制度以来,伴随着工业化和城镇化的持续推进,"人地分离"逐步成为趋势,农地闲置等利用效率低下问题推动大多数外出务工的农民开始自发进行农地经营权流转[4]。经济进入新常态以后,增长速度有所放缓,农产品竞争力不强,农民收入增长缓慢等因素深刻影响着全面小康社会的建成和农业

---

[1] 数据来源于《中国统计年鉴2012》,9-2,10-20,网址:http://www.stats.gov.cn/sj/ndsj/2019/indexch.htm。
[2] 张淑英.中国农业统计资料汇编1949—2004[M].北京:中国统计出版社,2006:62.
[3] 以意大利经济学家帕累托命名,指在没有使任何人境况变坏的前提下,使得至少一个人变得更好的资源重新配置。这里指家庭联产承包责任制的农地制度变迁在一定范围内可以做到使大多数人受益,少数人的利益至少不受影响。
[4] 肖鹏."三权分置"下的农村土地承包关系长久不变研究[J].华中农业大学学报(社会科学版),2018(1):113-120.

现代化的实现,因此倒逼农地制度的变革。然而经由集体化形成的所有制是锁定的,农地制度改革不能动所有制,只能强化使用权①,"三权分置"成为我国农地权利制度改革的既定选择②。

"三权分置"改革目的是要将农村土地的农民集体所有权落到实处,稳定和保护农户的承包权,放活土地的经营权,以此来促进土地流转,实现农业现代化和高效发展。"三权分置"改革是在各省份分阶段陆续展开的。到 2018 年,我国大部分地区基本完成了土地确权登记颁证,其他的改革措施也在陆续开展中。"三权分置"改革的成效也正逐步显现,农村土地流转规模有较大提高。山东省作为率先改革的省份,2016 年全省农村土地流转面积达到 171.3 万公顷,约占承包地面积的 27.3%,相比于改革之前的 2012 年提高了约 15 个百分点,与此同时农村土地的经营规模化率达到 40%。"三权分置"改革促进了经营权抵押贷款的发展,2017 年山东省承包地经营权抵押贷款达到 11.2 亿元。农村承包地流转价格集中在 800—1 500 元/(亩·年)之间,比土地确权之前平均每亩上涨 300 元左右③。

三、对当前农地制度改革的启示

通过对新中国农地制度的变迁进行经济学分析,我们可以看出农地制度变迁在动因、路径选择、经济绩效方面所呈现出来的规律,这对当前农地制度改革实践具有重要的启示作用。

(一)制度变迁目标:改革应着眼于农地制度的分配结果变化

新中国农地制度历次变迁的成败证明,每一次的农地制度变迁都是由于利益在不同行为主体之间的不对称分配,使得处于分配劣势的行为人具有获得分配优势的动机,由于制度的分配效应,使得利益在不同行为主体之间的分配是不同的。外部环境条件的改变,会影响分配结果,进而激发其变革当前制度的动机。

---

① 刘守英. 直面中国土地问题[M]. 北京:中国发展出版社,2014:5-6.
② 蔡立东,姜楠. 农地三权分置的法实现[J]. 中国社会科学,2017(5):102-122.
③ 公茂刚,王学真,李彩月. "三权分置"改革背景下我国农村土地流转现状及其影响因素研究[J]. 宁夏社会科学,2019(1):92-101.

集体劳动过程中的劳动协作固然有着个体劳动无法比拟的巨大优势,然而集体劳作的激励、监督、计量成本过高,"磨洋工"、"搭便车"、偷懒等行为无法制止。以人民公社时期的制度变迁为例,它忽略了此种制度在外生环境中磨合的成本,严重抑制了改革开放前的经济发展效率和农民的积极性,同时也表明经济规律不以人的意志为转移的客观性。因此,在过去这种农地产权的配置方式并不成功。家庭联产承包制的推行,极大地促进了农业的发展,提高了农民的收入。因此,农地产权关系作为农村经济基本制度体系中的一项产权制度安排,需要产权制度的变革能保持连续性和稳定性,从而加大对农民的预期收益期望与经济效益激励。外部条件和环境的改变,导致利益分配结果新的变化,增强了人们进行制度变革的动机。现阶段"三权分置"的制度变革既维护了公平,又体现了效率。由此,中国农地制度的安排也应着眼于农地制度的分配结果变化,适时作出相应的制度变革。

如在"三权分置"农地制度变迁中,宅基地是农村土地的重要组成部分,随着农民代际变化带来的"农二代"与农村黏性的减弱以及乡村经济活动发生的根本性变化等因素,宅基地改革成为不容回避的问题,更是推动乡村振兴的重要支撑性制度。2018年的中央一号文件将宅基地"三权分置"改革构想在乡村振兴战略框架下进行部署,足以表明宅基地改革对于乡村振兴的重要意义,盘活大量闲置、低效利用的宅基地是实现乡村产业落地、改善居住环境、增加农民财产性收入、提升乡村治理能力进而实现乡村振兴的重要"柱子"。近年来,农村宅基地改革通过一些试点市县的强力推动,总体而言解决了一些历史遗留问题,同时也积累了一些可复制的经验,但从乡村振兴的视角来衡量,还存在以下主要问题:用地供需矛盾尖锐,新增宅基地取得困难;人口大量迁移和土地退出不畅,闲置、空闲宅基地增多;大量宅基地处于"沉睡"状态,财产价值未能显化;圈占宅基地隐形利益大,隐形非法交易禁而不止等。形成这些问题的主要原因是对宅基地的认识没有随宅基地功能的实际变迁而转变。随着城乡社会结构变化、城乡空间结构演化和经济体制改革深化,农村宅基地由基本居住保障性向资产性转变是客观的、必然的。

(二)制度变迁路径:改革路径的选择应重视路径依赖的作用

农业合作化和人民公社化时期,确立了集体所有、集体经营的农地制度。

改革开放以后确立了家庭联产承包制,农地制度改革在意识形态所确立的土地集体所有前提下进行增量改革,即所有权与承包经营权分离,所有权仍然归集体所有,农民只享有承包经营权。意识形态的刚性使我国农地制度变迁具有了路径依赖性,我国农地产权制度每一次成功的变迁都是对起点的否定之否定,即"扬弃",这种辩证的继承与否定进一步说明了在接下来的创新设计和实践中,必须考虑路径依赖的作用。

因此我们在选择农地改革路径时,不能忽视路径依赖的作用,深化农地制度改革应该建立在土地集体所有性质不变的基础之上。要保障农地集体所有的性质不能改变,要坚持农村集体经济所有制,这是社会主义公有制经济的根本要求。所有这些改革都应该在这样一个大的背景下,或者在这样一个底线之上逐步推进。比如,在"三权分置"改革中,必须维护农民的土地承包权、农民的宅基地使用权、农民对集体资产的收益分配权。农民获得这些权利的依据在于他是集体经济组织的成员,依照法律,他也是本集体组织所有财产的所有者之一。所以农民是依据他本集体组织的成员、资产和资源所有者的身份而获得的这些权益。

例如,在"三权分置"改革中,针对宅基地集体所有权虚置问题,应坚持集体所有权的根本地位。宅基地的改革是当下农村最难的一项改革。宅基地长效机制的建立要以制度的改革和建设为基础,在未来宅基地改革方向上,最重要的是应考虑处理好农民和土地的关系问题。习近平总书记在小岗村农村改革座谈会上曾指出,新形势下深化农村改革,主线仍然是处理好农民和土地的关系。一方面,要充分认识到土地对农民保障的重要性,吸取拉美部分国家"进退失据"的失地农民成为城市"贫民窟"主要群体的教训,保护进城农民工能够在经济形势变化时获得在城乡往返的自由空间,做到"进退有据",这样可以极大地增加农民的安全感,保持我国社会结构的弹性,提高应对可能出现的社会风险的能力。土地是人类赖以存在的基础,正如马克思所言,土地是人类"不能出让的生存条件和再生产条件"。宅基地作为农民安身立命的依托,稍有不慎即会引发不稳定。要坚持宅基地集体所有,杜绝成为私权,即赋予集体经济组织对村庄用地的规划利用权、对违法建设宅基地的调整收回权、在宅基地流转征收时的监督权。这不仅仅关系到农民个人的权利问题,而且关系到整个农村集体经济组织制度的稳定问题。另一方面,代际差异影响和决定着人地关系与村庄演化的速度。新一代农民与土地和城市的关系都在发生深刻变化,人口从农村涌入城市,是世界城市化发展的基本规律。道格·桑德斯在《落脚城市》一书中认为,昨天那些陌生的乡村人口与外来移民,不但会成为今天的都市商人,更将成为明天的专业人士与政治领袖。因此,如今在探讨宅基地制度改革时,不能仅仅局限于农村,还必须思考另一个问题,即:如何推动农业转移人口更好地融入城市?这似乎是两个不同的问题,其实只是一个问题的两个方面而已。因此,一定程度上可以这么说:处理好了农民和土地的关系问题,在一定程度上有助于处理乡村文明和城市文明如何共存的关系问题,也才能够实现《中共中央国务院关于实施乡村振兴战略的意见》中"坚持城乡融合发展"所要求的,坚决破除体制机制弊端,推动新型工业化、信息化、城镇化、农业现代化同步发展,加快形成工农互促、城乡互补、全面融合、共同繁荣的新型工农城乡关系。

(三)制度变迁方式:自下而上诱致性和自上而下强制性制度变迁相结合

从农地制度变迁的方式来看,自下而上的改革会越来越受到重视,注重自下而上诱致性制度变迁和自上而下强制性制度变迁相结合的方式,应该是新一轮农地制度变迁的共同选择。家庭联产承包责任制改革就体现了这一特点,事实也证明家庭联产承包责任制取得了巨大成功。它赋予了广大农民充分的经营自主权、决策权和产品的处置权,为农业企业化经营提供了条件和可能,尊重农民的发明创造,极大地调动了农民的积极性,解放和发展了农村生产力。相信农民的智慧是实现自下而上诱致性制度变迁的重要条件。只要农民的土地经济行为没有触犯政策法规,政府就应放松管制,给予其一定的试验权和试错权。但政府也并不是无所作为,应追踪调研、加强引导、提供信息、重点培育,根据实验情况适时出台相关政策法规,有步骤地组织推广,并坚决打击触犯国家法律的违法行为。

新制度经济学认为,制度变迁可分为政府主导的强制性变迁和市场主导的诱致性变迁。回顾新中国成立以来农地制度的变迁历程,除改革开放以前的制度变迁都属于强制性变迁以外,改革开放以来的两次制度变迁都属于诱致性变迁,都有着明显的自下而上的实践推动。在今后的农地制度改革中,要鼓励和监管各地自发的农地产权制度创新,政府实时派驻工作组进行指导、审核,及时制止低效创新,大力总结推广高效经验,畅通自下而上农地产权制度变的变迁渠道。

如在"三权分置"改革中,尤其针对亟须放活的宅基地改革,一方面要重点突破流转。要解放思想,增加农村宅基地流转的自由度、扩大流转的范围、尽量延长可流转时间,放活宅基地使用权流转,建立农宅交易市场。2017年国土资源部相关报告数据显示,全国农村至少有7 000万套闲置房屋,农村居民点闲置用地面积达3 000万亩左右,相当于现有城镇用地规模的1/4,低效用地达9 000万亩以上,相当于现有城镇用地规模的3/4。而据中国科学院地理科学与资源研究所的测算,我国农村空心化整治潜力约1.14亿亩。但目前来看,虽然农宅地下交易市场在发达地区早已存在,但因交易范围限制和正常交易渠道缺失,价格远低于其真实价值。农民宅基地使用权的财产权利残缺,使农民缺乏对其农宅的处置权和变现选择权,闲置农宅成了沉睡的资产,而这又进一步加剧了城乡之间严重的权利不平等和巨大的财产性收入鸿沟。因此,从长远看,要突破过去宅基地流转主要局限在集体成员内部的限制,允许面向本集体外的其他农村和城镇人口放开,尽可能设置符合实情的足够长的流转时间,在放活使用权流转的同时,促进宅基地市场化配置,建立农民宅基地使用权与房屋财产权流转交易市场,允许农民对房屋财产权进行包括转让、出租、买卖、入股、担保抵押等交易,建立健全宅基地使用权价值市场化形成机制与评估机制,防止行政干预,切实保障农民及农民集体的宅基地权利,充分体现宅基地市场价值。只有这样,才更有利于吸引城市资源进入乡村,打通城乡资源流动渠道,激活市场,才可能实现《中共中央 国务院关于实施乡村振兴战略的意见》中所要求的那样,改革必须"坚决破除体制机制弊端","推动城乡要素自由流动、平等交换"。另一方面要系统配套改革。在放活宅基地使用权流转的原则下,积极解决制约正常流转的种种问题,配套推进相关改革。建立综合性农民居住保障制度,对农业转移人口退出宅基地进城租房和购房的,给予税收减免、租赁补贴等优惠;建立宅基地产权明晰制度,扎实推进宅基地使用权确权登记颁证;建立健全宅基地使用及交易税费制度,用于充实农村建设发展以及公共服务的各类资金;探索建立宅基地自愿有偿退出机制,可引入市场机制,打破村集体垄断,通过市场调节达到优化配置;改革村庄规划和用途管制,建立健全宅基地民主管理制度、农村土地管理议事决策机制、财产管理机制、服务群众机制、矛盾纠纷调处机制,促进农村土地基层管理的民主决策、民主管理、民主监督。

参考文献

[1] 蔡立东,姜楠.农地三权分置的法实现[J].中国社会科学,2017(5):102-122.

[2] 陈金涛,文君.农村土地"三权分置"的制度设计与实现路径探析[J].求实,2016(1):81-89.

[3] 公茂刚,王学真,李彩月."三权分置"改革背景下我国农村土地流转现状及其影响因素研究[J].宁夏社会科学,2019(1):92-101.

[4] 顾钰民.建国60年农村土地制度四次变革的产权分析[J].当代世界与社会主义,2009(4):34-37.

[5] 刘守英.直面中国土地问题[M].北京:中国发展出版社,2014:5-6.

[6] 诺斯.诺贝尔奖得主诺斯答京城听众问[N].经济消息报,1995-04-08.

[7] 王敬尧,魏来.当代中国农地制度的存续与变迁[J].中国社会科学,2016(2):73-92.

[8] 肖鹏."三权分置"下的农村土地承包关系长久不变研究[J].华中农业大学学报(社会科学版),2018(1):113-120.

[9] 中共中央党校党史教研室.中共党史参考资料(第八册)[M].北京:人民出版社,1979:11-27.

[10] 张燕纯,韩书成,李丹,等.农村土地"三权分置"的新制度经济学分析[J].中国农业资源与区划,2018(1):17-22.

[11] 周其仁.中国农村改革:国家和所有权关系的变化(上):一个经济制度变迁史的回顾[J].管理世界,1995(3):178-220.

乡村振兴视域下淮安农村生态环境研究

乡村振兴战略提出,要坚持农业农村优先发展,按照产业兴旺、生态宜居、乡风文明、治理有效、生活富裕的总要求,加快推进农业农村现代化。实施乡村振兴战略是解决"三农"问题、加快推进农业农村现代化的战略性安排。人与自然和谐共生、农村人居环境持续改善、实现生态宜居是乡村振兴的重要标志,也是以绿色发展引领生态振兴的关键所在。

长期以来,生态环境是人类赖以生活、生存的基本条件,同时也是社会不断进步以及经济可持续发展的基础。农村生态环境是农村居民生活和发展的基本条件,本质上是村民和自然相互依赖的关系。改革开放40年来,中国经济一直保持高速和中高速增长,创造了举世瞩目的经济增长奇迹。同时,以资源消耗和自然环境为代价的粗放型经济增长模式也造成了严重的生态破坏和污染问题,农村就是其中重要的一个污染领域。全国污染源普查公报显示,农村尤其是农业生产已经成为污染中的重中之重,几乎相当于工业源和生活源的总和,占48.9%。其中,畜禽养殖业污染问题又是农业源主要的污染来源,畜禽养殖业的化学需氧量、总氮和总磷排放分别占农业源的96%、38%和56%。作为生产初级生产资料的基础产业,必须实现农业的绿色转型,只有实现了清洁农业,才更有利于支持发展低碳工业和环保服务业。

农村的生态问题同样十分严峻,石油农业造成了农村严重的土壤污染。改革开放至今,我国化肥施用量增长了4.5倍,同期我国粮食产量仅增长了82.8%,化肥施用量的增速远远超过粮食产量的增速。此外,我国单位面积耕地化肥消费量远超全球平均水平。根据农业农村部公布的数据,我国农作物亩

本文写于2019年10月。

均化肥用量 21.9 公斤,远高于世界的平均水平(每亩 8 公斤),是美国的 2.6 倍、欧盟的 2.5 倍。然而,基于生产方式和技术的限制,农作物对这些石油产品的利用率并不高。研究显示,中国农业化肥的实际利用率不足 30%,农药不足 2%,而不能被土壤自然降解的农用地膜也只有 80% 的回收率。不被农作物吸收的化学产品或沉积到地下或蒸发到空气中,破坏土壤结构和水循环,造成广泛的农业面源污染。农村生态环境问题不仅掣肘乡村振兴,也阻碍新时代经济发展方式的绿色转型。

党和政府对农村生态环境问题高度重视。十九大报告提出的"实施乡村振兴战略"的新发展理念,既切中了当前乡村发展的要害,也指明了新时代乡村发展方向,明确了乡村发展新思路。2019 年中央一号文件指出,加强农村污染治理和生态环境保护,推动农业农村绿色发展。淮安市 2019 年政府工作报告中提出,要大力实施乡村振兴战略,加快特色田园乡村建设。创造出一个有利于农村可持续发展的良好生态环境,实现从传统社会向现代社会的转型,既是淮安城市化进程中必须实施的重要战略,又是落实乡村振兴战略的重要实践。

一、乡村振兴视域下优化农村生态环境的重要性

深刻认识农村生态环境可持续发展的重要性和紧迫性,更好地实现农业供给侧结构性改革所要求的矫正要素配置扭曲目标,切实把农村生态环境可持续发展落到实处。尤其是未来 3 年,全国将实现第一个"百年目标",全省将高水平全面建成小康社会,淮安迎来了又一个重要的发展机遇期。淮安农村生态环境的优化,对于淮安认真贯彻落实中央和省市委的决策部署,进一步抢抓机遇、破解难题、增创优势,实现生态宜居、绿色发展从而实现乡村振兴、全面建成小康社会具有重要意义。

第一,理论意义。首先,加强农村生态环境保护是实现经济可持续发展的基础。离开了环境保护的经济、社会发展,不但不能提高广大农民的生活水平,而且必将以牺牲农民群众的健康利益为代价,这样的发展不能实现经济的可持续发展。其次,加强农村生态环境保护是落实科学发展观的重要举措。贯彻落实科学发展观要转变经济增长方式,发展循环经济,进一步实施可持续发展战略,实现经济效益、社会效益、环境效益相统一。再次,加强农村生态环境保护

是构建社会主义和谐社会的重要内容。构建社会主义和谐社会,必须解决人与自然的矛盾,大力加强生态环境保护,妥善化解环境问题带来的社会矛盾,以环境友好促进社会和谐。

  第二,现实意义。首先,加强农村生态环境保护,促进经济的低碳绿色转型,推动淮安经济由中高速增长顺利转向高质量发展。淮安地处苏北腹地,自古是个农业大市,农业在淮安经济发展中占有重要的地位。近几年,淮安市农村经济得到了发展,生态环境虽然有一定的改善,但是仍然有许多亟待提升的地方,否则就会制约淮安经济的可持续发展。生态保护和环境治理是高质量发展的应有之义,研究农村生态环境问题,并提出合理的政策建议,对于促进淮安经济整体的低碳绿色转型,推动经济顺利向高质量发展转变具有重要意义。其次,加强农村生态环境保护,有利于民生发展和社会稳定。社会的稳定来自人们的安居乐业,安全的生活环境条件是农民安居乐业的保障,生态环境破坏是对村民生存的威胁,这种威胁正在影响着农民赖以生存的基础——空气、水和土地。优化农村生态环境,改善农民的生存条件和维护社会的稳定,促进农村践行绿色发展理念,不仅是农村发展的客观需要,也是满足新时代农民新需求的必要选择。再次,加强农村生态环境保护,有利于缩小城乡差距。受"城乡二元结构"等多种因素的影响,政府对城市生态环境重视程度日益提高,而粗放型经济增长方式加上农民环境保护意识淡薄,导致农村生态环境相对于城市来说越来越严重,农村环境问题决定着全面建成小康社会和社会主义现代化的质量。习近平总书记强调"中国要强,农业必须强;中国要美,农村必须美;中国要富,农民必须富"。优化农村生态环境问题是助力战略,是改变城乡二元分治现状、逐步缩小城乡差距、平衡城乡发展、破解新时代社会主要矛盾的有效方式。

二、淮安市农村生态环境的现状分析

  改善农村人居环境、建设美丽宜居乡村,既是实施乡村振兴战略的重要任务,也是打好污染防治攻坚战的重要内容。近年来,淮安市持续推进农村环境整治,持续优化乡村生态环境,加强生态保护和修复,坚持耕地数量、质量和生态"三位一体"保护,严格保护重要水源涵养区、自然湿地和野生动植物资源,提升农村生态供给功能,构建生态安全屏障。全面开展土壤污染状况详查,建立污染地块名录和开发利用负面清单,深化农业面源污染治理,开展"一控两减三基本"行动。农村生态环境得到改善,取得了不错的成效。

(一) 加强农村生态保护和修复

坚持耕地数量、质量和生态"三位一体"保护,严格保护重要水源涵养区、自然湿地和野生动植物资源,提升农村生态供给功能,构建生态安全屏障。

第一,对永久基本农田实行特殊保护。全市划定永久基本农田目前共有594.67万亩,建设省级耕地质量提升示范区8个,同时,对永久基本农田实行特殊保护。在划定全域永久基本农田的基础上,健全永久基本农田监测监管系统,完善永久基本农田数据库更新机制,结合国土资源综合动态智能监管系统、土地卫片执法检查、土地执法巡查等,对永久基本农田占用、补划等情况进行全程跟踪,实现永久基本农田变化动态管理。此外,全市落实"以建设促保护"的要求,实施土地整治工程,增加耕地数量,提升耕地质量,土地综合整治成效显著,改善了农民生产生活条件和农村生态环境。2013年以来,共实施省以上投资土地整治项目62个,总规模68.73万亩,总投资188 919.5万元;实施市投资土地整治项目39个,总规模17.72万亩,总投资26 647.7万元;实施耕地占补平衡补充耕地项目776个,新增耕地8.6万亩;实施城乡建设用地增减挂钩项目2 808个,新增农用地13.28万亩,新增耕地13.15万亩;实施工矿废弃地复垦项目135个,新增农用地1.52万亩,新增耕地1.42万亩。

第二,充分挖掘造林绿化潜力。实施珍贵用材树种"进村入城"行动,截至2018年底,全市森林覆盖面积321.24万亩,其中:有林地面积281.75万亩,国家特别规定灌木林地面积8.82万亩,四旁树折算面积30.65万亩,林木覆盖率23.92%。2019年上半年以来,全市完成成片造林4.84万亩,完成市目标(4.4万亩)任务的110%;珍贵用材树种成片造林面积2.37万亩,完成市任务数(1万亩)的237%;新建、完善及更新农田林网8.36万亩,完成省市任务数(8万亩)的105%;新建省级绿美村庄示范村46个,完成省市任务数(44个)的105%。初步建成了以洪泽湖、高宝湖周边及淮河、古黄河、大运河、入海、入江水道沿线为主的生态防护林带,建成省级绿色示范村612个,乡村生态环境得到初步改善。

第三,进一步提升水环境质量。严格落实河长制、湖长制,扎实推进生态河湖行动、水功能区达标整治，聚力打造样本河道，进一步提升水环境质量。不断改善洪泽湖水域环境，积极稳妥、有序推进洪泽湖退围还湖工作。新修编的《洪泽湖水域滩涂养殖规划（2019—2030年）》（报批中）中提到，预计到2030年，洪泽湖养殖面积由目前的35.2万亩压减到3.87万亩，其中洪泽湖淮安水域1.5万亩、宿迁水域2.37万亩；规划养殖面积仅占洪泽湖面积2 069平方千米的1.247%。2017—2018年洪泽湖压减围网养殖面积7.28万亩。同时，增殖放流。在养护和合理利用洪泽湖水生生物资源、改善洪泽湖水域生态环境方面开展了一系列工作。一方面，持续不断地开展水生生物增殖放流。每年均举办"放鱼节""全国放鱼日""社会捐赠""司法修复"等各类大型增殖放流活动20多场次，集中向洪泽湖放流各类鱼蟹苗40万—45万斤、2.5亿—3.0亿尾，投入苗种资金600万—800万元。其中，每年集中向洪泽湖放流滤食性鱼类鲢鳙30万斤左右、3 500万尾左右，能够从水体滤食藻类3万吨，形成渔业碳汇1 100吨。另一方面，开展增殖净水渔业。实施"抑藻控草"净水项目3万亩，项目实施地主要水质指标明显好于其他水域。高度重视底栖贝类对水质的净化作用，建成大水面生态立体套养16.4万亩，其中河蚬大水面人工增养殖试验区13.2万亩，网围套养河蚬0.84万亩，河蚌人工增养殖试验区1.2万亩，螺蛳生态套养1.17万亩；累计吸引社会资金3 000万元。人工增养殖模式初见成效，促进了生态效益、经济效益、社会效益的"多赢"。

  渔业资源得到有效恢复。限额制度的实施，减少了渔业资源的出湖量，鱼类种群的自我恢复能力大幅增强。河蚬资源已由2013年2.2万吨的历史最低水平，恢复到目前的10万吨，与历史最高水平基本持平。自然资源产权制度得到积极落实。"利益回报"机制进一步激发了社会增殖的意愿，扭转了过去"公地悲剧"的发生。在河蚬产业中，企业投入与产出的经济效益比为1∶6，生态效益比为1∶8；在银鱼产业中，渔民投入与产出的经济效益比为1∶3，生态效益比为1∶5；实现了生态效益、经济效益的"双赢"。渔业产业的经济效益不断提高。洪泽湖限额制度实施以来，河蚬、银鱼、螺蛳、河蚌产业效益逐年提升。目前河蚬年捕捞量3万吨，仅为2010年的60%，而总产值1.2亿元，是2010年的3倍，实现了由"以量取胜"向"以质取胜"的转变，呈现出全面、协调、可持续发展的繁荣景象。

  第四，加强生态多样性保护。一是湿地保护小区建设。最新数据显示，湿地保护面积20.05万亩,保护率达51.1%。设立自然保护区5个,面积达7.09万公顷。根据2016年统计数据,金湖县、淮安区有3个湿地保护小区通过专家评审,共增加受保护自然湿地面积4 579.67公顷,其中:淮安区废黄河湿地保护小区湿地面积104.9公顷,金湖县高邮湖横桥湿地保护小区湿地面积1 925.86公顷,金湖县淮河入江水道湖口湿地保护小区湿地面积2 548.91公顷。二是强化外来物种监控。加强美国白蛾防控。美国白蛾在淮安市发生面积13.05万亩,受害株数212.19万株。全市药剂防治作业面积25.14万亩,剪除网幕29.35万株。防治率96%以上,树叶整体保存率在95%以上,没有出现美国白蛾疫情扩散事件。积极开展加拿大一枝黄花防除工作,落实加拿大一枝黄花普查、防控工作,并组织专业队开展春季、秋季化除,防除效果达85%以上,基本实现了"零星发生地及时扑灭、成片发生地不扩散",保证农田、经济林地不受侵入危害。

第五,全面开展土壤污染状况详查。建立污染地块名录和开发利用负面清单。全面开展农用地土壤和农产品样品采集,布设1 506个农用地土壤详查点位、2 318个农产品协作采样点位。

(二) 深化农业面源污染治理

第一,农业废弃物治理持续加强。在规模养殖场或养殖小区,推广干湿分离、雨污分离、固液分离等技术,通过沼气治理工程、发酵床、有机肥处理工程等途径,推进规模畜禽养殖场污染减排,建成规模养殖场沼气治理工程468个。完善畜禽养殖污染治理基础设施,推动养殖场与农户签订粪污转化利用协议,促进畜禽粪污就近消纳、就地还田,规模养殖场治理率、畜禽粪污综合利用率分别提高到79%和75.4%,秸秆综合利用率达到94.6%,农膜回收率达到70%,全市农业废弃物综合利用率超过92%。

第二,加大高效农业投入品应用。大力推广测土配方施肥,植保统防统治技术模式,加大生物农药、生物有机肥料等高效、低毒、低残留农业投入品应用力度,减少化肥和农药使用量,减轻农业面源污染。开展"一控两减三基本"行动,全市节水灌溉面积405万亩,占耕地面积54.1%。推广测土配方施肥530万亩,高效低毒低残留农药应用面积占比达84.5%,病虫害统防统治率达61.5%,全市化肥农药用量保持"零增长",化肥施用量2018年比2017年减少

7 029.1 吨,较 2015 年下降 3%。

(三) 深化农村生活污染治理

自 2011 年起,淮安市先后开展了村庄环境整治、村庄改善提升、美丽乡村和特色田园乡村建设等工作,努力为群众创造宜居宜业的良好环境。截至 2019 年 4 月,垃圾污水处理持续发力,全市 15 510 个村庄实施环境整治,4 个乡镇开展生活垃圾分类试点,农村生活垃圾无害化处理率达到 99.9%。2011 年以来就积极落实垃圾治理工作,通过上级政府拨放资金和自身财政资金的投入,以设置垃圾箱、招聘长期管护人员、加强对中小学生的教育等多维一体的方法快速对农村垃圾进行治理,建设并审批通过了一批特色典型村庄,目前已经成功打造了 6 个"三星级康居村"、5 个"美丽乡村"。实现了以点带面,村容村貌得到了明显的改善。在长期开展农村垃圾治理的工作中,全市农村共清除乱堆乱放 20 万多处,清理广告招贴 8.7 万处,放置垃圾箱(桶)15 万个,增加生活垃圾收运设施 9 326 套,新增垃圾收集车辆 4 427 辆,招聘保洁员 5 742 人。基本清理了陈年积存垃圾,房前屋后整洁干净,村容村貌整体得到提升。通过垃圾回收治理基础设施的建设,改善了村庄生活条件,完善了农村公共服务功能,把城市服务功能向农村逐步延伸覆盖。以全省乡村环境整治活动为平台,以提升淮安市农村垃圾治理效率的提升为目标,布置和建设了一整套满足群众基础性、便利性、公益性、保障性等的公共服务设施,基本形成了功能完善、覆盖面广、满足居民需要的乡村垃圾治理公共服务体系。新建村庄生活污水处理设施 63 个,建制镇污水集中处理率达到 66%,无害化卫生户厕普及率达到 91.8%。

乡村面貌持续优化,结合改善农民群众住房条件工作,完成新建集中居住区和需保留自然村庄布点,行政村四级公路覆盖率超过 97%,新建成 89 个美丽宜居乡村,4 个省级、14 个市级特色田园乡村建设试点有序推进,累计建成国家生态乡镇 85 个、省级生态文明建设示范镇村 26 个;环境管护水平持续提升,强化农村人居环境长效管理,累计创成市级村庄环境长效管护示范乡镇 70 个,广大农民群众的获得感、幸福感不断增强。

(四) 大力发展绿色生态农业

推广种养结合、稻渔综合种养、池塘工业化生态养殖等模式,扩大无公害农产品、绿色食品、有机食品等生产规模,建成优质稻米基地267万亩,稻虾综合种养面积突破35万亩。改造标准化池塘1.82万亩,新增高效设施渔业2.1万亩,占比24.93%。新培育各类休闲经营主体16家,金湖县前锋镇白马湖村成功入选2018年"中国农民丰收节"100个特色村庄。地理标志商标保有量继续领跑全国设区市,发布全国首家稻米生产全产业链团体系列标准——"淮安大米"系列标准,"洪泽湖螃蟹"被认定为中国驰名商标,盱眙龙虾品牌价值位居全国淡水养殖水产品品牌榜首,"淮味千年"农产品区域公用品牌的知名度影响力不断提升。

全市共有国家水产健康养殖示范场57个,国家、省级畜禽健康养殖示范场分别为11个和223个,国家渔业健康养殖示范场5个,国家稻渔综合种养示范区1个,切实提升了农业可持续发展水平。淮安市创成国家水生态文明示范市,建成国家级水利风景区9个、省级水利风景区6个,建成省级水美乡镇11个、水美村庄82个。金湖县建成国家首批生态文明建设示范县,洪泽区、盱眙县建成省级首批生态文明建设示范县(区),农村生态示范创建工作成效显著。今后,将继续优化农业生产、农业生态和农村生活环境,聚焦特色产业培育,提升农业产业质效,着力构建绿色生态农业产业体系。

三、淮安市农村生态环境的主要问题与制约因素

淮安市农村生态环境治理虽取得了一定成效,但目前依然存在一些问题,仍要深究产生这些问题的制约因素。这些因素在很大程度上影响了淮安农村生态环境的成效性。

(一)主要问题

虽然取得不错的成效,但淮安农村生态环境依然存在亟待改善的地方,主要表现在以下方面:

1. 生态建设基础设施比较薄弱。淮安市地处苏北平原中部,根据2014年土地变更调查数据,全市土地总面积1 504.44万亩,大面积的围湖造田、围湖养殖等行为造成湿地面积逐渐减少,生态环境遭到一定程度的破坏,生态建设基础设施比较薄弱。耕地的数量和质量是生态环境考核的一个重要指标,耕地保

护也是生态环境保护的重要内容。随着淮安市工业化、城镇化进程的不断加速,大片的农田被建设占用,耕地面积减少趋势明显。2010—2014年,扣除可调整地类,全市耕地面积平均每年减少3 000多亩。从林木覆盖率来看,根据《江苏省关于开展高水平全面建成小康社会监测统计工作的意见》(苏统〔2017〕73号)文件要求,到2020年全省林木覆盖率指标要达到24%。截至2019年7月,淮安市此项指标为23.82%,未达指标要求。全市各县区发展不平衡,除盱眙县、清江浦区超目标值外,其他3区2县与目标值均有一定差距,其中淮安区与目标值相差5.84个百分点,如达目标值需要新增造林面积12万亩,压力巨大。究其原因,主要有以下几点:一是林业的比较效益下降,农民栽树意愿低。前几年受市场行情影响,广大农民栽树绿化的积极性降低,许多以前在农田里的杨树被采伐以后改种了粮食等作物。二是目前大部分地方由于林地承包到期,逐步进入采伐高峰期,杨树资源过度采伐,导致覆盖率下降。三是近几年杨树飘絮等问题形成了对林业发展不利的环境,从而抑制资源的增加。

2. 农业面源的污染仍然存在。农业生产中被广泛认可的生产方式仍然是依赖于化肥、农药等外部投入的常规生产方式,农户对这种生产方式已习以为常,化肥、农药等农业生产投入品超量使用仍然存在。在农村,适用于常规生产的投入品供给体系完善,常规生产所需的化肥、农药都可在农资店购买到,与之相比,绿色生产资料供应商相对较少。同时,由于绿色农产品价格高,生产绿色农产品面临着销售困难的问题。化肥和农药的应用对农业的增产起到了重要的作用,但由于使用技术落后,导致大部分化学元素进入水源和土壤,对生物多样性破坏的严重后果已经显露。2017年淮安市统计局开展的全市农村环境调查显示,水源污染位居农村环境污染之首,11.1%的农村居民认为化肥农药对自己的生活环境影响较大,该数据比2016年增加6.4个百分点。受化肥农药影响,农村水源污染较严重,生活污水横流,农村中鲜见清澈透明的沟渠。近72%的农村居民居住地环境污染严重,该数据比上年增加13.3个百分点。

3. 农村人居环境有待进一步改善。根据统计数据,淮安市农村居民点用地为145.86万亩,占城乡建设用地总量的71.68%,用地规模偏大,且闲置浪费严重。全市现有自然村庄数目近2.4万个,其中约12.5%为10户以下的零散居民点,20%为10—20户的小庄台,村庄建设地布局零散。由于村庄规模小而分散,导致建设集中配套的公共设施和生活基础设施存在一定难度,这也给农村垃圾、污水处理带来一定难度,导致水资源、土壤、空气污染。此外,乡村垃圾分类未全面普及。垃圾分类是生态宜居美丽乡村建设的必然要求,更是环境保护的大势所趋。淮安市深入开展城乡生活垃圾分类工作,淮阴区徐溜镇和淮安区施河镇是淮安市开展镇村全域生活垃圾分类的省示范乡镇,但是全市乡村垃圾分类工作还未普遍实行,不利于农村人居环境的改善。2017年淮安市统计局开展的全市农村环境调查显示,在所列的八大类环境污染项目中,生活垃圾污染占比27.7%。仅有18.3%的农村居民对居住地环境质量很满意,该数据比2016年下降10.6个百分点;仍有18.3%的农村居民不满意居住地环境质量。

(二) 制约因素

利益格局演变外在表现于各级经济主体最大化自身利益诉求时的行为选择,家庭、企业和政府在追求利益最大化过程中的消费、生产和监督行为使经济发展出现异化现象。粗放经济增长方式中家庭不合理的消费习惯导致消费异化,企业高污染的生产方式导致生产异化,地方政府推进力度不平衡导致发展异化。各级经济主体未主动选择环保行为是造成农村生态环境的根本原因。此外,目前法律体系不完备也是一个非常重要的原因,出台的《中华人民共和国环境保护法》《中华人民共和国水污染防治法》等环保法律法规主要是针对城市和重要点源污染防治,对农业面源污染涉及不多,对农业面源污染防治、农业环保监督和执法、农村生态环境管理等方面的针对性和操作性不够强,制约着农村污染防治工作。除此之外,制约淮安市农村生态环境的因素还体现在以下几个方面:

1. 政府农村生态环境保护推进力度不够平衡。地方政府在农村环境保护中的作用在于要科学合理地进行指导与规划,而在农村的建设过程中,政府对农村的规划意识不够强烈,由于以往考核导向的影响,关注产业发展较多,反而忽视环境给农村带来的一些负面影响。如近年来淮安市对垃圾回收处理工作虽然很重视,整体上也取得了一定成效,但仍有部分地区对垃圾回收处理工作抓得不紧,重视程度不够,制定的整治标准不严格。这些问题可能是由于政策制定不具体、监管不到位、资金紧张等原因造成的,但是政府相关主管部门应积极开展调研,了解问题根源,制定相应措施,督促下级部门积极重视并落实执行。此外,推进力度也不够平衡。淮安市有7个县区,每个县区由于经济基础、区位优势等不同,整体发展水平有所差异,规模相对较大的县,各个镇地方经济发展也会有所不同,农村生态环境建设、卫生环境治理力度也有所差异。走访调查垃圾回收处理状况时,经济发展水平在同一级别的县区,推进力度差别不大,但是就全市整体来看,推进力度还是处于失衡状态。

政策扶持不到位。尽管近年来各级政府采取了一系列措施用于农业污染治理,如加大对耕地质量、畜禽养殖污染等方面的投入力度,但这些措施与面广量大的需求量相比还远远不够,政策扶持面还不够宽。从出台的现有文件看,无不提出从人财物、土地等方面大力扶持支持,但在实际操作中,由于农业的特殊性,一些农业项目投入多、见效慢,而有的扶持项目要求的配套资金较多,地方政府、企业等实施主体的配套能力不足。土地、融资、农用电等瓶颈制约,仍是大多数农业企业、群众反映最多的问题。如:畜禽农业机具补贴品种少,2018—2020年国家农机购置补贴实施指导意见中,仅有清粪机、粪污固液分离机等畜禽粪污资源化利用设备被列入通用补贴产品给予补贴,但现实中养殖企业对吸粪车、发酵处理机器、翻堆机等补贴范围之外的粪污处理机具需求较多。沼气并网发电存在现实制约,养殖企业一般远离居民区,变压站及输电线路造价高;单个沼气工程发电量少且布局分散,并网发电管理成本高。多数农村没有垃圾填埋场或是垃圾填埋场比较简陋,一些村子没有污水排放设施,垃圾清运车辆数量不多,保洁人员以及垃圾桶的配备并未覆盖全部村庄,仅限于重点村镇,农村环保政策、法规、标准等体系不健全,机制尚不完善。2017年淮安市统计局开展全市农村环境调查,在全市7个县区实地随机访问了360个农户,结果显示:仍有25.0%的农村居民所在村组没有专门存放垃圾的场所,仅有39.2%的农户生活污水通过下水道收集处理后排外。

少数县区长效管理制度尚未完全建立,专设管理队伍和监管的经费尚未落实到位,村民自觉参与环境保护的主动性不强、参与度不够,农村废弃物回收处理的长效管理体制机制还没有全面形成。2017年淮安市统计局农村环境调查报告显示,81.9%的农村居民认为污染问题应该由政府解决,仅18.1%的人认为农民居民要参与。从客观上讲,尽管各地普遍建立了长效管理制度,采取了多种形式组建农村保洁队伍,但由于村级集体经济匮乏,各行政村在长期投入上明显缺乏有力支持,显得后劲不足,整治完成后,少数村庄的日常保洁、常态考核、督查检查等长效管理措施没有及时跟进,加之村庄基础设施配套不足,农民传统生活习惯影响较深,极易出现反弹。

2. 农村企业重视发展而对环境保护重视度不足。近年来,工业化进程加快,为了走上快速致富的道路,为了进一步推进农业现代化建设,同时也为了缓解农民的就业压力和其他的一些问题,乡镇企业大力发展,使得农村经济有了很大的发展。但是,很长一段时期内,农村企业单纯追求经济效益,生产经营缺乏节能降耗的动力,技术改造往往以扩大再生产为目标,而忽视了环境效益和生态效益。农村乡镇企业的环保设施落后,使得"三废"污染严重;因为乡镇企业的规模比较小、布局比较分散以及经营粗放等特征,大多数农村企业没有抗污染等相关设备,使得周边环境问题比较严重。当农村企业的废水排放未经过处理直接排放到河流、湖泊中时,农村环境污染和生态破坏的代价就可想而知了。

淮安市的乡镇工业起步较晚,整体发展相对落后。部分乡镇为了改变落后的面貌,引进了一些高污染的企业,然而引进之后又对其缺乏相应的监督与管理。淮安乡镇企业多数规模小、技术落后,例如造纸、木材加工之类的企业。以木材加工企业为例,在日常生产的过程中,受到自身技术和资金条件的束缚,有些木材加工企业会直接将木头扔进池塘里面浸泡半个月以上;同时为了节约成本,这些企业会直接将工业废水、废料排入河流、池塘等,木材原料和废料的腐烂直接导致水变臭变黑;另外,工业生产产生的大气污染会产生酸雨,酸雨进一步加剧了水资源的污染。农村的工业生产俨然成为淮安农村地区水污染的重要推手。淮安市统计局开展的全市农村环境调查,在全市7个县区实地随机访问了360个农户,调查结果显示,水源污染位居农村环境污染之首。在所列的八大类环境污染项目中,水源污染占32.5%,所占比例最高。多数农民反映附近的水源受污染。在被问及附近的水源状况怎么样时,回答"没有污染"的农民29人,占8.1%,回答"轻微污染"的187人,占51.9%,回答"中等污染"的91人,占25.3%,回答"严重污染"的53人,占14.7%。

农村企业布局分散。农村企业布局分散是指距离居民点比较近,缺乏正确的科学规划,使得距离居民点近的废气、废物和废水等得不到集中有效的处理,导致污染的程度加重、速度加快。另外,畜禽养殖业也在不断地发展中,从以前的小规模发展成如今的大规模程度。虽然提高了居民的生活水平,但是畜禽粪便也会引起一些问题,而畜禽养殖业的规模也没有得到合理的规划和有效的控制,包括选址,畜禽养殖场的选址应该避开人口密集区,防止给村民造成一些危害。所以农村的企业布局分散直接危害着周围的环境及农村人民的身体健康。此外,农村企业污染排放量大。尤其是小型燃煤窑炉及燃煤加热炉,燃烧技术落后,同时因为缺乏相应的废弃物处理设备,黑污染严重,影响淮安的大气环境感观形象。

尤其重要的是,生态农业科技支撑不足。淮安市农业科技人才主要来自驻地高校、农业科研院所、农业行政推广部门以及涉农企业等。由于考核评价体系不同,缺乏高效的协调机制,导致资源共享不足,人才资源利用率低,科研力量分散,难以形成合力。淮安地处苏北腹地,引进高层次科技领军人才难度大,重大原创成果、自主创新、产业发展关键技术人才缺乏。基层农业科技人才受编制限制、人员老化等原因影响,呈减少趋势。农业科技人才分布不均,高层次人才主要分布在高校和科研院所,处于生态农业发展一线的农技推广和涉农企业,面临高层次人才匮乏的难题。由于人才匮乏,农业科技支撑不足,严重制约着淮安市生态农业的发展。

3. 农村家庭环保主体意识比较薄弱。虽然如今环保宣传工作在持续推进,海报宣传、媒体推送以及通过人们日益普及的移动平台进行多样化、丰富化的宣传,但是农民的生态环保意识还是存在较大问题,所以,农林的乱砍滥伐、农业生产上的化学药品泛滥使用、生活中的乱丢垃圾现象依旧大量存在。农村广大人口对于生态的认知情况又分为两类:是否具备较高的资源环境知识储备,对乡村自然环境现状的清晰程度。从环保知识储备量来看,据调查,在不少村庄中,多数群众对自然保护生态缺乏知识了解,对于一些污染较为严重的工业生产的废水、废气、废渣以及对森林植被、水资源影响较大的酸雨成因了解不够,同时对于一些环境污染的概念等较为模糊。此外,在生产生活中对农村生态污染现状关注不够。随着社会的不断发展,城市和农村都出现了不同程度的环境污染破坏,其中大量的城市垃圾以及高污染行业逐步转向农村,这无形之中加大了农村的环境压力,众多农村地区出现不同程度的水资源污染、土壤板结肥力下降以及森林覆盖面积减少等现象。然而面对这些污染破坏现状,很多百姓无动于衷,他们将更多的关注度停在了物质水平提高上面。这个意识是由传统的生活习惯、文化水平和地区的素质所决定的。2017年淮安市统计局关于农村环境的调查显示,对于农村居民的生活垃圾处理,仍有27.8%的农户选择扔到路边、沟道和焚烧,8.3%的农村居民选择将生活污水泼到院子内,52.5%的农村居民将生活污水通过排水沟直接排到屋外。这些其实都可以说明农民们的环保意识不强,除了不知道会对环境产生危害之外,还不知道会对自己的生活环境和身体造成一定的危害,所以农民作为农村生产的主体,不能放任对农村环境的污染,要保证农村环境可持续的发展。

另外,农民的消费能力内含了高污染的可能性。消费能力取决于家庭收入水平,农村常住居民的人均可支配收入长期落后于城市,农村常住居民的人均可支配收入甚至都不到城市的一半。2018年,淮安市城镇居民人均可支配收入为35 828元,农村居民人均可支配收入为17 058元;2017年,淮安市城镇居民人均可支配收入为32 976元,农村居民人均可支配收入为15 601元。也即:2018年淮安市城乡居民人均收入倍差为2.1∶1,与2017年基本持平。但由于农村居民收入基数较低,淮安市城乡居民收入绝对差距仍在不断扩大:2017年城乡居民收入差额为17 375元,2018年城乡居民收入差额为18 770元,比2017年扩大了1 395元。收入水平直接限制了农村的消费能力。农村家庭缺少购买优质产品的经济能力,只能退而求其次选择低劣的工业产品来满足生活需求。这些工业品工艺简单、加工粗糙,本身就包含污染,再加上质量不高和使用寿命过短,被废弃的数量和速度都居高不下;而农村垃圾处理的配套建设供给缺位,农民只有自行焚烧或直接倾倒垃圾,加重了农村的环境负担。农村的物质消费数量与废弃数量呈正相关,而且这些废弃物制作材料多为合成无机物,不易分化降解。生活垃圾的不断累积已经成为制约农村发展的重要因素。农民作为生产者,为生产目的而购买工业品的能力,取决于农业生产方式的改进和增长的方式与速度。众所周知,我国农业的发展速度远落后于工业和服务业,农户在从生产过程中得不到足够的经济价值补偿,缺少治理土壤和改善水源的资本投入,也没有意愿追加资本治理和改善生产环境。因此,农户的收入水平限制了其消费能力,造成低劣产品的泛滥和废弃物的堆积;农业生产方式和增长速度的落后限定了农民生产投入的积极性,又造成农村生产环境治理的动力不足和资金缺陷。

四、优化淮安市农村生态环境的对策建议

随着农村经济的发展,农民的生活质量及幸福指数也不断提升。然而,随

之而来的乡村生态环境问题也日趋凸显,反而成为抑制农村经济发展、阻碍美丽乡村建设的重要因素。目前,乡村生态环境问题受到高度重视,并被列入政府主要解决工作中。所以,构建美丽乡村建设的前提,是保持乡村生产、经济发展与乡村生态两者的均衡,并实现长期良性健康发展。对此,本文将从制度、技术、道德层面进行对策分析,从而有效调动政府、企业、环保小组和农民等环保主体的积极性,完善淮安农村生态环境合作治理。

(一)完善制度安排,保障农村经济实现绿色转型

强化制度创新,完善制度供给。制度是促进农村生态环境保护的重要保障,制度建设的不完善是农村生态破坏和环境污染行为不能被有效制止的重要原因。建立健全环境保护制度,及时规范环境行为,使环境保护有法可依、有法能依,消除经济建设对环境的污染和破坏。一是对已有的法律法规,如《中华人民共和国环境保护法》《中华人民共和国水污染防治法》《畜禽规模养殖污染防治条例》等,要做好宣传贯彻和执法检查,做到有法可依、有人执法和违法必究。二是加快制定或完善农业农村生态环境保护条例、农业废弃物资源化管理办法等地方性法规,强化农业污染监管执法可操作性。三是建立健全企业转移制度并完善乡镇企业的排污制度。对生产基地向农村转移的企业进行严格审查,保证生产转移的同时治污设备和技术同步转移。扩大对乡镇企业治污的资金和技术支持,完善乡镇企业排污的制度规范,发挥污染治理的规模效应和集聚效应,降低乡镇企业的治污成本。四是健全农村生态环境信息公开机制。完善淮安市农村信息公开办法,定期通过网络、报纸、电视新闻等渠道对农村地区大气、水资源、植被等环境状况进行公示,让群众了解自己的生存环境状况,同时对成功案例进行典型示范和经验介绍,对问题进行分析,找出对策。明确规定公布农村环境信息的主体,不仅包括所有的环保部门,还应根据实际情况,将生产活动中对环境产生影响的企业纳入义务主体范围。五是要逐步增加农村环保的资金投入,着力解决农村环境中的突出问题。要在每年财政预算中安排专项资金用于农村环保工作,重点支持饮用水水源地保护、水质改善和卫生监测、农村改厕和粪便处理、生活污水和垃圾处理、畜禽和水产养殖污染治理及生态示范创建工作的开展。逐步建立"政府补助、部门帮助、社会支助、农民自助"的多渠道投入机制,将资金更多地投入到环境问题治理上来。

完善制度监管,提高执行效率。淮安市统计局2017年的调查报告显示,仅33.6%的农民满意居住地环境管理政策和力度。制度的落实需要监督和管理,全方位、多手段地对城乡污染行为进行监督,是提高制度执行效率的必要措施。一是提高环保工作人员的素质,加强定期培训,通过理论与实践的学习,提升整体素质,特别是完善乡镇环保机构和队伍,建议建立乡镇级别的环保机构,并赋予机构必要的职权。二是完善乡镇环保机构的人员配置,通过农村生态监察试点,建立一个由环保部门牵头,公安、工商、发改委等各有关部门密切交叉配合的环境综合监督执法机制,建立生态环境监督专业队伍,查处破坏农村生态环境的违法行为和案件,并采取动态监管,制定完善的农村环境问题考核问责制度,加强农村生态环境保护的执法、监督与管理。三是充分发挥民间环保组织的教育、监督优势。一方面,民间环保组织可以利用他们关于环保治理的优势经验及各方面擅长的技术等,举办各种环境保护宣传活动,举办环境保护和治理培训活动,也可以组织环境宣讲会、讨论会等。另一方面,农村环保非政府组织可以通过志愿服务的形式,深入农民家庭进行调查及宣传环保知识及政策,使农民明确自己的环境权利和义务,提供农民环境群体事件的解决办法。此外,民间环保组织要积极维护农民的合法权益。当环境治理工作触及农民群体的利益时,民间环保组织要通过诉讼等法律的形式,保障农民的环境权益不被侵犯。同时,促进民间环保组织发展,实现全民广泛有序参与。规范并落实民间环保组织的责任,利用媒体宣传、举办活动等形式,做好环境知识的宣传及讲授工作,也可以向生态环境权益被损害的农民伸出援助之手,既维护农民环境权利,又促进农民积极参与。积极推进民间环保组织机构的建设和发展,与村委会合作促进机制的构建,在基层民主的基础上,增加农民参与环境治理的渠道和机会。基层政府和村委会应设立环境保护专项通道,及时和农民进行沟通交流,创建农村生态环境治理相关项目。促进民间组织的发展也要具体问题具体分析,针对不同的实际情况,建立各具特色的民间组织,主要是保持良好的生态环境,解决当地具体的生态环境难题。

(二)规范主体行为,减少污染总量限制污染转移

引导企业清洁生产,推动工业企业的节能减排。粗放的生产方式是造成环境污染的主要原因,促进生产企业向清洁化、无害化转型是生态修复和环境保

护的必经之路。一方面,加大政府向经营性组织购买公益服务试点力度。试点政府采购手段,筛选技术先进、价格合理、服务体系健全的企业作为畜禽粪便、秸秆等农业废弃物利用服务供应商,推进农业废弃物利用专业化、社会化。如:针对粪污处理社会化服务组织,参照病死畜禽无害化处理补贴方式,对区域性粪污处理中心运作实行以奖代补,根据处理量大小给予适当补贴。另一方面,引导建立农业废弃物资源化产品市场机制。将农业废弃物利用产品或副产品纳入农产品市场管理范围,规范价格机制,出台相关管理办法,把原料收购、秸秆打包、秸秆固化、沼气、沼液、沼渣、生物有机肥等作为商品,采取政府确定指导定价,构建合理的农业废弃物资源化产品价格机制,对使用沼液、沼渣、生物有机肥等作为肥料的优质农产品实行优质优价和保护性措施,建立农业废弃物利用产品市场,不断延长生物链条,使农业废弃物利用与生态农业、高效农业结合发展。

鼓励家庭绿色消费,通过市场驱动促进环境保护,培育绿色市场,建立健全绿色家居、绿色建材、绿色食品、低碳出行等以绿色消费为主题的市场交易平台,保证绿色产品的市场供给,提升绿色产品和环保服务的市场交易数量和交易效率。

规范政府行为选择,作为经济实体,在各级政府中推行绿色采购,建立政绩考核的追评机制,对地方官员离任后的长期生态效应进行评估,并给予生态奖励或生态追责,从而转变地方政府官员的执政理念,减少地方经济建设中只为追求短期效果的面子工程,大力推行生态环境保护的一票否决制。同时,着重加强技术创新。科学技术是推动农村环境改善的关键一环,要加强对农村科学创新与应用技术的重视,建立和完善科技创新体系。一方面,加快技术创新,要提高科研投入力度。农村环保科技创新以骨干企业为依托,发挥大专院校、科研单位的技术优势,进行产学研一体化攻关,争取在太阳能利用、新能源装备等领域实现高新技术突破。同时,政府要着力培养专业高端技术人才,并组织深入农村基层开展调研,研究解决农村环境治理遇到的技术难题,鼓励科研人员以技术入股形式参与生态环境建设。另一方面,加快技术创新,要与农村发展需求接轨。淮安市各区域呈现不同的特色和资源优势,在环保创新中不仅要有针对性地真正地改善当地的农村生态环境,还要能带来新技术、新能源的革新,为区域经济的发展注入活力。主要是要优化农业种植结构,大力发展无公害、绿色、有机食品,大力扶持生产并推广使用高效、低毒、低残留农药、生物农药和有机肥,科学规划、合理布局养殖业的发展,所有规模化畜禽养殖场都要建设污染治理设施,开展畜禽养殖污染防治示范工程建设,推广养殖模式和养殖小区污染集中治理模式,努力减少农业面源污染。最后,加快技术创新,要提高农村环境影响评价的技术水平。农村环境污染具有复杂性,不仅包括农业自身污染还包括城市转移到农村的污染。这就需要提高生态环境影响评价的技术手段来精确判断具体提升哪些项目以达到改善农村生态环境的要求,同时技术手段应该随着农村环境污染问题的不断变化而调整更新来满足农村、农民的迫切需要。

(三)优化激励机制,城乡共同参与生态环境保护

依法建立和完善农村生态环境保护补偿机制。探索建立多元化农村生态环境保护补偿机制,多渠道筹措资金,加大生态保护补偿支持力度。积极争取国家和省逐步加大对淮安市农村生态功能区的转移支付力度。探索出台农业生态补偿政策。按照"谁开发谁保护,谁收益谁补偿"的原则,对农村生态环境、耕地及水源保护实施生态补偿机制,推进农业面源污染防治工作制度化、常态化。强化重点生态区域补偿,在重点生态功能区及其他环境敏感区、脆弱区划定生态保护红线。推进横向生态保护补偿,对与农业生态环保相关的科研、培训、推广与咨询服务等一般性政府服务,与环保措施挂钩的价格补贴,如退耕还林还草、休耕,农业种植结构调整补贴等方面进行政策支持,对环保型农户从政策、贷款、税收上给予支持,通过生态补偿等方式对农村生态修复和环境保护的行为进行物质激励。

积极发展绿色信贷,培育绿色证券,利用绿色金融为农村生态保护提供资金激励。政府可以强制命令金融机构必须参与农村绿色贷款方案,通过经济手段激励金融机构严格实施绿色信贷政策。同时,努力提高金融机构在农村绿色信贷和证券方面的执行力。银行可以根据绿色金融政策对环保企业和污染企业实行区别的贷款利率,通过价格杠杆支持环保企业的发展并限制污染企业的规模扩张。金融机构通过对环保客户的精细化管理,对企业生产的清洁程度进行层级区分,将其与企业贷款的利率相关联。开设绿色信贷的快速审批通道,为环保企业的扩张提供及时、足量的资金供给。成立专门的

政策银行,对生态条件恶劣和污染严重的环境重灾区的清洁企业给予更大力度的信贷支持。

通过非货币方式对积极参与农村生态环境治理的行为进行隐形的精神激励。隐形的激励机制主要是对积极参与农村生态环境保护的集体和个人进行名誉奖励,满足人们在安全保护、社会尊重、自我价值实现等方面的需求。首先,完善地方政府的绩效考核机制,促进生态一票否决制的推广实施,加大生态保护工作在政绩考核中的比重,对农村生态问题给予更多关注,促进环境治理资源在城乡之间的公平分配。其次,推进农村生态环境教育,加强农民对生态环境的认知。在农村积极开展生态保护的道德教育。2017年淮安市统计局农村环境调查显示,农村环保宣传力度仍需加强。近年来,环保宣传已经深入人心,但农村环保宣传力度还显不足,农村居民对农村环保宣传满意度不高。调查结果显示,25.8%的农村居民对农村环保宣传非常满意,该数据比2016年下降14.6%;13.1%的农村居民对农村环保宣传不满意;53.6%的农村居民认为农村环保宣传的力度还需加强,近65.6%的农村居民不知道环保投诉举报电话。当前,生态文明和物质文明、精神文明具有同样重要的地位,加强生态道德观,是解决当前农村生态环境问题的先决条件。一方面,加强生态道德理念教育,各级环保部门、村委会和社会组织都要积极发挥自身作用,充分利用电视、广播、报刊、网络等载体,采取制作环保纪录片、公益广告,设立环保网站、环保论坛等形式,向农民宣传人类对环境的依存性观念,介绍现有环境状况和人类活动造成环境变化的趋势,描述水资源污染、土壤污染、大气污染等环境恶化带来的人间悲剧,将环境危机感深深植入公众心中,激发农民的责任感和参与意识,使之自觉树立生态道德观的理念。当然,长远来看,加强农村居民素质教育至关重要。加强农村居民的素质教育首先是提高农村居民的文化程度,文化程度提高了才能从根本上解决素质问题。其次要加强社会公德等德育体系的教育,要营造良好的社会风气,创造良好的民风民俗。在走访调查中发现,当前淮安市农民的文化程度仍然较低,而且农村老龄化严重,这也反映出当前农村的实际情况。只有加强农民的素质教育,才能从根本上保护农村的环境,为子孙后代造福。另一方面,强化生态道德行为的指导,鼓励农民广泛参与环境影响评价、环境决策、环境执法监督活动,在环境立法、环境标准制定过程中充分听取农民的意见。此外,村委会要对环保先进家庭及个体进行激励表彰,增加民众参与积极性,在村内普及循环经济新技术等,使各种更为经济、环保的致富措施被大众所接受。生态道德教育要与农村经济发展相结合。当前,重点要根据淮安各地的资源优势、区域优势和产业特色,发展生态农业,将生态道德教育与增加农民收入有效结合起来,给农民带来实实在在的利益,这样才有说服力和感召力,才能激发农民学习生态知识、运用生态知识的积极性。

淮安农村基层党组织建设面临的现状、问题及对策研究

伴随着现代化进程的推进,工业文明、城市化进程不断深入,我国的农村发展进入空心化状态,农村基层党组织作为党在农村的最基础的组织,是党全部工作的基础,担负着直接与群众联系并把党的路线方针政策贯彻到基层的重任,因此是农村发展的组织核心和领导力量。

党中央高度重视农村基层党组织建设。近年来,在党和国家的高度重视下,农村基层党建取得了一定的成绩。最新的《中国共产党党内统计公报》数据显示:全国农村党员共有 2 500 多万名,54.72 万个建制村已建立党组织,党在农村的覆盖人数和范围不断扩大。淮安市也非常重视农村基层党建,结合本地党建工作实际,运用系统化思维,创新实施了农村党建"七个一"工程,主要内容即选人用人"一岗多备"、工作待遇"一酬多元"、产业发展"一地多品"、党员管理"一村多群"、村务监督"一季多单"、阵地建设"一主多辅"、远程教育"一站多能",从而推动农村基层党组织全覆盖、聚合力、强功能。此外,包括"七个一"工程在内,2017 年淮安实施党建项目 38 个,有力地推动了基层的发展。2018 年中央一号文件指出:"加强农村基层党组织建设,强化农村基层党组织领导核心地位,持续整顿软弱涣散村党组织,实施农村带头人队伍整体优化提升行动。"近年来,在党和国家的高度重视下,农村基层党建取得了一定的成绩,尽管如此,当前农村空心化背景下农村基层党建中存在的种种问题,亦严重地影响到了党在农村执政的基础。因此,以农村空心化为背景,探讨基层党组织的建设问题,对于强化党组织的领导核心作用以巩固党的执政基础,激发农村活力以实现高效农村治理从而推进国家现代化建设,维护农村社会稳定、为农村发展

本文写于 2018 年 7 月。

提供良好的环境从而更好地实施乡村振兴战略,都具有重要的意义。

一、淮安农村基层党建面临的新形势

城镇化下,农村人口大量外流,农村的资金、技术等各种资源也随之转移到城市,导致农村社会出现空心化现象。农村社会变革中的空心化现象成为当前农村基层党组织建设面临的新形势。因此,只有总体性地把握当前农村空心化的现实情况,才能更透彻地分析当前农村基层党建面临的新形势。

(一) 城市化进程中的农村空心化实况

改革开放以来,在快速城镇化进程中,农村大量青壮年劳动力进城务工和安家落户,导致农村人口老龄化、村庄"空心化"问题日益严重。

1. 人口空心化。据统计,2017年全国农民工总量达到2.87亿人,2017年全国农民工比2012年增加2391万人,年均增加480万人,年均增长率达到1.8%;全国户籍人口城镇化率从2012年的35.3%增长到2017年的42.4%,8000多万农业转移人口成为城镇居民。人口的流动自然会引起农村人口结构和社会构成的变动。大量农村人口逐年涌向城市,农业劳动力呈现老龄化和女性化倾向。从农村人口老龄化看,转移到城镇就业和生活的农民工以青壮年劳动力为主,2017年全国农民工平均年龄39.7岁,50岁以上农民工所占的比重为21.3%,农村呈现"年轻子女进城务工,年老父母留村务农"的代际分工模式。

淮安市农村同样面临着空心化挑战,淮安市淮安区委组织部深入全区25个乡镇336个村居就空心化对农村基层党建的影响进行专题调研的数据显示,在全区102万农村户籍人口中,在家人口60岁以上22.6万人,其中空巢0.86万人,16岁以下的20.7万人,其中留守3.7万人,16—60岁这一年龄段仅占在家人口的16.3%,年富力强的人基本都在外面或半固定在外面,长期在外的青壮年人口达20.8万,占农村青年人口的比重超过了80%,在家人口状态为两头大、中间小(见图1)。

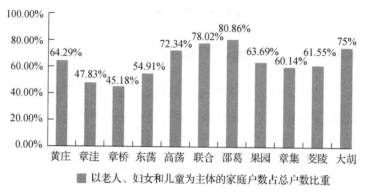

图 1　淮安市淮安区苏陵乡①11 个行政村数据

数据来源：根据对淮安市淮安区苏陵乡的实地调查结果整理计算得出。

以上数据表明当前农村地区人口结构呈现出青少年人口萎缩、青壮年人口外流、老龄化人口加重的趋势，普遍出现农村发展缺乏推动力的人口"空心化"现象，而年龄结构的失衡又进一步加剧了农村地区的贫穷和农村发展动力的缺失，不利于农村经济社会健康发展。

2. 资源空心化。随着城市化的快速推进，农村的各种资源都不断向城市转移，使得农村地区出现资源空壳化现象，最能体现这一现象的主要包括三个方面：

第一，土地资源。农村外出务工人口规模的壮大，迫使一些农户将土地流转出去，地理位置不好的耕地，就选择直接撂荒。2011 年国土资源部数据显示，我国每年撂荒的耕地近 3 000 万亩。本文研究所调查的淮安市淮安区苏陵乡同样存在土地利用效率低的情况，苏陵乡全乡土地面积 49.02 平方千米，其中耕地约 4.6 万亩，人均耕地 1.3 亩，低于全区平均数。

第二，经济资源。随着大量农民进城务工，农村居民的收入水平得到有效提升，2017 年，淮安农村居民人均可支配收入 15 601 元，增长 9.0%，保持了快速增长。但是农村发展的经济资源却在不断减少，其重要的原因就是随着工业化和城市化的深入发展，农村人口外出务工也由原来的"离土不离乡"转变为"离土又离乡"，进城务工者把务工所得收入用于在城市消费，有的则选择购房

---

① 苏陵乡已于 2018 年 7 月撤销。——编者注

安家,这样一来,农村经济资源单向流入城市的情况更加严重。

第三,人才资源。农村人才资源主要是指乡村精英,包括乡村医生、乡村教师、知识分子、老党员等。城市化进程中,具有较高人力资本的乡村精英难以在农村实现劳动价值和政治抱负,而且随着现代化的深入推进,城市对乡村精英的吸引力增强,尤其是经济发展相对落后的农村地区,这就导致本就贫乏的农村人才资源几近枯竭,对农村经济发展、村民规范维护、基层组织建设带来不利的影响。

3. 治理空心化。《中国农村发展报告(2018)》指出,农村劳动力的人力资本投资处于较低水平,全国91.8%的农业从业人员仅具备初中及以下文化程度,西部和东北地区接受高中及以上教育的农业从业人员比重不超过7%。而外出务工的大部分是有知识文化的青壮年,这就使得村民自治缺乏参与主体。一方面,外出务工的村民由于远离家乡,切身利益关系已经转移到外出务工地,因而对村庄的公共事务缺乏兴趣;另一方面,留守村庄的老人、妇女参与的能力和精力都十分有限,部分偏远地区的农村,甚至出现村级组织完全瘫痪的状态,村庄治理陷入困境。在调研过程中,茭陵乡一位村支书说道:"现在村子里有什么事情很难找到人参与,由于大多男性劳动力外出务工,只有农忙和春节才回家,也很匆忙,根本无暇顾及村子里的公共事务。"

4. 文化空心化。伴随着农村资源不断流向城市,当前农村不仅是村落形态空心化,文化也在逐渐走向空心化。农村中小学生源逐渐减少,农村师资力量薄弱,教学设施配备缺乏,农村基础教育逐渐衰退,农村学生辍学现象严重,呈现空心化。《中国农村中学辍学调查》显示,基于8次大规模调研收集的来自4个省24 931名农村中学生的数据,以及与52名样本地区的农村学生的深入访谈,农村地区整个中学阶段(初中、高中和中等职业学校)的累计辍学率高达63%。根据对淮安市的调研,淮安农村学校招生敌不过私立学校,"农村学校在招生上吃亏",随着生源急剧减少,教师也大量赋闲。

5. 精神空虚化。乡村由于集体经济"空壳化",缺乏基本的文体设施,导致农村的娱乐文化活动难以开展,农村中赌博之风盛行,子女虐待老人现象增多,红白喜事大肆操办等表明传统乡村文明正在衰败。思想观念落后。留守农村的老人、妇女大多受教育程度较低,部分人信仰宗教和各类鬼神,导致封建迷信思想重新抬头。在所调研的淮安某镇一村子,教堂达十几个,尤其是生病的人更容易信教。农村文化的空心化现象致使传统的乡村文化逐步衰落,导致农村社会秩序受到冲击。

(二)空心化对农村基层党组织建设的影响

习近平总书记在《摆脱贫困》一书中深刻论述道:"实践证明,农村改革越深化,党组织的核心地位越要强化;脱贫越深入,农村第一线党组织的力量越要增强。"加快乡村振兴,推进城乡融合发展,就要始终将加强党建工作摆在首位,坚持党在农村工作的绝对领导,增强基层党组织的战斗力、凝聚力和创造力,而空心化农村的现实状况严重地阻碍了基层党组织的建设。

1. 产业薄弱导致党的经济基础萎缩。党的领导能力运行效度取决于党领导基础的稳固程度,领导基础的稳固程度又取决于党领导资源的占有状况,可见,领导资源的多寡一定程度上决定了党的领导能力的强弱。农村基层党建工作的实效与农村基层党组织作用的发挥,很大程度上以雄厚的经济实力为基础。随着家庭联产承包责任制和市场经济的发展以及非集体经济的发展壮大,农村党支部可控制的经济资源大幅减少,可利用的经济资源严重短缺,权力性影响力的物质基础严重削弱。集体经济的萎缩,使广大农民从集体经济中获得的各种利益逐渐减少,甚至消失,农民在经济上对基层党组织的依赖程度大为降低,党组织对农民在利益方面的影响力大大减弱。

2. 人口外流导致党的组织资源流转。农村青壮年人口的大量外流为基层党组织建设带来了新的挑战。一是村庄精英流失使得基层党组织带头人难选。村庄精英的大量流失,致使村干部没有充足的后备人选,导致村干部的人才基础弱化,村民可供选择的人选范围越来越窄,基层党组织难以选出"带头人"。二是人口外流使基层党组织后备力量缺乏。大量的农村青年进城务工,导致其政治参与较低,留守农村的基本上为基层干部和老人、妇女、儿童。以淮安为例,淮安农村最低生活保障女性5.9万人,留守妇女人数3.12万人。不仅优秀农村干部很难选,一些地方村干部也出现无人可选的现象,而且新发展党员也非常困难。此外,基层党组织也面临党员年龄、观念的老化问题。根据调研的淮安市淮安区农村党员的数据(如图2),30岁及以下的4 175人,占比9.01%;31—40岁的5 536人,占比11.95%;41—50岁的7 837人,占比16.92%;51—60岁的9 292人,占比20.06%;60岁以上的19 476人,占比42.06%。这表明,当前农村党员队伍普遍存在着年龄老化、基层党组织后备力量缺乏的问题。

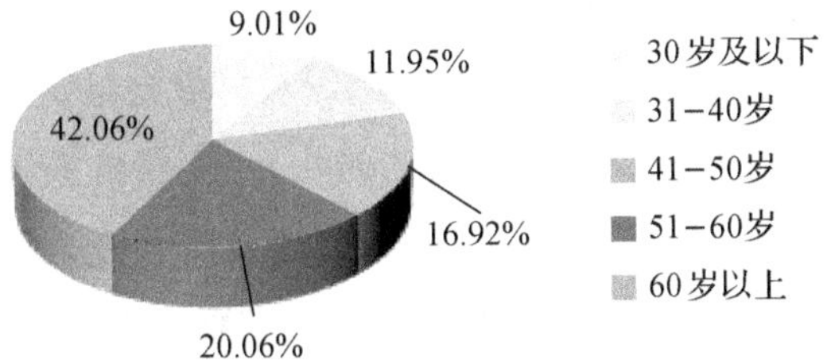

图 2　淮安市淮安区农村党员年龄结构

饼图数据：30岁及以下 9.01%；31—40岁 11.95%；41—50岁 16.92%；51—60岁 20.06%；60岁以上 42.06%

3. 社会分化导致党的社会整合困难。由于农民阶层的分化和城市化的双重作用,农村社会结构表现出的新特征无疑对基层党组织的传统社会整合方式提出了挑战。一是村庄规模不断扩大给基层党组织服务群众和干群沟通带来挑战。地方政府不断地进行村庄撤并,扩大村庄规模,调整村庄结构,村庄合并之后自然边界和社会边界扩大,并村后村民的村庄认同意识减弱,文化边界被打破。村民归属感的减少使他们产生较强的失落感。同时行政村面积的扩大,导致基层党组织的服务面扩大,工作负荷加重,干群沟通的难度加大,农村社会基本公共服务缺位问题日益凸显,更易造成误解和抱怨。二是家庭结构的缩小与村民分化使党的思想整合基础弱化。村民居住方式和居住格局的变化,打破了原来村落长期形成的乡土关系网络,传统的亲缘关系的性质由熟人关系向半熟人或陌生性关系转变。同时,农村收入渠道多元化、利益诉求复杂多样化,血缘和地缘的认同不断降低,这就导致了党在领导农村发展中的思想整合功能弱化。农民群众对党权威的认同弱化,党组织的利益整合功能难以实现。

4. 认同下降导致党的治理权威弱化。村民对政党的认同现状的评判标准：第一,村民对村级党组织的认同情况。当前,村民对基层党组织领导农村发展有了新的诉求：产业兴旺、生态宜居、乡风文明、治理有效、生活富裕。按照这个标准来评价,当前空心化的农村基层党组织显然不符合村民对基层党组织的期望和预期。在对淮安市的调研中,一些基层干部反映在农村发展党员时常发现普通群众入党的积极性不高,申请入党人数在逐年下降,更有甚者找不到合适的发展对象。除了城市化下农村青年大多流入城市务工,从而在一定程度上形成入党制约外,这也与少数党组织对党的路线方针政策宣传不到位、少数党员表率带头作用不够、党员威信不高、党组织吸引力不强有关。如果不重视并解决好这些问题,将会极大影响党的事业薪火相传。第二,党员对村级党组织的认同情况。受复杂国内外环境的影响,少部分党员的角色认同度逐渐减弱,对党组织的感情和认同度降低。第三,其他组织对村级党组织权威的挑战。而更让人担忧的是,随着村党组织领导能力的弱化,一些农村宗教团体趁机扩大力量、吸纳成员,有些地方出现了宗族、宗派、宗教及黑恶势力和党组织分庭抗礼的局面。这种局面的出现对基层党组织的地位和影响力产生了很大冲击,对基层党组织的领导能力也构成了严重挑战。

二、淮安农村基层党建的现状与问题

党的十九大报告中明确提出实施乡村振兴战略,强调党的基层组织是确保党的路线方针政策和决策部署贯彻落实的基础。这是以习近平同志为核心的党中央高瞻远瞩、深谋远虑,在深刻把握我国国情农情基础上,着眼于党和国家事业发展,以党建统揽全局作出的重要决策部署。农村基层党组织应不断增强自身的凝聚力和战斗力,加强自身的建设,挖掘和分析存在的问题和不足,使党的农村基层组织更加具有向心力。

(一)思想建设上存在的问题

思想建设是党的建设和其他各种建设的基础和灵魂,对于基层党组织来说也是如此。当前空心化背景下农村基层党组织在思想建党方面很难落到实处,主要体现在以下几个方面:

1. 理论学习有待提高。农村有知识、有能力的中青年党员的大量外流,导致基层党组织在组织党员集中学习党的理论、路线、方针、政策上非常困难。受文化水平的制约,对于尚留在农村的基层党员来说,马列主义经典著作等抽象理论水平较高的著作几乎很难理解,很难做到对其中内涵的深刻领悟,对共产主义理想缺乏信心,认为太遥远,摸不着、看不见、说不清。此外,缺乏贴近农村党员生产、生活实际的教材,导致村级党员干部理论学习不到位,有的甚至认为即使进行理论教育也没有多少对于农村建设现实的可行性指导,因此学习也就是限于定期把党员干部组织起来开开会、读读报、念念文件、看看专题教育片,理论学习的效果有待增强。

2. 党性修养有待提高。党性是党员将对党忠诚内化于心、外化于行的自觉取向,是一个政党固有的本性,每一位党员都应具备纯洁而坚强的党性修养。然而,根据实地调研,当前农村党员的党性状况不容乐观。有的党员入党动机功利化。一项在农村的调查显示,入党动机为"为了自己办事方便"的占了33.5%,"认为有利可图"的占了17.7%,"很有面子"的占了13.6%,"报答党的恩情"的占了15.2%,只有不到20%的村民入党动机是为了更好地为大家和组织服务。此外,有的党员入党后不以党员的标准要求自己,更不要说为村民利益服务了。

3. 宗旨意识有待增强。党的十九大报告强调,全党必须牢记,带领人民创造美好生活,是我们党始终不渝的奋斗目标。必须始终把人民利益摆在至高无上的地位,让改革发展成果更多更公平惠及全体人民。全心全意为人民服务,是我们党一切行动的根本出发点和落脚点,是我们党区别于其他一切政党的根本标志。而传统农村社会由封闭走向开放、多元,这个过程中,传统的乡村价值体系逐渐解体,新的价值体系并未形成,农村出现了没有核心价值主导的多元价值并存的"价值真空"[①]。在此情况下,村民以及党员的价值观念都发生了很大的变化,有些党员过分看重经济收入和追求自我利益,淡忘了党的性质和宗旨,甚至有个别党员存在道德滑坡的情况。有的党员干部在群众中威信不高,能力不强,作风不民主,办事不公道,方法简单粗暴,造成干群关系紧张,以致诱发一些群体性事件。可见,当前我国农村党员服务群众的宗旨意识有待增强,尤其在空心化的贫困地区这种情况更严重。

(二) 党员队伍建设有待跟进

推进农村改革发展,关键在党。要把党的执政能力建设和先进性建设作为主线。如何做好农村党员队伍建设工作,不断发展和壮大农村党员队伍,已成为当前农村党建工作的一项重要基础性工作。空心化背景下,农村党员队伍建设仍然存在着不容忽视的问题。

1. 党员队伍结构失衡。空心化背景下农村党员队伍结构失衡主要表现在年龄构成和性别比例方面。

---

① 周挺.乡村治理与农村基层党组织建设[M].北京:知识产权出版社,2013:28.

党员年龄老化是当前我国农村党建最为明显的一个特征,农村党的基层建设变成老年人的课题,这与党选拔任用干部的要求极不相符,党的事业需要有理想、有抱负、有专业知识的大量青年的参与。以淮安市淮安区为例:淮安区共有 334 个行政村,农村党员 21 989 人,常年在外党员 8 694 人。在外党员平均年龄 46.8 岁,身强力壮;在家党员平均年龄 65.6 岁,年老力衰。村两委干部共有 2 234 人,平均年龄 50.5 岁,其中村书记平均年龄 53.6 岁,最大的 69 岁。其中 30 周岁以下的 161 人,占比 7.21%;31—40 周岁的 228 人,占比 10.21%;41—50 周岁的 584 人,占比 26.14%;51—60 周岁的 1 054 人,占比 47.18%;60 周岁以上的 207 人,占比 9.27%。村党组织书记 334 人中,30 周岁以下的 19 人,占比 5.69%;31—35 周岁的 20 人,占比 5.99%;36—40 周岁的 42 人,占比 12.57%;41—45 周岁的 60 人,占比 17.96%;46—50 周岁的 67 人,占比 20.06%;51—55 周岁的 86 人,占比 25.75%;56—60 周岁的 32 人,占比 9.58%;60 周岁以上的 8 人,占比 2.40%。

此外,性别比例失调。农村党员的性别比例失调,主要是指目前农村女党员队伍在一定程度上还存在数量偏少、年龄偏大、参政议政能力偏弱的问题,难以有效发挥女党员应有的作用。如淮安市淮安区共有党员 46 316 人,其中男 38 822 人,占比 83.82%;女 7 494 人,占比 16.18%。村党组织书记 334 人,其中女性 22 人。

2. 党员干部素质有待提升。基层干部直接与职工群众面对面打交道,其作风的好坏和素养的高低,事关党的路线方针政策能否在基层得到有效贯彻落实。农村空心化下不少基层党组织班子成员的素质和能力都有待提高。在整体文化程度方面,淮安区共有 334 个行政村,村两委干部共有 2 234 人,高中及以下学历的 1 891 人,大专及以上学历的 343 人。在党员干部的业务能力方面,一些村党支书工作能力往往局限于村级一般性工作事务上,对党建工作、群众工作、廉政建设等经验不足,再加上对政策的学习和理解不足,致使在执行政策时容易出现偏差。

3. 发展党员难与后备党员不足并存。空心化下,农村人才的流失,导致农村"能人难选",人才严重短缺,这长期制约着农村经济社会的快速发展,也影响着乡村振兴战略的实施。由于大量的青壮年外出打工,留守的则多是一些老人、妇女和儿童。留守老人和妇女政治参与度很低,对党建活动不感兴趣,入党的积极性不高,申请入党者少;而青壮年只是在逢年过节的时候回去,等过节后便又外出打工,在家待的时间很短;培养和发展党员受到了极大的影响,年轻的优秀农村青年入党日益困难,优秀的青年后备党员匮乏。所以造成许多农村多年来很少发展党员,有的农村根本就没有发展党员,后备党员的发展工作遇到很大的困难。所调研的淮安市某村,已经连续两年没有发展到合适的党员了。

4. 教育管理党员困难。加强农村党员教育,充分发挥农村党员的先锋模范作用,是巩固党在农村执政地位的重要举措。空心化下,农村党员队伍情况复杂,存在教育"覆盖面窄"和教育"管理困难"的问题。随着企业务工党员、学生党员、部队复退党员、流动党员数量的不断增多,农村党员队伍呈现出从事行业多样化、结构多元化的情况,工学矛盾问题突出。以淮安市淮安区为例,淮安区目前在家党员占党员总数的约20%。目前全区30—60岁的党员有80%在外务工。外出党员长年在外,基本上与村党组织脱钩,偶尔回家也难得与组织见面;年纪大的党员尽管对党有朴素情感,但受身体与市场等因素影响,参加组织活动的愿望也不够强烈,偶尔有活动(冬训、换届选举等)请也难到,到了就要补助。目前在农村党员管理难、开展活动难,已成为农村党建的共性难题。

流动党员又分为季节性流动党员和长期性流动党员。季节性流动党员大部分不具备在城市定居的能力,为了增加经济收入,在农忙时就回家务农,农闲时则进城务工。对于这部分党员的管理大多在返乡期间,但由于时间有限,大部分党员连最基本的参加支部会议都困难,更不要说参加支部组织的活动。而长期性流动党员大部分已选择在城市定居生活,但本人却不与流入地党组织联系或不公开自己的党员身份,造成党员不找组织,组织找不到党员的现象。

(三)制度有待落实到位

十八大以来,以习近平同志为核心的党中央将党的建设提升到前所未有的高度。制度建设是增强党的凝聚力的密码,也是保证党的农村工作顺利开展的重要前提。空心化下,农村基层党组织的制度建设除了要健全和完善制度规范,更重要的是要抓好制度的落实。目前,农村基层党组织在制度落实方面仍然存在需要改善的方面。

1. 党内民主制度落实有待更严格。一方面,党内干部选用制度民主公开不够。当前,农村基层干部的选拔任用距离民主公开透明的要求,还有较大差距。

实践中选拔任用干部时"把一切不正常的都穿上合法外衣,而没有一点破绽"的现象依然存在。村支书的选举基本上能够做到人民民主与党内民主并用,而其他村干部多是由村支书一人或少数几个人决定的。

另一方面,民主集中制坚持不够。民主集中制是我们党的根本组织制度和领导制度,是科学的、合理的、有效率的制度。受年龄和文化程度的限制,大部分农村党员缺乏现代民主意识,加上农村年轻党员的大量外流,使民主集中制实施遭遇困难。①党务与行政错位,该议不议。主要表现在:个别党员领导干部搞"一言堂""个人说了算",有的支委会议事项目不明确,眉毛胡子一把抓,无大小轻重之分,议抓中心的作用不明显。②个人与集体错位,议不起来。主要表现在:有的党支部正副书记一味强化行政职务,没有良好的民主作风,有的基层支部委员主体意识淡化,放弃自己的责任和权利,随波逐流。③民主与集中错位,议而不决。主要表现在:有的基层支部对议题酝酿不充分,委员意见没有充分表达,导致民主不够、集中不力。

2. 民主评议党员制度形式化。党员民主评议是党内生活的一项基本制度,是对党员进行集中学习教育,弘扬党内正气,清除消极因素,纯洁党员队伍的好形式,是发扬党内民主、强化对党员的监督、管理和加强党内自身建设的有效途径。当前,空心化下,留在农村的党员由于文化水平等因素,对参加党员民主评议等集体活动,缺乏较高的政治热情,忽视了自己的权利,导致了农村党员民主评议流于形式。当前基层党支部的民主评议制度落实表现为这样两种现象:一是民主评议对象不全面。多数农村党支部民主评议的对象都只是针对支部书记,普通党员并没有作为被评议的对象。二是民主评议结果公布不及时。民主评议的结果除向上级党组织汇报外,有的并未及时地反馈给党员群众。

3. 党内组织生活制度不健全。严肃党内政治生活对农村基层党组织的先进性和纯洁性有积极作用。农村基层党组织生活制度会直接影响到党的基层战斗堡垒作用的发挥,会影响党在群众中的光辉形象,动摇党的群众基础,危及党的事业和人民福祉。由于农村人口大量外流,农村资源也随之流向城市,村级党支部组织活动缺乏资金来源,相关活动设施尚未建好。组织生活不规范,有的党员干部随意简化组织生活的程序。党员干部对待组织生活的随意性,容易给普通党员造成组织生活可有可无的错觉。组织生活效果一般,个别农村党组织没有充分认识到组织生活制度对带领全体党员提高认识、统一思想的重要性,多数农村党组织没有召开党小组会议以及党课,缺乏有效的会议监督检查,民主生活会没有落实。调研结果显示,大多数的村党支部党内组织生活仅限于最基本的"三会一课"。因此,严肃农村基层党内政治生活,保持党的队伍纯洁性和先进性,势在必行。

(四) 领导能力建设有待增强

近年来农村基层党组织建设不断加强,凝聚力、战斗力有所提高。但与当前的形势要求和要解决的问题相比,基层党组织在素质和能力方面还存在许多不相适应的地方。

1. 领导发展能力有待增强。一些农村党组织眼界不够宽广,信息渠道单一,缺乏机遇意识,领导发展和创新能力不强,增加农民收入思路不清、点子不多,错失了许多发展良机。相当一部分基层干部自我发展的能力不足,更不用说去带领群众共同致富了。先富起来的个别干部,有的带富意识不强,主动性不够,有的甚至担心参与的人多了会影响自己受益,造成带富能力发挥不突出。

2. 整合利益的能力有待提升。做群众工作的本领不高。随着农村改革的推进,城市化进程的加快,农村的利益关系的调整,必然引发一些新的矛盾和问题。这些矛盾和问题有些是过去从未有过的,这就要求农村基层党组织提高自己做好群众工作的本领。但一些农村基层党组织面对新情况、新问题,束手无策,不能或不会运用民主和法治的方法来解决群众工作中的问题,缺乏解决群众问题的本领,使农村中的矛盾升级,引发上访,甚至发生群体性事件。农村社会利益关系发生的这些变化,对村级党组织的社会整合能力提出了新的要求。但现实情况是,一些基层党组织面对这些利益关系变迁,并不能很好地协调各方利益关系,导致一些村民对基层党组织的认同感降低。有的地方甚至出现宗族势力和社会团体多种组织势均力敌的局面,这种情况的出现冲击了基层党组织的地位,对农村基层党组织的能力提出了更大的挑战。

3. 服务群众的能力有待提升。一是先锋模范作用发挥不够。当前,农村党员的主流是好的,但也不能否认,少数党员在发挥先锋模范作用方面存在一些问题。部分农村党员入党前工作热情高,入党后工作动力不足,缺乏为民做事的理念,甚至在触及利益时存在与民争利的现象。

二是党群关系逐渐疏远。后税费时代,农村基层党组织不再承担计划生育与税费任务,逐渐退出老百姓的生产与生活,且并没有完全实现向服务型组织的转型。部分基层干部腐败也严重地影响了党在老百姓心目中的形象。

三是服务资源欠缺。以淮安市淮安区为例:村集体收入总量不大,334个村居平均年集体收入仅有2.8万元,有极少数村居至今集体收入尚未破零。此外,收入渠道狭窄,90%村居的收入来源是资源性收入,主要靠房屋出租等。这几年,尽管多村建起了服务中心,但为群众提供的服务资源与群众的需求相距甚远。淮安区是经济欠发达地区,民生矛盾积淀较多,前两年通过干部下基层开展"三进三帮"活动,解决了一些诸如道路、桥梁、涵闸等问题,但与满足群众需求落差较大。硬从群众头上筹,政策不允许;不要群众掏腰包,事情难办成。因为这个,往往导致干部关系紧张,引发群众上访。查阅信访与相关资料,2014年收到的村居信访件中,80%与村干部借一事一议筹收提高标准有关。另外,由于人口外出数量不断上升,村里卫生保洁和一事一议筹收的任务很难完成,为了完成任务,只好用集体的钱来垫支,集体收入少或没有收入的村居只能东挪西借,又导致村里债务增多。村集体资金的短缺直接导致了为群众服务能力的弱化,中西部空心化农村这种现象尤为突出。

三、淮安农村基层党组织的建设路径

农业农村农民问题是关系国计民生的根本性问题,必须始终把解决好"三农"问题作为全党工作重中之重。空心化背景下农村面临农业产业人才流失、留守群体社会救助缺失、农村整体布局严重破坏以及乡村发展后继乏人等,农村陷入整体性衰落与凋敝。要改变这一情况就必须要强化农村基层领导核心,加强农村基层党组织的建设,发挥基层党组织"战斗堡垒"作用。

(一) 加强农村基层党组织的思想建设

注重从思想上建党,既是马克思主义政党建设的基本原则和根本要求,也是我们党不断发展壮大的优良传统和宝贵经验。空心化背景下进一步加强农村基层党组织的思想建设,是当前凝聚党心民心、引领群众统一行动、更好地实施乡村振兴战略的重要途径。

1. 以思想教育提高农村党员干部思想觉悟。推进思想教育常态化,明确思想教育目标,即要通过行之有效的思想教育,引导基层党员树立正确的世界观、人生观、价值观,扎牢抵制各种错误思想腐蚀渗透思想防线,让每一名党员"讲政治、有信念,讲规矩、有纪律,讲道德、有品行,讲奉献、有作为",争当忠诚、干净、担当、先锋的优秀共产党员。在此基础上,优化思想教育的内容和形式。就目前党员思想状况来看,基层党员思想教育应着重加强"五项教育",即加强政治教育、理想信念教育、党性教育、法制教育、道德教育。内容上本着贴近农村党员生活、贴近农村党员思想实际的原则,不断丰富和优化农村党员思想建设的内容。要根据当今时代变化、当今农村社会的实际情况和当今农村党员对思想教育的新要求来优化内容。除了上述提到的内容之外,还要注意彰显思想建设的时代气息和与时俱进,努力实现先进性教育、广泛性教育和层次性教育的差别性统一。思想教育形式上,充分借助现代社会发达的互联网、现代化传媒,通过图片,声音和影像等技术,建立网上课堂教育的图书馆等形式,对群众进行教育。同时结合优秀传统文化、优秀的传统艺术表现形式,真正贴近党员的需求。也可以采用专家讲座等形式,采用通俗易懂的形式和语言,充分发挥各级党校、红色文化基地、廉政教育基地等育人醒人作用,严格落实农村基层党组织"三会一课"制度,积极推动"两学一做"学习教育常态化持续化。

2. 加强农村思想和意识形态阵地建设。推进思想教育立体化,在整合基层老干部、县级党校等宣讲资源的基础上,进一步加强农村思想和意识形态阵地的建设,尤其是图书馆、文化站、读书吧、农村书屋等学习场地的建设和管理,探索推进流动党校、农民夜校等教育阵地建设,大力倡导和营造基层党员学理论、讲理论、用理论的浓厚氛围,让基层党员学会运用马克思主义立场、观点、方法观察和解决问题。同时,将农村小广场、农村文化活动室作为推进基层公共文化服务体系标准化均等化建设的重点,为农村开展文化文艺活动建构起阵地和场所,让村级文化阵地活起来,持之以恒推动社会主义核心价值观在基层的培育和践行。此外,当前农村社会价值多元反映出来的是农村社会利益主体利益诉求的多元化,因而,构建社会主义核心价值体系不仅仅要做到教育和引导,更重要的是要构建公共沟通机制。将价值引导与农民最现实、最关心的利益问题相结合,通过及时有效的沟通,解决农民生产、生活中遇到的困惑,这样更容易在农民群体中产生认同感,同时增强村级党组织疏导和解决问题的能力。

如淮安市淮安区通过"一主多辅"完善阵地,建成了村综合服务行政中心。

根据淮安区农村现状,目前新建村综合服务中心主要面临两方面的制约。一方面是资金压力,按照最新农村建筑成本计算,规划建设400平方米的综合服务中心,总投入不低于50万元,这个数字对经济薄弱的村来说无疑是不可承受之重。另一方面是土地指标的制约,村中心路两侧都是基本农田,无法更改土地用途;而其他一些边边角角的地块在面积、位置等方面都不适合建综合服务中心。一是变废为宝,节约成本。2015年8月,施河镇施庄村通过购买村民外出后留下的闲置民房,仅用不到1个月时间,就完成了村综合服务中心改扩建任务,资金总投入只有22万元,既盘活了群众闲置的房产资源,又大幅节约了建设村居综合服务中心的成本。在施庄村启发带动下,全区通过购买闲置民房完成新建村综合服务中心任务的已有32个村,节约成本约450万元。二是化整为零,完善功能。在推进利用闲置民房改建村综合服务中心的过程中,并不是所有村居都能够找到面积达标、地段合适的民房。在反复调研的基础上,采取"化整为零"的思路,将施庄村经验进行拓展,形成了"一主多辅"村综合服务中心建设模式,即一个用于办公议事、服务群众、集中挂牌的主阵地,一个或多个用于文化娱乐、卫生医疗、养老育幼等的辅阵地,解决了民房面积不足、新建资金短缺的问题。截至目前,通过"一主多辅"模式完成村综合服务中心改扩建任务的有42个村,得到了党员群众的一致"点赞"。三是统筹协调,整体推进。"一主多辅"村综合服务中心建设模式为资金、土地指标不足的村居开辟了一条新的道路。淮安区委也将此列入为民办"十件实事"项目,通过整合组织、民政、农工等部门力量,全力打好村综合服务中心建设"攻坚战"。截至2016年底,已累计投入3 403万元,新建村级综合服务中心53个、改扩建89个。

(二)夯实基层党组织的组织基础

党的十九大报告强调,要以提升组织力为重点,突出政治功能。这是党中央对基层组织建设的新定位、新要求。党的力量来自组织,组织能使力量倍增,当前农村基层党组织建设遭遇的这些困境,与个体党员尤其是党员干部的能力素质是分不开的。因此,加强农村基层党组织建设,必须夯实基层党组织的组织基础,为农村党建工作提供坚强的组织保障。

1. 创新农村基层党组织设置。当前,空心化背景下农村基层党员的流动和分散使党员对党组织的归属感和认同感不断下降,一些村级党组织的正常工作和组织生活难以开展,出现了组织关系在村庄但党员活动没人参加的现象,同时,也存在流动党员不能参加组织生活的情况。所以,结合农村发展实际调整党组织架构,创新设置形式尤为必要。因地制宜,灵活设置,主要立足于发挥组织最大优势,突出党组织领导核心作用,根据基层党组织现实状况,明确联建思路,合理确定设置方式。

横向联合设置。一是村村联建。采取先进村带后进村、大村带小村、强村带弱村等方式,建立联合党总支,充分发挥组织优势,整合各类资源,实现村级事务统筹管理、经济社会事业统筹谋划、主导产业共同发展。二是村企联建。在企业所在村,采取村党组织成员与企业核心领导层交叉任职等形式,把企业、村党组织联结在一起,企业决策主动征求村班子的意见建议,村级重大事务主动与企业党组织交流沟通,村企决策共同参与、责任风险共同承担、发展成果共同分享。三是村协联建。在产业发展村,推行"支部＋协会＋基地＋农户"四位一体党建促发展模式,把产业发展大户、产业经纪人、技术能手、村干部、党员致富带头人组织起来成立产业协会、农民专业合作社等新型农村经济组织,采取统一规划产业用地、统一技术服务、统一扶持政策等措施,带动产业规模化经营,实现经济效益和社会效益最大化。通过联合建立党组织,更加便于整合片区内的人口、土地等资源,充分发挥组织和资源的双重作用,从而实现农场和农户的双促进、双发展。

纵向加强设置。即按产业、行业划分建立比较专业化的党组织,把组织建在产业链上,或按产业跨区域、跨行业建立经济联合体党组织,从而实现统一管理、统一调度,利用优势、发挥特长、互惠互利,促进经济建设和党的建设双加强。这种经济联合体建立的党组织,其隶属关系可在有关乡、县党委协商的基础上确定,其中的村党组织可作为联合体党组织的一个下属支部存在,或与联合体党组织合并归一。

动静结合设置。农村基层党组织还应该针对现在的农村党员从业的"流动、多样、分散"的特点,分析现在农村党员的流动地,建立驻外党组织。在外出流动党员比较多,出现党员联系和流动群体化的地区单设党组织;在外出党员和村民同样也比较可观但是没有出现流动群体化的地方,寻找最近的党组织进行合作,共同设立一个党组织;那些流动的党员所在的单位不能进行转接的,可以在附近的社区、县里的行业协会这种单位的党组织进行协调管理。

2. 优化农村基层党组织的队伍结构。根据对淮安市淮安区的调研,淮安区茭陵乡村党组织书记 334 人平均年龄超过 45 周岁,其中,35 周岁以下的占 11.66%;46—50 周岁的 67 人,占比 20.06%;51 周岁以上的占比近 40%。年龄分布偏向老龄化,同时文化水平大多在高中以及中专的水平,现在已经远远不能说是高素质高文化的队伍。淮安市淮阴区渔沟镇①也面临同样的问题,全镇农村党员 1 336 名,初中及以下学历的占比超过一半;农村支部中,60 岁以上的党员占比超过一半,35 岁以下的仅占 15%。原住农民大量的迁出,尤其是 20 世纪 80 到 90 年代出生的青壮年进城寻找工作机会,导致了农村基层党组织后继力量非常薄弱。因此,优化农村基层党组织队伍结构,增强基层党组织的工作能力非常必要。

要选准配强农村基层党组织领导班子。坚持择优原则,创新培养选拔机制,选优配强农村党组织带头人。要严格农村基层党组织带头人的选拔标准,强化以发展为核心的用人导向,坚持德才兼备原则,把有知识、有文化、热心村里事业、关心群众生活、能为群众办实事的优秀人才选入农村基层党组织带头人队伍。加强基层后备干部队伍建设。把优秀大中专毕业生、外出返乡务工优秀青年、复员退伍军人、生产发展能手作为基层后备干部人选,坚持早发现、早培养、早使用原则,经过个人自荐、群众推荐、组织确定等程序,采取动态管理、定期培训、实践锻炼等办法,建立一支素质优良、数量充足、结构合理、适应需求的基层后备干部队伍。坚持需求原则,优化教育培训机制,提升农村党组织带头人能力素质。进一步加大农村基层党组织带头人的教育培养力度,为农村基层党组织带头人提供劳动力转移就业、农村公共卫生、市场营销管理、农业结构调整等方面的知识,让农村党组织带头人可根据农村发展需要和个人需求,享受"菜单式"培训。农村基层党组织带头人的培训要"走出去",要培养带头人宽阔的视野。

加强党员队伍建设来提高农村基层党员素质。要以优化党员队伍结构、强化培训扶持为重点,培育本乡土人才队伍,通过探索乡土人才专业技术职称评定、实行乡土人才创业扶持优惠政策、出台乡土人才突出贡献奖励措施等办法,

---

① 2018 年 7 月撤销渔沟镇、吴集镇,合并设立新的渔沟镇。文中所指渔沟镇是撤并前的。——编者注

努力营造重视乡土人才的社会环境,保护并发挥好乡土人才的积极作用,努力实现"培养一批能人、搞活一方经济、带动一批群众"的人才效应。此外,强化党员的角色定位,使他们认识到自身在村庄事务中的作用,从而提升党员参与基层治理的积极性。具体来讲,农村党建工作要以乡村治理的各项任务为载体,明确党员在村庄公共事务中应承担的责任,对党员的考核也要以其责任完成与否为主要标准。广大党员积极参与建立党员农户帮扶联合体,支持专业协会或专业合作社建立产业示范基地,深入开展信用互惠、联户帮扶活动,通过资源共享、技术交流等,实现党群互动,增强自我发展的内生动力。这种模式,能够最大限度地调动推动农村发展的积极性,把党的政治优势和组织优势转化为发展优势。

(三) 创新基层党组织的工作机制

农村体制改革的深化和现代农业的发展,带来了农村经济结构的深刻变动和农业经营方式的深刻转变,进而引发利益格局的深刻调整和思想观念的深刻变化,这就迫切需要农村基层党组织主动适应这种变化,在改革创新党组织设置的同时,创新工作机制,增强组织功能、服务功能、引领功能,创新农村基层,为农村改革发展提供坚强的组织保证。

1. 完善农村基层党组织激励监督机制。积极建立党内激励、关怀、帮扶机制,提升农村基层干部工作的积极性。重视村干部工资、报酬的落实,进一步完善村干部报酬制度:通过量化标准,严格考核,把工作业绩与报酬挂钩,确保实绩大的村干部收入也高,以奖优罚劣;建立村干部退休退职生活保障金制度,以解除其后顾之忧。通过完善各项激励制度激发村干部的积极性,从而形成一种想干事、能干事、也会干事的工作局面。对业绩优异以及威信高、作出突出贡献的村级组织带头人,应加大奖励和宣传力度,并提拔重用。

全面推行村干部述职评议制度。注重从先进村优秀村干部中选拔乡镇干部,对不胜任现职的村干部则及时予以调整,加大对不合格村干部的处置力度,疏通村干部能进能出渠道,形成能者上、平者让、庸者退的良好氛围。全面推行谈心谈话制度,建立村党员干部预警防范责任制,乡镇联村干部作为该村的第一责任人,必须定期或不定期对村主要干部进行谈心谈话,及时掌握村干部的思想动态,帮助村干部解决工作、生产生活中的困难,充分调动村干部的工作积极性。建立"党员告诫"转化制度,增强农村党员的自勉意识。建立农村党员干部约束机制,要大力推进村级规范化管理,根据农村的工作特点,建立健全一套比较完善的农村工作管理体系,不断完善各项规章制度,使农村工作有章可循、有制可依。特别在农民比较关心的财务管理、低保救济、种粮直补等问题上,提高透明度,不断推进农村管理走向规范化、制度化。

此外,大学生村官政策的实行给农村、农民和基层组织带来了新的变化和积极影响,要通过进一步深化县、乡镇各项配套措施改革,通过公平、公开、择优录取的方式把优秀且愿意扎根农村的大学生村官选拔到体制内,对于未被吸纳进体制内但志愿扎根农村的"村官",应完善聘用制度以及待遇保障,为未来干部的培养和新农村建设储备人才梯队。健全大学生村官的选拔、考核和激励机制,完善大学生村官创业基金建设,引导企业和其他社会力量对口扶持大学生村官的工作和创业。

如淮安市淮安区就制定了专门的实施意见,加强对村干部队伍考核激励,具体内容如下:

结合"空心化"背景下农村工作特点,搭建了"五维评村"考核体系,即在全区村居(社区)党组织中开展以"党建指数、发展指数、民情指数、服务指数、和谐指数"为主要内容的"五维评村"考核,每个维度分为优秀、良好、一般三个等级,按等级给予村书记和村干部经济报酬。一是立体定标,明确方向。系统构建新常态下村级组织考核体,将5个考核维度细化为从严教育管理党员、富民壮村、联系群众等16个具体项目、47个评分指标。各乡镇党委按照"一村一策"的原则指导村级组织拿出行动计划,推动村级组织结合指标要求和自身实际,每年初通过广泛征集意见制定年度工作目标,排好序时进度,并向乡镇党委和全体党员群众"双向承诺"。二是上下联动,综合施策。区委常委会带头履行活动保障职责,设立1 000万元基层党建基金。区委书记徐子佳同志带头领办"三联三述三评,推动抓乡促村责任落地生根"党建项目,向基层传递责任压力。结合"三进三帮"大走访大落实活动,组织全区各级党员领导干部积极为基层解难事,办实事,示范引领人往基层走、钱往基层投。建立软弱后进党组织"四方挂钩"帮扶机制,着力补强短板。构建村干部立体培养体系,常态化开设"基层书记说干事"讲坛,帮助村书记提升干事本领。三是优绩优酬,鼓足干劲。注重考核结果的运用,有区别地制定奖惩措施。对优秀村和良好村,分别给予3万元和1万元奖励,其中30%用于奖励村居党组织书记,一般村不予奖励。排名靠后的,作为软弱后进党组织进行整顿。凡列入软弱后进的村,整顿转化期间村干部基本报酬予以下浮20%;连续两年"五维评村"结果位于乡镇末位的村党组织,书记必须调整,该村其他村干部基本报酬予以下浮50%。

通过探索农村基层党组织激励考核机制,淮安区村居组织活力、动力、能力全面增强,党员干部归属感、党组织吸引力明显增强,224个"并村联组"不彻底村,实现并人、并事、并账。网上党建阵地日趋活跃,2 157名失联党员主动向党组织报到。村居书记一个个摩拳擦掌、准备大干一番,在来年"五维评村"考核中能拔得头筹。

2. 探索党群沟通联系新机制。党群关系是政党活动的核心内容,对于农村基层党组织来说,加强党组织与群众的制度化联系,是改善党群关系的有效途径。建立健全群众利益表达机制,畅通和规范群众诉求表达、利益协调和权益保障的渠道,尤其要充分发挥新媒体的力量,及时地解决人民群众反映强烈的突出问题。当前,包括微博、播客、搜索引擎、网络报纸、移动多媒体、掌上媒体、车载移动媒体等在内的新媒体正日益成为党员干部和群众工作、生活的重要载体。根据中国互联网络信息中心(CNNIC)发布的第42次《中国互联网络发展状况统计报告》,截至2018年6月,我国网民规模达8.02亿,普及率为57.7%,其中,手机网民规模已达7.88亿,我国农村网民规模为2.11亿,农村地区网民占比26.3%。这说明,新媒体正不同程度地影响着越来越多的农村人,影响力也越来越强劲。在某种意义上说,新媒体已成为传统党群沟通渠道之外的常规而重要的渠道。党员干部要顺应潮流,以积极的态度和创新的精神,改善和创造有利于科学、高效利用新媒体的条件,构建起新媒体环境下党群良性互动的沟通局面。大力推动信息公平利用,在条件允许的情况下,要开展"信息扶贫",除了在接入条件、硬件设备、经济成本上进一步降低门槛,还要在农村地区的人群中加强新媒体基础知识的普及,让能够运用新媒体沟通的群众具有更广泛的代表性。建设有机统一的沟通渠道体系,将新媒体沟通与传统沟通方式有机结合,既发挥传统沟通方式的权威性强、约束力强、保密性强的特点,又发挥新媒体沟通即时性、便捷性、交互性、虚拟性的特点,使二者组成一个良性、互动的有机整体,从而形成多样化、多渠道的沟通方式,不断推动党群关系和谐发展。

完善党员后备干部派驻基层制度。各级党委、政府的后备党员干部到乡镇、村社、农户家中,与群众共同生产和生活,帮助群众想办法、出点子,助农增收,密切党群关系。另外,各级党委和政府应重点强调,党员干部派驻基层工作除了帮助农村发展经济,更重要的是加强组织建设,健全"两委"运行机制。

如淮安市淮安区专门针对农村"空心化"程度加深问题,为进一步提升干部服务群众水平、融洽干群关系,在全区村干部中开展"每日早报到、每周家家到、有事马上到"为主要内容的"三到"行动。具体内容如下:

每日早报到。建立"早点名"制度,每个工作日所有村干部到村部集中报到。每周一由村党组织书记主持召开村干部会议,总结部署工作,研究解决问题。建立村干部每日轮流值班制度,公布值班表和联系电话,由值班人接待群众来访,处理村级相关事务(突发性紧急事件及时向上汇报)。实行"首问负责制",谁受理、谁负责、谁反馈,处理事务做到"有记录、有答复、有签名"。

每周家家到。建立网格化责任区,推动村干部经常深入挂联村组,每周与每户群众见上面、说上话、谈上心。坚持信访户、困难家庭、空巢老人及留守儿童家庭、危重病人家庭"四必访",特别是对"五保老人、独居老人、留守老人、重症家庭"等"三老一重"家庭每周至少见面2次。建立群众需求清单制,知晓每户群众的困难需求,做到"民情一口清"。以组为单位建立微信互动群,搭建在外流动人员与在村留守人员交流关爱平台;引导在外人员回馈家乡、回报桑梓,为共建美好家园献计出力。

有事马上到。建立24小时全天候应急机制,村干部向挂钩联组村民公布手机号码,做到群众有不满情绪、有矛盾纠纷、有丧事难事、有突发事件"四必到"。以镇为单位,组织村居干部宅基地纠纷调解等专项技能培训,保证村居干部具备一定现场解决问题能力,在群众面前拿得起、立得住。

为进一步扩大"三到"行动影响力,淮安区营造比学赶超的浓厚氛围,开展了"身边的榜样·前行的力量"风采展,选树了南闸镇中太村党总支书记杨勇、施河镇双溪村党总支书记徐庆杨、宋集乡甘姜村党总支书记姜春红等为代表的先进典型,以此推动全区广大村居干部真正践行"三到"行动,做为民服务的典范。为巩固活动成果,2018年又制定出台了《淮安区村级党组织书记联系服务群众"六要"规定动作》,将重阳节要请五保老人吃饭等行动常态化、制度化。

通过探索党群沟通联系新机制,淮安区村居干部亲民、爱民、为民逐步惯化。调研走访中发现,有事没事到群众家坐坐,老人去世去磕个头,小孩考上学去道个喜,已成为村居干部工作生活的常态。不少村居干部与"五保"老人结成了干亲。不少在外创业的成功人士,也将村里的事当成自家事来看,朱桥五里建村部共花去80多万元,其中30多万元来自大户捐赠。仅2016年,在外创业的成功人士对村居的资助已累计达到1 560多万元。此外,农村社会党风、政风、民风显著改进。党群、干群关系进一步密切,经组织拍板的事,也很少有人再评头论足。不少村干部反映,现在村里心齐气顺、风正劲足,工作比以前好干多了。2016年,全区区级涉农信访量同比下降42%,民事案件下降38.9%,大部分问题都在村居内部得到解决。

淮安健全城乡融合发展机制研究

城乡关系是理论界长期高度关注的重要议题之一。马克思、恩格斯从辩证唯物主义和历史唯物主义角度将人类社会发展的全部历史归结为城乡关系演变的发展史,认为随着生产力的不断提高和生产关系的不断进步,城乡关系从二元结构走向一体化、从相互对立走向互助融合,是人类社会经济持续发展的必然结果。

城乡关系问题也是我们党和政府长期以来关注的重要课题。十八大以来,以习近平同志为核心的党中央根据新时代发展国情,从全局性、战略性高度对城乡关系进行调整,提出具有新时代发展格局的"城乡融合发展"战略。十九届五中全会提出了"十四五"时期经济社会发展主要目标,关于城乡融合发展的有"城乡区域发展协调性明显增强;城乡人居环境明显改善;推动形成工农互促、城乡互补、协调发展、共同繁荣的新型工农城乡关系"。

江苏省政府亦非常重视推进城乡融合发展。2020年3月专门印发《关于建立健全城乡融合发展体制机制和政策体系的实施意见》,提出:到2022年,城乡融合发展制度框架和政策体系基本建立;到2035年,城乡融合发展体制机制更加健全;到本世纪中叶,城乡融合发展体制机制成熟定型,城乡全面融合,全体人民共同富裕基本实现。苏北是江苏推进城乡融合发展的关键,而淮安作为苏北重要中心城市、南京都市圈紧密圈层城市、淮河生态经济带首提首推城市,其城乡融合发展既是区域协调发展的需要,又是经济社会协调发展的需要。同时,作为苏北区域发展的重要环节,其内部的协调发展同样具有重要意义。淮安市2021年政府工作报告提出,城乡融合发展步伐需要加快,健全城乡融合发展体制机制。

本文写于2021年10月。

一、淮安市城乡融合发展的举措成效

近年来,淮安市改革完善相关机制,着力重统筹、强功能,促进基本公共服务均等化,推动区域优势互补、积极推进城乡融合发展,成效显著。

城市功能不断完善。截至 2020 年底,淮安市投入 725 亿元,实施 523 个城建重点项目,城市功能品质不断提升。实施纳湖入城、淮洪一体战略,圆满完成区县行政区划调整和乡镇布局优化,完成大运河"百里画廊"、高铁商务区等战略全局性、重大功能性项目规划建设。宁淮城际铁路全面开工,机场航站楼扩建工程主体完工,京沪高速改扩建加快实施,京杭运河绿色现代航运示范区建设进展顺利,348 省道洪泽段、淮安区段建成通车,市民公共交通满意度居全省第二;建成 5G 基站 4 179 个,基本实现市、县主城区全覆盖;淮安涟水机场获批国际机场并跨入中型机场行列,航空货运枢纽建设纳入国家重大战略规划;全市公路网人口密度、干线航道里程分别居全省第二、第三;徐宿淮盐、连淮扬镇高铁全线通车,建成市区内环高架一期,淮安历史性地迈入"双高"时代,构建了现代综合交通运输体系,区域性综合交通枢纽地位进一步凸显。

5 年累计改造老旧小区 1 847 万平方米、惠及 18 万户居民,完成棚改项目 169 个、4.5 万户群众出棚进楼,在全省率先系统性启动问题楼盘处置化解工作,解决 6.5 万户群众交房、办证等遗留问题。加强城市管理,完成 258 个小区雨污分流改造,城市污水集中处理率提高到 86.5%,提高垃圾分类集中处理效率,市容市貌得到显著提升。市区生活垃圾焚烧发电、污水处理厂污泥焚烧等项目建成投运,市区备用水源工程基本建成,出台海绵城市建设实施方案,市政公共设施不断完善,让群众更好分享城市建设成果。获批全国第一批生态文明先行示范区试点城市,在苏北率先达到国家生态市标准,成为国家节水型城市、水生态文明试点市,生态环境质量持续提升,成为全省美丽宜居城市建设试点,常住人口城镇化率达 65.67%,居苏北第一。

乡村振兴扎实推进。制定实施乡村振兴战略规划,洪泽区与淮阴工学院合作共建乡村振兴研究院洪泽分院,三河镇获评全国乡村振兴发展示范镇,蒋坝镇入选省首批金融支持乡村振兴试点镇。扎实开展农村人居环境整治三年行动,2020 年全市改善农户住房条件 2.5 万多户,提前完成省定任务。竣工农房改善项目97个,14个项目入选省示范创建名录,数量位居苏北第一,省级特色田园乡村实现县区全覆盖。2020年新改建农村污水管网2 309千米、户厕5.72万座;疏浚县乡河道269条,新改建农村公路307千米、桥梁95座;3个镇入选省美丽宜居小城镇试点,8个村(社区)获批省级特色田园乡村。新建成省市级特色田园乡村27个、美丽宜居乡村634个。城乡居民养老保险实现全覆盖,完成城乡低保并轨。

环保力度不断加大。2020年,全市生态环境大气、水环境质量创"十三五"以来最优,主要污染物减排完成省定目标任务,为经济社会高质量发展提供了有力的生态保障。实施449项重点治气工程项目,深入开展夏季臭氧污染防治攻坚行动和秋冬季空气质量改善六大专项行动。建立地表水国考断面挂包责任机制,积极开展入河排口排查整治,加快推进4大类52个重点治水工程建设。全面实施"土十条",深入推进土壤污染防治,积极稳妥推进生态环境保护体制改革,深入推进"环保执法"与"刑事司法"有效衔接,严格执行"543"工作法、现场执法"八步法"和行政执法"三项制度"。积极开展生态环境损害赔偿实践。充分发挥污染防治综合监管平台作用,扎实推进突出环境问题整改,制定市级危废规范化管理建设标准,培育试点企业12家。建立淮安工业园区危废智慧监管平台,实行全生命周期监管。完善环境安全应急保障体系建设,环境安全得到有效保障。

二、淮安市城乡融合发展的影响因素

然而,当前淮安城乡融合发展的各种体制机制尚不健全,仍存在众多制度性短板。

城乡公共要素自由流动不足。城乡二元结构藩篱仍然存在,尤其表现在城乡对人才汲取方面的失衡以及城乡要素双向自由流动的障碍。淮安市城乡土地制度长期分离致使没有统一的城乡土地市场,农村土地也不能充分实现流转,致使土地利用率低,远离城市的农村很难享受到城镇化发展过程中的土地增值收益。城乡资本要素配置不均衡。与城市相比,淮安农村金融服务供给不足,农村企业或居民在融资方面与城市企业和居民相比要付出更高的成本。农村征信体系不健全,农村的信息资源阻塞导致农村城市信息不对称,因此贷款审核的难度便更大。

城乡公共资源共享尚不充分。城乡公共基础设施配置不均。目前淮安市资金和资源依然偏向于城镇,导致农村的基础设施和服务资源永远跟不上城镇,城乡基础设施建设的差距不断拉大。比如城镇拥有县级的医疗机构、优质的教育机构和齐全的文娱设施,而农村由于资金短缺,基础设施落后,尤其在农田水利、电网升级、网络通信等基础设施建设方面还远远滞后于市区。城乡社会事业建设差距较大。如乡村振兴战略、精准扶贫和美丽乡村建设等使得农村教育、医疗、文化、环境、卫生等方面有了较大的改观,但由于历史欠账较多,还很难达到与城市相提并论的水平。城乡社会保障服务配置不均衡。一方面,农村社会保障体系虽然已经实现了大面积覆盖,但是保障水平不高。另一方面,农民工的工作不稳定,缴纳保险的程序繁杂,用人单位和员工不太愿意参加保险,而公共财政供给水平偏低,社会公共保障便很难覆盖到农民工群体。

城乡经济发展水平尚不平衡。2020年淮安市地区生产总值为4 025.37亿元,从产业结构来看,2020年淮安市第一产业增加值为409.7亿元,对淮安市地区生产总值的贡献为10.18%,农业一二三产融合发展不足,束缚了农村经济的发展。城乡居民收入仍存在一定的差距,全市2020年城乡居民人均可支配收入31 619元,其中,城镇居民收入40 318元,农村居民收入19 730元,城乡居民收入比为2.04。农业现代化体系尚不健全,农业产业链条较短,附加值较低,农业"大而不强"的最大市情尚未得到根本改变,种植业以传统"一麦一稻"为主,高效设施农业占比较低,产加销衔接不够紧密,农产品销售"原"字头为主,以龙头企业带动基地和农户的产业化经营体系尚不健全;新产业新业态培育多处于起步阶段,与现代农业发展的要求相比尚有差距。农产品的供给不平衡,农产品"多而不优"仍不同程度存在。种植业方面,高质量的加工企业尚缺乏,存在"稻强米弱"问题。养殖业方面,就地精深加工尚布局不足。在整个种养业方面,"产的卖不掉,需的产不出""优质难优价"的结构性矛盾并存。在休闲农业方面,功能配套不足,农业多样功能拓展不够。此外,农业企业的装备水平较低,精细加工技术薄弱,基层农技队伍人员老化,全市50岁及以上人员占42.64%,35岁以下的仅占6.26%,近15年间乡镇农技站基本没有新招录人员。

三、淮安市城乡融合发展机制的构建

因此,在当今时代背景下,依托自然、经济、社会环境,健全淮安市城乡融合发展机制,对于构建新型城乡关系、加速打破城乡二元结构壁垒、有效整合城乡各领域要素双向自由流动、助推"三农"问题的彻底解决,进而加快实现农业农村现代化,破解城乡发展不平衡问题,进而实现高质量发展具有重要的指导意义。

打通城乡要素自由流动制度性通道。习近平总书记强调,要推动人才、土地、资本等要素在城乡间双向流动和平等交换,激活乡村振兴内生动力。城乡融合的关键是城乡要素的融合,而城乡要素融合的前提是打通城乡要素自由流动的制度性通道。一是加强城乡居民户籍统一管理。放开户籍二元管理,实行灵活、理性、统一的户籍管理制度,是建立城乡有序流动的人口迁徙制度的基础。户籍制度改革的最终指向是打破"农业人口"和"非农业人口"的户籍束缚,并剥离依附在户籍关系上的种种社会经济差别功能。深化户籍制度改革,是促进农业转移人口市民化进而推动城乡融合发展、实现中国特色社会主义现代化发展的必然需求。2020年11月,淮安市发布了《市政府办公室关于推动非户籍人口在城市落户的实施意见》,提出调整完善户口登记管理政策,全面解决农村地区无户口问题,深入实施居住证制度,推进常住人口基本公共服务全覆盖,推进"人地钱挂钩"等配套政策的落地完善。二是完善城乡人口双向自由流动。习近平总书记强调,"发展是第一要务,人才是第一资源,创新是第一动力"。多年来优秀人才大量涌入城市的单向流动局面,是造成城乡发展不平衡的重要因素之一。因此,必须促进人才要素,尤其是专业型、复合型人才在城乡之间的自由流动。制定具体的、具有针对性的财政、金融、社会保障等激励政策,激励城市各类人才入乡、鼓励乡村本土人才返乡、全面引进社会人才入乡,为乡村建设积聚中坚力量、壮大乡村建设力量。如淮阴区马头镇太山村针对农业技术人才散落在田间地头,农户有事常常找不着的问题,推出了"人才超市",涵盖水产养殖、食用菌栽培、病虫害防治等方面的人才,让农户在家门口就能学到新知识、新技术。农户在生产中遇到技术难题可以在现场咨询,也能根据服务清单点单,还可以对人才提供的服务进行一个多元的评价。三是构建城乡资本均衡流动机制。党的十八大以来,国家对工商资本入乡持续关注并建立相应激励机制。2020年中央一号文件明确指出,引导和鼓励工商资本下乡,切实保护好企业家合法权益。2021年中央一号文件继续明确指出,撬动金融资本、社会力量参与,重点支持乡村产业发展。要在工商资本入乡前做好规划和引领,注重全面优化营商环境,同时,要在工商资本入乡后不断充实保证供给、对经营能力及时评估、对发展情况适时监督,构建不断防范和化解损害农民权益的监管机制。

健全城乡公共服务共享发展的体制。一是建立农村基础设施发展体制。推进农村交通、电气、信息网等全面融合,加强农村交通运输综合信息服务平台建设,为群众提供更加便捷精准的乘车服务,推动实现农村客运、物流配送、旅游服务等信息融合共享。在有条件的地区推广使用适合农村交通条件、适应群众出行需要的新能源、清洁能源等节能环保车辆,推动农村客运绿色低碳发展。二是建立健全城乡教育融合发展体制。通过提高待遇等措施增强农村地区教师岗位吸引力,给城乡儿童提供均等的受教育机会;重视农村的成人教育,提升全体农民的素质;鼓励农民工通过学习获取各种职业能力资格证书,整合农民工的教育资源与职业培训。如淮安市涟水县着力优化教育资源配置,强力推进城乡教育融合发展,深化小学、初中14个教育联盟体建设,进一步加强高沟、红窑等重点中心镇学校与市开明中学、启明中学、实验小学合作,重点解决初中教育资源不均衡、质量薄弱问题,倾斜支持农村学校申报实施小学特色文化建设和薄弱初中质量提升工程,并充分运用教师发展中心、名师空中课堂和教育信息化云平台,加强省、市、县、校四级骨干教师培养梯队库建设,加大乡村教师教育培训力度。三是建立城乡融合的劳动力就业体制。将城乡所有劳动力纳入就业服务体系,建立覆盖城乡的劳动力市场,以及建立就业困难人员救助体制。四是建立健全城乡融合的医疗卫生服务体制机制。健全城乡统一的公共医疗卫生体制,提高乡村卫生室的水平、条件和待遇,增加岗位吸引力,建设农村基层医疗卫生人才队伍,实现城乡间医疗卫生资源的均衡配置;建立覆盖城乡的医疗保险制度,优化"新农合"补偿方案,统一建立网络结报系统,实现乡镇以上医院在线实时结报,建立责任医生制度和村卫生室配合全科医生的制度以及基本药物统一配送制度,解决农民看病难、贵的问题。五是建立健全城乡融合的社会保障服务体制。建立以低保为基础,辅之以医疗、住房、养老等救助的社会救助体系;建立基本生活保障制度,将其基本生活保障和养老保险结合起来,统一城镇和乡村居民的社会养老保险,这样不仅有利于促进社会公平和基本公共服务均等化,而且随着城市化进程的不断加快和居民在城乡间的频繁流动,也便于社会保障制度之间的衔接转换,同时也倡导社会保险和商业保险合作,形成各种医疗健康养老保险。如淮安市制定《淮安市深入推进医疗卫生与养老服务相结合实施方案》,健全医疗卫生机构与养老机构合作机制,依托基层医疗卫生机构建立"健康卫生小屋"100个,为老年人提供自助式体检、慢病管理、干预指导等服务。加快发展"互联网+"智慧健康养老产业,利用市虚拟养老院系统增加医疗卫生服务项目,开发服务健康养老功能。

健全城乡产业协同发展的体制机制。城乡融合发展主要体现为城乡经济上的融合,而城乡经济上的融合主要表现为城乡产业发展的协同。一是要构建乡村新产业新业态培育机制。大力推进乡村一二三产业融合发展,积极发展农产品的精深加工,有效提高附加值。以城乡融合为发展导向,构建产业集群链,改变固有的单个农户生产、企业加工、其他企业销售的分散模式,催生直供直销、联动发展的产业集群模式。在尊重乡村本地特点的基础上实事求是、因地制宜地培育新产业新业态,并注重阶段式、渐进式发展。二是搭建并完善城乡产业协同发展平台。这是推动城乡要素协同发展的重要支撑。以特色小镇作为城乡融合的发展载体,带动周边乡村形成村镇融合发展阵势。特色小镇的发展要靠其特色促进产业做大做强,并以此来打造具有独特竞争力、特色鲜明、强大的产业形态。特色小镇建设需精耕细作体现其发展优势,构建融合生产、生活甚至生态环境于一体的新兴产业协同发展、充满活力的体制机制。如淮安市淮安区施河镇是全国知名的"教具之乡",集聚了43个现代教育装备产业企业,形成电教装备、实验室装备、体育装备、室内健身器材等9大类2 000多个品种的产品体系,智教装备产业集群度达90%以上。依托现代教育体育高端装备特色产业,施河镇开启了以"智教乐享小镇"引领产业发展、带动乡村振兴的全新发展模式。近年来,淮安区放大现代教育装备产业特色,加快产业转型步伐,将传统教学用具向数字化校园、动漫课件、智能体育转型,在此基础上,打造智教乐享特色小镇,实现产镇融合。特色小镇之"特"不仅在于产业之特,也在于发展模式之"特"。淮安区不断完善空间布局,在特色小镇内初步规划建设乐享谷、智教谷、云创谷3个主题片区,以及生产制造、科技研发、文化休闲等7个功能片区,形成"一核带一轴、双环绕三谷"城镇和产业布局。按照产镇融合发展理念,实施集镇绿化51.2万平方米,体育公园、健身广场等24个绿色工程,打造"公园式基地"。实现公共Wi-Fi覆盖面积0.62平方千米。邀请省市专家修订"产业中长期发展"及"工业集中区和小城镇建设"两个规划,加快改善农民群众住房条件,实行农民集中居住,为基地发展提供空间保障。特色产业小镇的魅力就在于规模化程度。经过多年的建设,淮安区施河智教乐享特色小镇入驻企业43个,其中规模企业13个,入驻创新创业平台7个、高新企业7个,拥有国家专利产品60个、市级以上名牌产品30个、省级名牌产品10个。小镇企业共创人造草坪已连续多年领跑全球,特色品牌效应持续彰显。淮安区施河镇先后获得"国家火炬特色产业基地""全国小城镇综合改革试点镇""国家级卫生镇""国家级生态镇""全国文明镇""全国科普示范基地"等荣誉称号,获得"江苏省十佳产业集聚小镇"称号,被认定为"中国产学研合作创新示范基地"。自2018年被列入省级特色小镇第二批创建名单以来,小镇紧紧围绕高端制造类小镇的建设要求,强力推进特色小镇建设,产镇融合更加深入,集镇功能更加完善,"产业共建、全民共享"的小镇特色持续彰显和放大。三是搞好城乡产业协同发展先行区建设。农业产业园区的创建促进了城乡产业协同发展的可持续性,农业产业园区跨越区域界线,以园区为载体推动农业生产要素和优势产业的集聚,运用合作化生产和一体化经营的发展方式,进而促进现代化农业的多功能产业化经营。

人口老龄化背景下农村养老的现实困境与路径选择

近年来,我国人口老龄化问题日益突出。自 2000 年迈入老龄化社会之后,人口老龄化程度持续加深。根据最新统计,2021 年中国 60 岁及以上人口 2.67 亿人,占全国人口的 18.9%,比上年提高了 0.7 个百分点。65 岁及以上人口已经突破 2 亿人,占全国人口的 14.2%,比上年提高了 0.2 个百分点。按照民政部最新公布的数据预测,"十四五"期间,我国将步入"中度老龄化"社会,全国有 3 亿多老年人口[①]。第七次全国人口普查(简称"七普")结果显示,老龄化水平城乡差异明显,从全国看,乡村 60 岁、65 岁及以上老人的比重分别为 23.81%、17.72%,比城镇分别高出 7.99、6.61 个百分点。根据全国老龄办的预测,在 2020—2050 年间,中国农村人口老龄化程度将一直高于城镇。到 2035 年,我国农村 60 岁及以上人口在农村人口中的比例将升至 37.7%,老龄化"城乡倒置"现象进一步加剧,农村人口老龄化水平将高出城镇 13 个百分点。

由此可见,我国人口老龄化趋势日益明显,尤其农村人口老龄化程度高于城市。随着少子化、老龄化社会的到来,伴之以城镇化加速进程中农村由传统社会向现代社会的转型,我国农村老年人的养老问题日益受到关注。《中共中央关于制定国民经济和社会发展第十四个五年规划和二〇三五年远景目标的建议》(以下简称《建议》)中提出"实施积极应对人口老龄化国家战略",这是党的文件首次将应对人口老龄化上升到国家战略层面。2022 年 2 月,国务院《"十

本文写于 2022 年 4 月。

① 根据联合国的划分标准,当一国 60 岁及以上人口比例超过 10% 或者 65 岁及以上人口比例超过 7%,则认为该国进入"老龄化"社会;当这两个指标翻番的时候,则认为该国进入"老龄"社会,也可以说是"中度老龄化"社会。按照这一标准及人口预测结果,我国 2000 年进入"轻度老龄化"社会,2025 年将进入"中度老龄化"社会。

四五"国家老龄事业发展和养老服务体系规划》中指出,要初步建立农村留守老年人关爱服务体系,加快补齐农村养老服务短板,推动将适老化标准融入农村人居环境建设。我国养老问题的重点和难点在农村,如何解决老龄人口占大多数的农民的养老问题已是关系社会经济发展的重要课题。

一、农村人口老龄化的现状分析

农村的主体是农民,为了更好更全面地反映我国农村人口发展的全貌,需要更加深入认识我国广大农村地区人口基础条件,为探索农村老年人养老路径提供基本依据。

(一) 农村人口结构的现状

随着人口迁移流动与人口转变,我国农村人口结构发生了巨大变化。从农村人口规模变动态势来看,由于人口大规模迁移加之生育水平降低等因素共同影响,我国农村人口规模自20世纪90年代中期以来就逐渐缩小,特别是在全国总人口的占比方面也呈现出减少的趋势。与此相伴随的是,农村家庭规模持续缩小,与全国相比较,我国农村家庭户规模平均水平约0.2人[①]。家庭结构发生较大幅度的变化,比如呈现出越来越多的夫妻户、单人户,未来农村抚养和赡养等功能发挥受到制约,这将对农村家庭发展产生深刻影响。未来,在我国快速城镇化进程中,农村将进一步扩大人口流出规模,农村人口进一步缩减。据《中国人口展望(2018)》中方案,2035年、2050年,我国总人口规模将分别达到14.3亿、13.7亿。若按2035年、2050年我国城镇化水平分别为72%、75%估算,预计我国农村人口2035年、2050年则分别为4.0亿、3.4亿。这意味着未来我国农村人口将继续缩减,2035年农村人口将比当前减少1.1亿,到2050年时再减少0.6亿。

从我国农村人口年龄结构变动态势来看,20世纪80年代以来,我国农村人口年龄结构从少儿型转变至成年型,目前已经步入老年型,处于中度老龄化状态(见表1)。1982年,我国农村人口年龄结构属于少儿型,当时35.4%的人口

---

① 数据来源:《中国就业和人口统计年鉴2020》

为少儿人口(0—14岁),而老年人口(65岁及以上)的占比仅为5.0%。改革开放后,劳动年龄人口(15—64岁)先呈现出增长的趋势,而后逐渐下降,同时65岁及以上老年人口的占比呈现出不断增长的趋势,2010年超过10%,2019年达到14.7%,2020年为13.5%,2021年又升至14.2%,这意味着农村已步入老龄社会,与城市相比,呈现出明显的城乡老龄化倒置现象。在我国持续推进城镇化建设的过程中,越来越多的农村青壮年劳动力选择外出工作,预计未来农村人口老龄化将会呈现更加严峻的态势,且未来人口老龄化城乡倒置将表现出从目前的"大城市-乡村"倒置转变到远期"中小城镇-乡村"倒置新格局[1]。

表1 我国农村人口年龄结构和抚养比变动

指标	1982年	2000年	2005年	2019年	2020年
0—14岁/%	35.4	25.5	22.0	19.3	18
15—64岁/%	59.6	67.0	68.5	66.0	68.6
65岁及以上/%	5.0	7.5	9.6	14.7	13.4
少年抚养比	59.3	38.1	32.0	29.3	26.2
老年抚养比	8.4	11.2	13.9	22.3	19.7
总抚养比	67.7	49.3	46.0	51.5	45.9

数据来源:历次人口普查数据、历年《中国人口和就业统计年鉴》。

从抚养比来看,农村总抚养比呈现出少儿抚养比逐步下降、老年抚养比逐步提高的态势。比如2020年,上述两项的比值分别为26.2、19.7,老年人带来的抚养负担明显加大。未来随着人口年龄结构更大的变动,老年人将成为农村的主要抚养负担。随着越来越多年轻人离开农村前往城市,当下妇女和老人已成为农业生产的主力军,被称为农业"3860部队"。

(二)农村人口老龄化成因

封闭地区的人口老龄化受到出生率、死亡率两大人口变动因素的影响,但在开放地区,其人口老龄化则受到出生率、死亡率和迁移率三大人口变动的综合作用。

第一,低生育的政策助推农村老龄化的提前到来。长期受计划生育政策的影响,加之工业化社会,人口需要消费的农业产品逐渐变得富足,再加上农村社会保障体系的逐步完善,"养儿防老"存在的动因已弱化,子女养育成本居高不下最终引起农村青年生育观念的转变。2014年农村地区新出生人口中,第二胎的仅占17.8%,与20年前的34%相去甚远[2]。2015年全国的总和生育率出乎意料地下降到1.05,其中,尤为突出的是农村生育水平的下降,总和生育率从2010年的1.444下降到2015年的1.265,下降了0.179[3]。2021年全国的人口增量竟然已经缩减到"两位数"48万了,创下1962年来的新低,总和生育率更是从2020的1.3降到1.1。2021年,根据《国家统计局关于开展农村青年婚姻关系调研的通知》,青岛市统计局公布的青岛市农村青年婚姻关系调查报告显示,该市农村青年生育二孩、三孩意愿不强。已婚调查对象,生育1个孩子的占比58.43%,生育2个孩子的占比29.78%,未生育孩子的占比11.8%。调查对象生育二孩意愿不高,对于刚出台的三孩政策未有积极呼应。宁波市农村青年婚姻关系调研报告也显示,多数农村青年对生育二孩或三孩的意愿普遍不高,尤其是女性青年。已婚或离异的受访者中,育有一孩的比例最高,为62.50%;受二孩政策影响,育有二孩的比例虽然居第二位,但比例仍为23.21%;育有三孩及以上的比例更是低至0.89%;此外,13.39%的受访者未生育孩子。随着经济社会进一步发展,未来受生育观念影响,低生育率将呈惯性状态,将进一步加速农村人口的老龄化。

第二,预期寿命延长加剧了农村人口老龄化进程。改革开放后,我国的医疗卫生水平、人民生活水平都有了质的提高。一方面,农村人口死亡率大幅下降。数据显示,我国农村人口平均死亡率从1954年的12.7%降至2014年的5.3%,结合人口出生率的不断下降,农村人口再生产模式已出现"三低"特点,即低出生、低死亡、低增长[4]。另一方面,人口平均预期寿命不断延长。近年来,我国通过健康扶贫攻坚行动,使贫困地区妇女儿童的健康得到了优先保障,加之医疗保障水平提升,我国人口平均预期寿命逐步延长,不仅明显高于世界平均水平,也超过了中上收入国家。对比2015年,2019年我国人均寿命预期延长了0.96岁,达到77.3岁。国人主要健康指标总体处于中高收入国家前列。近年来农村地区居民的预期寿命也呈现出不断增长的趋势(但仍低于城市居民),再加上农村总和生育率的下降,这"一增一减"共同推进了农村人口老龄化发展。社科院估计,出生率的下降和预期寿命的延长意味着劳动力规模在可预见的未来将不足以养活一个庞大的老龄化人口。

第三,农村劳动力转移直接加快农村人口的老龄化。自20世纪80年代以来,随着城镇化和工业化快速推进,农村劳动力转移就业已经成为中国农村社会的一种普遍现象。改革开放以来,6亿多农村人口转移到城市,比欧盟27个成员国人口总规模还要高。从现在起到2035年,人口流动迁移仍将是我国经济社会发展中的重要人口现象。农村青壮年劳动力离开农村,将不可避免地改变农村就业结构、人口结构和农户类型[5]。1982年农村的老龄化水平为5%,和城市的4.56%相比,仅高出0.44个百分点。但从20世纪90年代开始,农村劳动力的转移显著影响了农村人口老龄化的进程,最终1999年农村老龄化水平高出1.03个百分点,较城市先行进入老龄化社会。七普数据显示,与2010年六普数据相比较,老龄化水平城乡差异更加明显,农村60岁以上老年人口占比为14.98%,上升约8个百分点,比六普城乡60岁及以上老年人口差距(3.19%)高出4.8个百分点。由此可知,城乡老龄化差距正在不断拉大,农村老龄化程度更高、更严重。

此外,我国农村人口老龄化还受到20世纪后半期三次生育高峰所引发的"银发浪潮"的影响①,加之育龄女性人口数量逐渐下降,这些都不同程度地加剧了农村人口的老龄化。

(三)农村人口老龄化特点

一是未备先老。与城市地区相比,农村老龄人口基数大、增长速度快,在思想准备、制度供给、服务供给、保障结构等多方面尚不能充分应对。目前,中国已经成为世界上老年人口最多的国家,也是人口老龄化发展速度最快的国家之一。据联合国统计,到21世纪中期,中国将有近5亿人口超过60岁,它将超过法国、德国、意大利、日本和英国目前的人口总和。尤其农村人口老龄化程度比城市更甚。无论是上文提到的第七次人口普查数据,还是《2020年国家老龄事业发展公报》,乡村60岁、65岁以上人口的比重都比城市高②。

---

① 新中国成立以后,我国第一次人口出生高峰出现在1950—1958年;第二次人口出生高峰出现在1962—1971年;第三次人口出生高峰发生在1985—1991年(净增人口1.1亿多),这次出生高峰是由于前两次出生人口高峰年龄推移形成的。
② 《2020年国家老龄事业发展公报》统计的数据截至2020年11月1日零时。

此外，人口老龄化的速度发展很快，预期人口寿命增长加之计划生育政策的共同影响，使得我国人口呈现出底部老龄化与顶部老龄化同时"夹击"[①]。仅仅用了18年的时间，我国就从成年型人口年龄结构过渡至老年型社会，与发达国家相比，速度十分惊人。从成年型人口结构变成老年型人口结构，法国用了115年，瑞典用了85年，美国用了60年，英国用了45年，最短的日本也用了25年。而农村地区表现尤为突出，近年来我国农村地区总和生育率呈现较为明显的下降趋势，徐拓远、张云华在国家社科基金重点项目"健全城乡融合发展机制研究"的阶段性成果中，测算出经过调整的农村总和生育率，数据显示，我国农村总和生育率从2011年的2.11快速下降到2018年的1.71[6]。

二是未富先老。伴随着城市化和工业化，发达国家的人口老龄化呈渐进的步伐。当它们的60岁以上老龄人口达到10%时，人均国内生产总值一般在1万美元以上，是"先富后老"。我国农村的人口老龄化是在经济薄弱的基础上推进的。我国农村地区1999年进入老龄化社会时，农村居民家庭人均纯收入只有2 210.3元，仅结算267美元[②]，还不到城镇居民家庭人均可支配收入5 854元的38%，这充分说明相对城市，我国农村地区"未富先老"挑战更大。而与城镇相比，农村的经济发展水平相对落后，社会服务体系也不完善，再加上农村相对贫困人口比重大，高龄老人、空巢老人的数量越来越多，这些都增加了解决农村人口老龄化问题的难度。

三是未康先老。保障农村人口健康是助推实施乡村振兴战略的重要措施。党和国家十分重视农村卫生健康事业发展。尤其是在党的十八大以来，健康扶贫围绕让贫困人口"看得起病、看得好病、看得上病、少生病"的目标，积极建设村卫生室、乡镇卫生院，保证所有乡镇都建设卫生院，所有行政村都有卫生室，并配备了村医。根据《2020年我国卫生健康事业发展统计公报》，2020年底，全国3.00万个乡镇共设3.6万个乡镇卫生院，床位139.0万张，卫生人员148.1万人（其中卫生技术人员126.7万人）。每千农村人口乡镇卫生院床位达1.52

[①] 老龄化可能是由于年龄金字塔底部少儿人口增长减慢所造成，也可能是顶部的老年人口增长加速所导致，人口学中分别称之为底部老龄化和顶部老龄化。发达国家经历了由底部老龄化到顶部老龄化的漫长演变过程。

[②] 按当时美元兑换人民币的汇率1美元＝8.28人民币计算。

张,每千农村人口乡镇卫生院人员达 1.62 人。2020 年底,全国 50.9 万个行政村共设 60.9 万个村卫生室,村卫生室人员达 144.2 万人,扎实保障了农村群众健康。然而,农村人口依然面临较大的健康风险,居民患病率明显提高。国家卫生服务调查显示,2013 年,55—64 岁人群的患病率为 37‰,65 岁及以上人群的患病率为 48‰。同时,据全国老龄办发布的"第四次中国城乡老年人生活状况抽样调查"成果,2015 年全国城乡失能、半失能老年人占老年人口的比例达到了 18.3%,总数约为 4 063 万人。且报告提到超过一半的农村老年人属于空巢老人,比例达到 51.7%,农村老年人的精神孤独问题亦很严重。

此外,农村老龄人口分布不均衡,区域差异较大。我国农村劳动者的受教育水平直接影响甚至决定着劳动力转移的难易度,以及转移后的职业稳定性和收入的丰富性。劳动力整体文化教育程度越高的地区,其农村劳动力就越易向城市迁移,该地区农村人口老龄化程度就越高,这就形成了我国农村老龄人口东部沿海→中部→西部内陆的递进[7]。根据第六次人口普查数据及相关研究,"胡焕庸线"是人口老龄化的显著分界线。东南沿海地区农村人口老龄化较西北地区显著,研究也印证了这一点。徐拓远、张云华在国家社科基金重点项目"健全城乡融合发展机制研究"的阶段性成果中,绘制了 2019 年 31 个省(区、市)城镇化与农村人口老龄化的象限图,就农村人口老龄化的发展趋势来看,呈现出显著的区域特征:城镇化率高、农村人口老龄化程度高的多为东部沿海发达地区(如上海、浙江、江苏、山东等省市),中西部地区(如河北、河南、陕西、贵州等省份)多数呈现低城镇化率、低农村人口老龄化程度的特征[6]。

二、人口老龄化对农村养老的影响

综上分析,在人口老龄化背景下,受农村家庭结构小型化、人口流动加速、社会观念转变等因素的影响,传统的养老模式在我国广大农村正悄然发生着变化。

(一)人口老龄化下农村养老的状况

一是传统的家庭养老与个人自养仍是主导形式。家庭养老,即代际赡养,这是建立在中国传统孝道伦理观念上的以血缘和亲情为基础的养老模式。家庭养老一直在我国广大农村中占主导地位,比如根据安徽省民政厅的数据,安徽现阶段90%的老年人选择居家养老。个人自养是指老人年轻时储备资源用于年老时自我养老的一种养老模式,主要利用土地等生产资料,通过自我劳动获取生存资料来实现。这种养老模式在减轻年轻一代赡养老年人的压力的同时,也有效开发了老年人力资源。比如,对衡水市农村养老的调查发现,年龄在60岁至70岁之间、身体壮实的部分老人仍选择自立自强,干些力所能及的工作,增加收入,为个人养老提供物质储备和精神储备。

二是有劳动能力的低龄老人维持"以地养老"或"打零工养老"。随着我国城镇化的发展,农村80%以上的青壮年劳动力基本都进城务工,由于对土地的热爱,沉重的农业劳动仍不会使老人放弃土地,在我国农村农业经营中"老人农业"成为一种主要形式。根据农业农村部的统计,目前从事农业生产的劳动力平均50岁以上。贺雪峰指出,随着农业机械化和社会化服务的推广,老人得以较为简单、轻松地种田,这也意味着"以地养老"在低龄老年中可以较好地实现[8]。比如,在湖北唐村一户农民家庭,两个老人种植2.2亩水田、2亩旱地。水田主要种植水稻,产量约在1 100斤,其中1 000斤出售,剩余用于食用。旱地种植油菜100斤、玉米2 000斤、大豆50斤。按水稻每斤1.4元计算,约收入1 400元。每年还会喂养3头猪,每年出售2只,收入为3 000元左右。还养有20多只鸡鸭等家禽,出售鸡蛋或者家禽一年收入约有1 000元。这样两个老年人一年的种养殖收入就会达到5 000元,而且粮食与肉类基本不用购买,这足以维持一个家庭的基本生活。早在2015年的全国1%人口抽样调查数据就显示,劳动收入成为34.36%的乡村老年人的主要收入。除了耕种土地之外,低龄老人还会打零工,每年获取一定的收入。这些低龄老人不仅能够在生活上完全照料自己,还能承担照顾孙辈的任务,构成子代城镇化的重要支撑。

三是高龄尤其是"失能"的老人问题突出。随着生产生活能力变低,高龄老人的养老质量将受到影响。这些高龄老年人因为没有能力再从事农业生产,导致收入来源不稳定,儿女的赡养费是其最主要的养老收入来源,其次是养老金。因此,老年人的供养直接受子女经济收入的影响,缺乏稳定性并且具有很大的风险性。养老金仅能提供有限的支持,我国基本养老保险覆盖面已从28年前的9 800余万人增加至2021年6月底的10.14亿人。而且根据国家规定,高龄补贴政策主要分为80周岁、90周岁和100周岁三个阶段,每个阶段的补贴金额因地区和经济发展而异。如在天津,年满 100 岁和 100 岁以上的老人每月可得到 500 元的补贴;宁夏规定 90 岁以上老人每月可领取 450 元。

同时,高龄特别是失能老人普遍存在自养能力严重不足的情况,需要依赖子孙后代照料。但是他们的子女本身也进入了低龄老人期,处于"夹缝"状态的"老二代"群体"上有老,下有孙",他们既要解决自身的养老问题,还要兼顾高龄老人养老,更要为年轻一代的发展考虑。如湖南省岳阳县荣家湾镇牛皋村已近花甲的村民赵三来告诉新华每日电讯记者:"我家里有四兄弟,按月轮流照顾爸妈。"需要赵三来夫妇照料的,还有一对孙子孙女。赵三来每年补贴儿子超过 1 万元生活费,还考虑给他们攒钱到县城或市区买房。党支部副书记欧海洪告诉记者,村里的青壮年基本都外出务工或做生意,其中 64 户有两代老人,情况与赵三来家差不多。由基本健康的低龄老人照料高龄老人或者失能老人的现象,即"老老照料",变得越来越普遍。

(二) 人口老龄化下农村养老的危机

人口快速老龄化与人口流动对中国农村养老支持体系产生了很大的影响,这使得传统家庭养老的独特的文化价值和生活照料、精神慰藉等方面的功能逐渐弱化,以高龄老人和部分低龄失能老人为主的农村养老危机逐步凸显。

一是高龄老人的日常生活照料满意度低。大多数农村高龄老人的日常生活依赖配偶或者自理,而高龄老人的自身健康状况大多较差。同时,高龄老人的性别比高、丧偶多,因而无论是自理或者老伴照料都很难满足老人的日常生活照料需求。相关资料显示,我国高龄老人丧偶率为 78.6%,女性更是高达 92.3%。在人均寿命延长背景下,有的一个家庭中产生两代老人,尤其农村四代人家庭增多,低龄老人的选择空间有限,大多数人只有两个选择(要么到城市帮子女带孩子,要么到城市继续打工、赚取生活费),很难兼顾到家庭中的高龄老人。农村高龄老人进入新家庭结构存在障碍,这个群体变成了全新家庭再生产模式下的"结构性剩余"。与此同时,高龄老年人的患病率高,在长沙抽查的 310 名高龄老人中,患有 2—4 种疾病的高龄老人有 121 人,占总数的 39%。在独居状态下,一旦高龄老人失能、半失能,他们的日常生活令人担忧。

国务院发展研究中心农村经济研究部原副部长刘守英教授在调研中发现:"有 8.57% 的农村老年人需要基本日常生活照料,即需要他人帮助吃饭、穿衣、上厕所、上下楼、室内行走等,所需照料时长平均超过4年;有11.63%的农村老年人需要他人帮忙做家务,且所需照料时间超过5年。无论是基本日常生活照料还是工具性日常生活照料(做家务),农村老年人的需求皆显著高于城市。然而,平均而言,约三成的子女一年内几乎没有帮助老年父母做过家务。其中,外出子女每周至少帮助老年父母做一次家务的比例仅为6.68%,高达50.71%的外出子女一年内几乎没有帮助父母做过家务。"

二是农村很多老年人看病难且带病生活。中国老年社会追踪调查数据显示,乡村老年人罹患不同种类不同程度的慢性疾病占比达到70%以上。很多农村老人"小病拖大病熬",并不会轻易选择就医,主要考虑生病会增加家庭经济压力。虽说近几年来我国逐渐提高医保报销比例,但是医保尚未覆盖所有康复护理,即有很多慢性病及需康复的项目无法获得报销,大病救助依旧杯水车薪。尤其是高龄独居老人更是无人陪护没人照料,很容易发生意外情况。

调查个案:"80岁,女,丧偶独居,育有二子一女,两个儿子都定居在广东,女儿住在邻镇(大约30分钟车程),平时要照顾孩子读书。老人患有慢性支气管炎和冠心病,平时基本上是自己照顾自己,有一次老人在家里跌倒起不来,电话都没法打,直到过了很久,邻居发现才帮忙送到医院。"

三是独居留守老人的心理危机。城乡分离造成"拆分式"家庭结构。2020年,我国3.76亿流动人口中,约七成是城乡流动人口,农村剩余劳动力转移为城市经济发展注入活力的同时,也造成农村老人"留守""空巢""独居"现象。有专家预计,到2030年,中国空巢老人家庭比例或将达到90%,而相当比例分布在农村。以太行山区16个村庄为例,当地农村老人独居空巢比例达到78%,家庭子女3个月回家探望父母一次的仅有8%,间隔1年的有48%,间隔2年以上的有32%。作为农村逐渐庞大的弱势群体,独居留守老人长期与子女不相见,和儿女情感慢慢淡化,出现老人家庭地位边缘化、因情感联系被切断的孤独心理危机。调查显示,60%的留守老人说子女外出后会偶尔感到孤独,15%的老人表示会经常感到孤独,10%的老人会一直感到孤单,只有5%的老人回答子女外出后心理不会感到变化和差异。家庭成员长期分离,农村留守老人精神空虚、孤独感严重成为普遍现象,再加上由于居住分散,社会组织发育不充分,老年活动辐射有限。北京大学国家发展研究院发布的中国健康与养老追踪调查项目研究报告显示,45.61%的60岁以上农村老人不参加社会活动,在城市这个比例是 23.98%。在这种情况下,特别是深山区的农村独居老年人,极易陷入自我封闭的心理状态,有的抑郁情形增加,有的老人甚至还出现绝望倾向。因此,不仅是物质支持,独居空巢农村老人更需要心理慰藉。

(三)人口老龄化下农村养老的困境

以农村高龄老人与失能老人为典型的农村养老危机,反映出养老多重困境。

一是传统的家庭养老功能弱化。我国传统的家庭养老模式与农业社会以家庭为单位的生产方式相适应,是在"崇老文化"的背景下发展成熟的。新形势下,一方面,城镇化和工业化的发展导致农村青壮年人口大量流失,不仅极大地改变了农村人口的年龄结构,而且加剧了农村人口的老龄化程度;导致农村出现越来越多"孤老家庭""空巢老人",传统的孝道和养老观念受到挑战,"赡养、照料老人是应尽义务"的观念意识越来越淡薄,农村的"重幼轻老"现象加重,部分老年人甚至得不到家庭提供的最基本的生活保障。另一方面,受计划生育政策的影响,农村中出现越来越多的少子女或者独生子女家庭,家庭呈现出核心化、小型化的特征。很多农村家庭结构呈现出"倒金字塔式"的特点,而老龄化、高龄化的趋势将使得农村家庭面临越来越繁重的养老压力。另外,研究还发现农村子女与父母之间的代际关系也发生了很大的转变。北京大学国家发展研究院发布的中国健康与养老追踪调查项目研究报告显示,超过一半的 60 岁以上老人不跟子女同住。报告还显示,城市人口中,子女探望的次数较高,远程联系的次数也更多;而在农村和偏远山区,同村居住的子女跟老人交流并不多,情感的联系也较差。此种家庭代际关系打破了原本赡养与抚养双向均衡的特点,从而对农村老年人的养老质量产生很大的影响。当代农村外出子女对空巢老人的赡养状况不容乐观,纵向代际养老支持已经不能成为空巢老人主要的养老支持。代际分离的现状也让子女要照顾老年父母显得力不从心。因此,一些健康不佳的农村老年人不仅要面临经济供养上的困难,还面临着诸如生活不便却无人照料以及精神上的孤寂等众多问题。

二是农村社会养老保障制度不完善。当前农村社会在建设养老保障制度方面已经取得了较好的成果,但受制于经济发展水平等各方面因素,仍存在一些不足之处。从养老保险来看,当前农村养老保险制度覆盖面较小,地域差距较大。近年来,虽然国家不断提高城乡居民基础养老金最低标准(由2014年的每月55元提高至2020年的每月93元,2021年全国城乡居民基本养老保险金月均170元),仍然不能满足年老后的物质生活需求。有学者专门针对农村居民进行过调查,结果显示80%以上的农村居民认为现有的养老保险待遇不能满足生活需要[9]。再者,我国国情较为复杂,农村养老保险的地域差异也较大,各省基础养老金省际差距最大竟然达到10倍。从养老服务来看,公共财政对农村养老服务的投入仍有较大的提高空间。这是导致农村养老基础设施薄弱的主要因素。专业化养老服务人才缺乏,长期以来普遍存在由于资金不足而无法贯彻落实敬老院制度、"五保"制度等情况。在养老服务中,医疗资源占据较大的比重,而城乡存在较大的差异性。由于优质的医疗资源聚集于经济发达的城市,农村老人不得不异地就医,但是跨区域结算医保的手续十分烦琐,报销比例低,报销周期长,导致农民面临着较大的垫付压力,个人及家庭承受着较大的经济压力,直接导致农村老人看病难、看病贵。从养老立法来看。农村养老制度立法相对滞后。虽说目前对于农村养老,我国已经出台了《中华人民共和国社会保险法》和《中华人民共和国老年人权益保障法》以及一些行政性法规和部门规章,2021年4月底出台的《中华人民共和国乡村振兴促进法》中对此也有所提及,但是这些法律依据强制性较低,还欠缺一部独立的农村养老法律来对农村养老进行统一规划。我国在社会保障领域的实践领先于法律规定,各地在没有统一条款规定的情况下对农村养老已经有了不同模式的探索,这也说明农村养老的法治建设还有很大的提升空间。

三是市场及其他社会力量在农村养老中参与度较低。目前,市场对养老服务的参与性比较低。从供给来看,市场化养老企业目前比较少,且处于小散弱的状态。从需求来看,市场化养老以中等以上经济收入的老年群体为服务对象。需求主体的空间分布较为分散,数量不多。这主要是因为此种养老方式对老年人的收入水平提出要求。加之投入时间长、利润低、风险大的行业特点,市场化的农村养老服务传递面临一定的阻碍。此外,在多元化的社会养老服务体系中,同时兼具志愿性、互益性、灵活性的社会组织将充分发挥作用。但是就我国农村养老服务的发展现状来看,社会组织的参与作用有限,主要是社会组织参与农村养老服务缺乏宽松的政策环境,在参与过程中带有很强的行政导向,丧失了灵活性和独立性,也缺乏有效的资金保障,因此目前参与农村养老服务的社会组织能力较弱。

三、人口老龄化下农村养老的路径选择

2022年国务院印发的《"十四五"国家老龄事业发展和养老服务体系规划》明确提出要"加快补齐农村养老服务短板"。"十四五"时期,围绕全面推进乡村振兴战略的总要求,积极应对农村人口老龄化,必须结合我国国情,协同多元力量推进农村养老服务供给。

(一)宏观层面:切实加强政府对农村保障养老体系的构建与完善

加强政府对农村养老保障制度的建设和优化,是适应新时代农村养老的必然选择。根据马克思主义社会保障的相关思想,政府作为政策制定者,要扮演好"家长"的角色,坚持政府在农村养老制度建设中的主导性和兜底功能。

一是强化政府在农村养老保险制度层次体系完善方面的责任。制度供给方面,政府应着重于完成农村社会保障基本制度的设计,尤其将"新农保"纳入积累补充型养老保险的新体制,在现有县级统筹基金的基础上进行管理职能优化。政府应适当提高补贴标准,分东部、中部、西部的配套补贴,构建合理化、科学化的资金利用机制与养老保险金增值保障机制[10],包括建立全国性的数据与信息管理系统,为统筹账户提供技术支持[11],包括加大金融机构开展养老普惠金融的政策支持力度,如2018年8月在中国正式获准发行的养老目标基金①。今后政府应该进一步放宽养老保险的限制,以期逐渐扩大投资主权养老基金的发展规模,特别是要加大海外投资市场的发展。在此基础上,合理构建风险评估机构与监督机构,充分结合区域差异与城乡差异的理念科学设计养老普惠金融政策,精准化落实养老普惠金融,从而确立区域化的基金筹集与保值增值机制。此外,加大农村医疗保险的投入,鼓励农村老年人参与到农村医疗保险体系中来。立法监督方面,加快财政预算制度改革,健全相关法律法规制度,用法

---

① 养老目标基金是一种创新型的公募基金,它以追求养老资产的长期稳健增值为目的,鼓励投资人长期持有,采用成熟的资产配置策略,合理控制投资组合波动风险。首批有14只养老目标基金获准发行。养老目标基金在中国的发行意味着我国个人养老金体系建设又有新的力量介入,能助力养老金第三支柱建设。

治思维推进农村养老制度改革。

二是继续发挥政府在农村老年福利制度层次体系完善方面的主导作用。政府应该与时俱进地构建信息平台,充分协调各方主体,推进多元化治理,促进各治理主体,包括公众、市场部门、非政府部门、政府有效协作,实现多元化、网络化的农村社会福利供给机制。同时,探索建立农村老年人福利需求表达机制。充分总结现有研究成果,积极健全信息公开制度与村民自治机制,充分发挥社会组织的作用,畅通渠道促进农村老年人充分表达社会福利需求,从而作出反映农村老年人真实需求的决策,最大程度上尊重和体现农村老年人的公共利益。

三是强化政府在农村养老服务制度层次体系完善方面的责任。将农村养老服务发展的中长期规划纳入乡村振兴的总体规划之中,充分发挥各方力量,包括农村社区、养老院、乡镇医疗卫生等,多功能、立体化构建农村养老服务体系。如衡水市阜城县为解决农村留守老人养老难题,以王集乡南张庄为试点,鼓励60岁以上留守老人将原有危旧房屋置换成幸福院公寓。幸福院公寓设有食堂、理发馆、超市,村委会和村卫生室就在对面,能够为老年人提供基本服务。居住于幸福院的老年人可选择自己做饭,也可以花几元钱直接到食堂吃饭。住户们都是老街坊老邻居,平时大家串门唠嗑、下棋打牌、养花种草,生活得很惬意。当前该市已经建成1000多家农村幸福院。政府还要着力加强健康养老方面的保障,增加护理与康复、预防疾病服务以及医疗等方面的服务,为老年人的身体健康保驾护航。从心理健康视角定期安排专业心理教育人士对农村老年人尤其是特殊情况的老年人,如空巢老人、失独老人、留守老人等进行辅导,同时要加强在心理健康相关辅助设施方面的投入,让农村老年人的"老有所乐"落到实处。制定市场准入和市场竞争规则,鼓励民间资本参与农村养老服务,加大力度扶持连锁型、护理型民办养老机构,贯彻落实同等优惠政策,改善养老市场秩序,保证养老服务红线、养老服务质量,持续健全农村养老服务领域跨部门协同综合监管机制、第三方评估机制和社会信用体系建设。此外,针对农村职业教育方面优化供需方案,加大力度培养养老服务专业人才。同时,依托乡村振兴战略实施,推进农村信息化建设,尤其是智慧养老信息基础设施建设,积极借力新兴信息技术,智慧赋能农村养老,尤其要着力提升农村老年人对科技和网络产品的认知和接受能力,帮助其跨越"银色数字鸿沟"。最后,政府应发挥好兜底保障作用,健全农村普惠性、保障性养老工程,兜底保障经济困难、失能、半失能、高龄老人养老服务的可获得性;在农村社区养老服务供给中遭遇危机或障碍,导致不能持续、稳定地供给的情况下,政府有义务采取必要的补救和接管措施。如天津市明确提出,2022年全面建立居家社区探访制度,确保失能老人均能有效得到社区帮扶,特殊困难老年人月探访率达到100%。

(二)中观层面:充分调动市场和其他社会力量参与养老体系构建

2021年,国家发改委、民政部、国家卫健委发布《关于建立积极应对人口老龄化重点联系城市机制的通知》,提出要积极推动养老服务领域市场化改革。目前,中国养老市场典型商业模式分为四种,即医养结合、社区居家+机构、养老地产、智慧养老[1]。但在农村,由于资金、技术、人才等约束,市场化养老的中高端市场很难持续运营,为此,可以创新市场化养老服务模式,充分发挥市场参与农村市场化养老的作用。如贵州修文县的"民营公助"市场化养老与"公建民营"集中化养老。"民营公助"市场化养老取消了"养老服务机构设立许可"权责,全面放开养老服务市场,推进"民营公助"社会化养老改革工作,打造了医养、旅养、康养为辅的多层次供养格局,满足市场不同层次养老需求。目前全县公办医养结合体1家,民办养老机构3家,其中1家从事"医康旅"一体化服务、1家从事"旅养"服务、1家从事"康养"服务。"公建民营"集中化养老把农村敬老院"分散"集中供养特困人员统一安置到基础设施完善的敬老院集中供养。养老公建服务机构保留30%床位,用于特困人员集中供养,避免公办资源闲置,激发社会资本动力,增加养老产品和床位有效供给。全县"公建民营"养老服务机构2家,集中供养特困人员120名。

此外,从市场切入,发挥商业保险对社会养老保险的有益补充作用。通过各种形式来加强保险知识的宣传,使广大农民认识到商业养老保险的作用和地位。开发适销对路的多种商业养老产品,改变目前单一产品不能充分满足广大

---

[1] 医养结合:围绕"医-护-康-养"构建的专业性一体化养老服务模式。社区居家+机构:探索轻量型居家养老上门服务,扩大线下服务半径,同时满足老人"居家"需求。养老地产:以养老用地销售为核心,配套设施及服务为抓手的整合型养老服务商业模式。智慧养老:科技驱动养老服务硬件智能化、适老化,在生活场景中落地,逐步构建创新养老服务的新体系。

农民养老需求的状况。提高服务管理水平,提高广大农民积极参与我国商业养老保险的效度。如中国人寿作为金融央企,全面推进乡村振兴的战略部署,持续推进农村市场养老产品的服务创新,针对不同群体开发村干部养老保险、农民工保险、被征地农民养老保险等特色产品。

依托村两委,积极运用老年协会、社工机构等公益性组织和志愿者服务,为农村老人开展养老项目与服务,发展农村互助养老。老年协会依靠有威望的老人带动组织,是农村互助养老的重要载体。如浙江省安吉县从2006年左右开始,由一些农村老年协会自发成立银龄互助服务队,到2009年安吉县老龄办选择6个村试点创办首批农村银龄互助服务社并逐步进行全县推广,截至2017年底,安吉县农村老年协会已经实现村级全覆盖,提供银龄互助、文化娱乐、老年餐桌等服务。老年协会的不足之处在于专业服务能力有待提升,而社工机构则可以为农村养老提供社区营造、组织动员、活动开展等方面的专业知识与技能。如四川益多公益社工组织即通过为老年协会赋能的方式开展互助养老,一是帮助老年协会建立自我造血机制,如九大碗服务生计项目、老年茶坊生计项目、辅具租售项目等;二是帮助老年协会进行规范化管理,对老年协会主要负责人进行相关政策、技能培训;三是培训居家互助服务队伍,招募互助志愿者,在对其进行培训的基础上,就近开展居家服务,探索试点村在营收基金中拿出30%作为失能老人关怀"基金",用来资助失能老人或为相关护理员提供补贴等[12]。

此外,在互助养老方面,相对城镇,"时间银行"模式对于具有互助互利朴素思想与熟人社会特征的农村地区优势尤其显著①。农村有大量低龄老人,其中许多人身体康健、闲暇时间充裕,有参与互助养老的条件与热情,给时间银行的启动提供了丰富的志愿者资源。时间银行若能更多落地乡村,将会有效填补农村养老需求,帮助留守老人解决生活困难,特别是对生活自理存在困难的农村老人来说,时间银行志愿服务有望改善他们的生活质量。目前,在河南新乡市、

---

① "时间银行"是一种政府治理、社会调节、居民自治的养老服务应用,服务内容包含居家上门、生活照料、精神慰藉等10大类共计48项,每个项目标注了相应的"价格",其价值正是"时间币"。需要服务的市民可通过线上按需下单,志愿者将点对点上门服务,志愿服务时长会转换成"时间币",可供后续兑换服务。

江苏张家港市、江西赣州大余县等地的农村地区,"时间银行"模式已经显示出越来越强的生命力。今后具体实践中,推行时间银行互助养老还要解决一些挑战性问题,比如,受资金来源、运营机构稳定性、志愿者参与度等因素影响,项目能否持续稳定运营,形成储蓄时间与兑换服务的闭环?再如,若出现志愿者跨地域流动,不同时间银行间能否实现异地通存通兑?等等。相关部门组织须在完善法律法规、强化支持保障、用好智能系统、联通数据平台、设置激励机制、健全培训督导、划清责任边界、提供风险保障等方面,全盘布局,落细落小,尽可能保障时间银行行稳致远。

(三) 微观层面:全面夯实居家养老的基础加快意愿养老体系构建

在微观家庭层面上,居家养老延续了我国深厚的文化传统,符合我国历史文化与现实国情,有利于家庭成员相互照顾和邻里互助的传统美德发扬光大。因此居家养老是农村老年人的主要意愿养老模式。调查发现,居家养老是老年人的选择偏好,关键在于这种方式有利于维护家庭关系并节约经济成本,既能保证老年人的独立性从而满足老年人对自由的追求,又能维持他们生活在原有环境里的熟悉感。如果进入机构养老则意味着会失去这些,变成服从并依赖于外界帮助才能生活。因此,构建居家养老政策支持体系势在必行。

基于个人视角,一方面倡导制定农村老年人参与社会发展的支持政策,尽可能地充分发挥老年人的自主性、积极性,尽可能缩短被养的生命周期。适度的社会参与有益于老年人生活质量的提高。根据最新的中国老年人生活质量发展报告,农村老年人闲暇活动的参与率为89.2%,低于城镇老年人的94.8%;农村老年人参加老年大学的比例为0.9%,低于城镇老年人的2.9%;农村老年人参加老年协会的比例为9.5%,也低于城镇老年人的10.9%;农村老年人上网的比例为0.5%,也低于城镇老年人的9.2%。根据个人意愿和能力,制定政策鼓励支持农村老年人继续工作或从事生产经营活动、参加公益活动或志愿服务、参与老年人群众组织及其活动、继续学习、参加休闲娱乐生活等,参与村子里的卫生建设、文化建设、制度建设等,能够使农村老年人保持一定的社会交往,有助于其建立积极的自我认同,保持健康的心态,实现自我价值,从而全面提高老年人生活质量。另一方面在农村家庭养老功能严重弱化的背景下,老年人应主动转变观念,接纳现代养老理念和模式,在互助中实现自助养老。

从家庭角度出发,鼓励建立家庭养老支持政策,引导公民自觉履行赡养义务和承担照料老年人责任。加强对家庭成员的引导和约束。首先,从法律上明确家庭成员的义务和责任,主要是健全老年人监护制度,防止虐老行为。通过减免税收、政府补助等方式引导家庭成员与老年人共同居住,有机协调社会政策与家庭保障。其次,重视家庭政策的制定和实施。德国等国家的经验表明,针对老年人建立完备的家庭政策,对承担养老责任的家庭成员给予相应的支持,包括照料假、照料津贴等,会起到激励家庭成员提供老年人所需服务并减轻其负担的作用。因此,我国应探索推进家庭照护者培训、照料假、"喘息服务"等政策措施,减轻家庭照顾老年人的负担和压力,鼓励家庭成员参与老年父母的居家养老,补充国家和社会难以提供的精神慰藉功能,从而更好发挥家庭作为重要养老主体的功能。此外,通过技术手段提高老年人居家养老的效能。不仅应该支持老年人居家环境的无障碍化改造,还应该支持智能化技术设备的开发与发展。信息化的方式能在降低养老服务的成本的前提下,满足老年人的服务需求。而且养老服务的智能化应该涉及生理、心理、行为及生活环境等方面,从技术、产品以及服务上做好配套。

总之,综合发挥政府、家庭、社会、市场四个主体的力量,以政府为主导、以家庭为基础、以社区养老服务网络为依靠、以市场化运作机构为补充、以养老保险和新型农村合作医疗等正式制度为保障,构建一个多方参与、层次鲜明、行之有效且真正符合农村老年人意愿的多层次的农村社会养老服务体系。

参考文献

[1] 刘厚莲,张刚. 乡村振兴战略目标下的农村人口基础条件研究[J]. 人口与发展,2021(5):133.

[2] 童玉芬. 人口老龄化过程中我国劳动力供给变化特点及面临的挑战[J]. 人口研究,2014(2):52-60.

[3] 郭志刚. 中国低生育进程的主要特征:2015年1%人口抽样调查结果的启示[J]. 中国人口科学,2017(4):2-14.

[4] 卢秋萍. 我国农村人口老龄化对农业经济的影响研究[J]. 改革与战略,2016(5):89.

[5] 张琛,彭超,孔祥智.农户分化的演化逻辑、历史演变与未来展望[J].改革,2019(2):5-16.

[6] 徐拓远 张云华."十四五"时期积极应对农村人口老龄化的思路与举措[J].改革,2021(10):35-36.

[7] 袁俊,吴殿廷,吴铮争.中国农村人口老龄化的空间差异及其影响因素分析[J].中国人口科学,2007(3):43-44.

[8] 贺雪峰.应对老龄社会的家庭农业[J].人文杂志,2017(10):103-109.

[9] 薛惠元.农户视角下的新农保政策效果及其影响因素分析:基于湖北省605份问卷的调查分析[J].保险研究,2012(6):53-58.

[10] 刘昌平.中国新型农村社会养老保险制度研究[J].保险研究,2008(10):38-41.

[11] 高和荣,薛煜杰.基本养老保险全国统筹面临的挑战及其应对[J].华中科技大学学报(社会科学版),2019(1):29-34.

[12] 刘妮娜,等.中国农村互助养老研究报告[R].北京:中国老龄协会,2021:6.

[13] 李仲生.人口经济学[M].2版.北京:清华大学出版社,2009:198.

农民篇

Farmers

财政支农、农村金融对农民收入的影响机制与实证分析

一、引言

继党的十八大和中央农村工作会议后,2014年中共中央又下发了进入21世纪以来第11个聚焦"三农"的一号文件,这也是20世纪80年代以来的第15个"三农"工作的一号文件。文件着重指出,健全"三农"投入稳定增长机制,完善财政支农政策,增加"三农"支出。公共财政要坚持把"三农"作为支出重点,中央基建投资继续向"三农"倾斜,优先保证"三农"投入稳定增长。拓宽"三农"投入资金渠道,充分发挥财政资金引导作用,通过贴息、奖励、风险补偿、税费减免等措施,带动金融和社会资金更多投入农业农村。由此可见,如何有效地增加农民收入是三农问题的核心。增加农民收入不仅对解决好"三农"问题而且对整个经济社会发展全局都有着极为重要的意义。农民收入是农民生活改善的基础,是调动农民生产经营积极性的基础,从而也是国家粮食安全和主要农产品有效供给的最重要的保障;此外,农民收入还是农村消费市场扩大的基础,进而也影响着内需的扩大与整个国民经济的持续较快增长;农民收入状况还直接关系到农村和整个社会稳定,进而关系着和谐社会的构建、小康社会的建设问题;因此建立和完善农民增收的长效机制至关重要。

要促进农民增收,在增加投入和提高劳动效率的基础上,国家政策的支持也是至关重要的。这不仅包括财政方面的支农政策,也包括金融信贷方面的支农政策。由于在我国,财政与金融对农民收入增长的影响存在各自的作用边界,因此有必要对财政支农与农村金融支持农民收入增长的效率进行进一步分

本文写于2014年2月。

析,在机制运行上强化财政金融的协调整合,实现两种机制的融合,从而不断提高财政支农与农村金融促进农民增收的效率,为实现十七届三中全会通过的《中共中央关于推进农村改革发展若干重大问题的决定》提出的"到二〇二〇年,……农民人均纯收入比二〇〇八年翻一番"的宏伟目标提供支持。

二、文献综述

财政支农对农民收入有无影响,影响多大,由此引发的理论实证研究成为近年来财政支农研究的一个热点。温涛、王煜宇利用我国1952—2002年的时间序列数据的实证研究发现,财政支农不仅无助于农业经济的增长和农民收入水平的提高,反而具有抑制作用[1]。杜玉红、黄小舟研究得出,财政支农资金越来越成为农民收入增加的可靠保障,其中不同的资金对农民收入影响不同,如支援农业生产支出和农村救济费是增收的有利因素,而农业基本建设投资则为不利因素[2]。王敏、潘勇辉利用1981—2005年我国财政支农与农民人均纯收入数据进行协整检验并建立误差修正(VEC)模型,最终结论验证了财政支农与农民人均纯收入具有长期的协整和短期内的修正关系[3]。陈安平和杜金沛研究了财政分权以及财政支出的结构,结果发现财政支出扩大并不利于农民增收,但财政分权制度的实行,削弱了财政支出的不利作用,而有利于增加农民收入的科教文卫等支出却随着财政自主权程度的加强,其有利影响在逐步减弱[4]。

关于农村金融对农民收入的影响,大多研究以金融发展理论为基础,内容由早期的资本形成逐步转为支农的效率,方法上也逐渐由定性分析向定量研究转变。林毅夫和张杰认为农业信贷回报率低致使国有金融机构撤出农村,而政策性金融支农又乏力,以致中国正规金融机构的支农水平效率较低[5][6]。谭燕之利用改革开放以来30年的数据,并采用计量检验的方法,对农村金融发展与农民收入增长的关系进行实证检验,结果显示金融发展对农民增收具有负效应,无法成为农民增收的原因[7]。余新平等的研究结论显示农村存款、农业保险赔偿与农民收入呈现正相关关系,而农村贷款、农业保险收入与农民收入增长呈现负相关关系[8]。

研究上述文献对理解我国财政支农、农村金融和农民收入之间的关系具有重要借鉴意义。但对于三者之间的关系,大多数研究将其作为单独系统,将三者作为一个整体系统的研究则很少,尤其缺少动态分析。鉴于此,文章在前人研究的基础上,把财政支农和农村金融作为一个整体纳入分析框架,实证分析了我国 1980—2012 年的数据样本,探寻财政支农、农村金融对农民收入增长的动态作用机理,以期为有效增加农民收入、缩小城乡收入差距、统筹城乡发展提供借鉴意义。

三、财政支农与农村金融对农民收入影响的实证分析

(一) 变量的选择及数据说明

1. 变量的选择

农村居民家庭人均纯收入(Y),即农民家庭可支配的劳动收入。与家庭总收入相比较,农村居民家庭人均纯收入更能反映农民的真是收入水平。

财政支农(G),通过农业的财政支出占总财政支出的比重来衡量。其中:国家用于农业的支出包括农业的基础设施建设支出,支援农村生产的支出,农业、林业、水利、气象等部门事业费,农业科技三项费,以及农村救济费用。

农村金融发展规模(F),根据金融结构理论之父戈德·史密斯对金融结构相关理论的定义,本文采用金融相关比率,也即一国的金融资产总量与国内生产总值之比,作为衡量一国金融结构和金融发展水平的存量和流量指标。由于数据的可获得性,结合农村金融现状,用农村的信贷总额来反映农村金融资产状况,用农林牧渔业总产值代替农村 GDP。故农村金融发展规模(F)=农业贷款/农村农林牧渔总产值。

2. 数据来源与研究方法

本文采用 1980—2012 年的年度数据,农村居民家庭人均纯收入(Y)数据由 1980—2012 年《中国农村统计年鉴》整理获得。为了消除物价因素的影响,采用以 1980 年为基期的农村居民消费价格指数来处理得到真实值,以利于进一步提高模型的预测能力。财政支农(G)数据来源于历年《中国财政年鉴》。财政支农的总额包括:农村生产支援的支出,农业、林业、水利、气象等部门事业费,农村基础设施建设,农业科技三项费用,以及农村救济费。农村金融发展规模(F)指标中,农业贷款数据来自历年《中国金融统计年鉴》。在 1994 年以前农业贷款包括乡镇企业

贷款,之后作分别统计;为便于分析,1994年之后的农业贷款是两者之和。

文章通过 EViews 6.0 软件实现数据分析。为动态地考察农民收入、财政支农与农村金融三者之间的关系,文章利用向量自回归模型(VAR)进行研究。为了对可能存在的异方差进行消除,首先取各数据的自然对数——原时间序列的协整关系不会因此改变,并分别将变量的对数形式记为 LY、LG、LF。第一步对时间序列的平稳性实行检验,以避免出现虚假回归;第二步对三个时间序列实行协整检验,以此检验财政支农、农村金融与农民收入三者之间是否存在长期稳定的均衡关系;第三步通过格兰杰(Granger)因果检验对三者之间因果关系的方向性进行描述;最后利用 VAR 模型的脉冲响应分析和方差分解揭示三者的动态关系。

(二) 模型的检验与估计

1. 平稳性检验

利用 ADF 检验方法对 LY、LG、LF 进行单位根检验(如表1),结果显示所有一阶差分指标都是平稳的,水平非平稳与趋势非平稳的原假设均在 5% 甚至 1% 的显著性水平上被拒绝,所以 LY、LG、LF 均为一阶单整 $I(1)$,符合协整检验的前提。滞后项的确定采用 SIC 原则。

表1 各变量单位根检验结果

变量	ADF 检验值	检验类型(C, T, K)	临界值	检验结论
LY	−0.298 204	(C,T,0)	−4.273 277	非平稳
DLY	−4.029 875	(C,0,0)	−3.632 896	平 稳
LG	−2.644 196	(C,0,0)	−3.653 730	非平稳
DLG	−7.172 189	(C,0,0)	−3.661 661	平 稳
LF	−1.621 910	(C,0,0)	−4.273 277	非平稳
DLF	−6.069 125	(C,0,0)	−3.661 661	平 稳

2. 协整关系检验

利用恩格尔-格兰杰(Engle-Granger)提出的非平稳时间序列分析法即协整分析法来检验这些时间序列之间是否具有协整关系。首先建立农民收入、财政支农、农村金融之间的回归模型,即 $ecm_t = ly_t - \alpha lg_t - \beta lf_t$,对回归方程生成的进行单位根检验(如表2)。残差序列 ecm_t 不存在单位根,说明农村居民家庭人均纯收入、财政支农、农村金融发展规模三者之间存在一种长期的趋势,即存在协整关系,也即财政支农、农村金融发展对促进农民增收起到了一定的作用。

表2 残差的单位根检验

变量	ADF统计量	5%临界值	AIC	SC	稳定性
ecm_t	−3.575 372	−2.957 110	−0.067 016	0.023 681	稳定

3. 滞后阶数检验

构建向量自回归模型前,首先采用似然比即 LR(Likelihood Ratio)检验法,从最大滞后阶数开始检验,发现 LR(修正的 LR 检测统计值)、FPE(最终预测误差)、AIC(Akaike 信息量)、SC(Schwarz 信息量)、HQ(Hannan-Quinn 信息量)均指向一阶滞后,所以文章选用一阶滞后(如表3)。接下来验证 VAR(1)模型是否稳定。通过计算 AR 特征多项式根,发现所有根的倒数的模都小于1并且处于单位圆之内(如表4)。因此,该模型满足了稳定性条件,根据它建立的 VAR 模型是平稳的。

表3 VAR 模型最佳滞后阶数检验结果

滞后阶数	LogL	LR	FPE	AIC	SC	HQ
0	−0.384 884	NA	0.000 252	0.225 659	0.365 779	0.270 484
1	102.422 9	178.200 1*	4.86e−07*	−6.028 192*	−5.467 713*	−5.848 890*
2	106.425 5	6.137 358	6.93e−07	−5.695 034	−4.714 195	−5.381 255
3	110.420 5	5.326 685	1.02e−06	−5.361 368	−3.960 170	−4.913 113

说明:带 * 数值所在行显示的滞后阶数为该数值所在列检验方法推荐的最佳滞后阶数。

表4 VAR 模型的 AR 根

根	倒数的模数
0.905 318	0.905 318
0.934 651	0.934 651
0.343 629	0.427 626
0.343 629	0.427 626
−0.288 849	0.288 849
0.085 434	0.085 434

4. 脉冲响应函数分析

本文为了直观反映农村居民家庭人均纯收入、财政支农以及农村金融的关系,在建立的 VAR 模型的基础上,通过渐进解析法计算响应函数的标准方差(如图1),以直观地展示变量之间的相互关系。

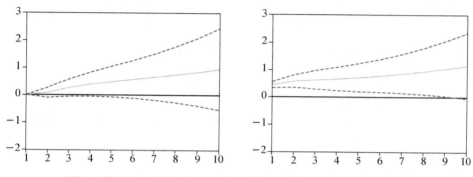

图1 农民收入对财政支农、农村金融发展规模的脉冲响应函数曲线

脉冲响应分析结果显示:农民收入对财政支农的冲击响应,刚开始的 2 期效果不是非常明显,第 3 期起就有一个较大的提高,随后逐渐上升,总体来说是正向冲击。这说明财政支农对促进农民增收刚开始效果不是很明显,但是中长期来看有显著的作用。农民收入对于农村金融发展规模一开始就有一个较大的冲击响应,随后稳步上升,总体来看,呈现有利于促进农民增收的趋势。从两者的对比来看,在对农村居民家庭人均纯收入的绩效上,农村金融发展比财政支农更有效,也即农村金融的发展能够更快、更好地促进农民收入水平的提高。

四、促进农民增收的财政金融政策建议

上述对我国农民收入、财政支农、农村金融关系的实证分析的结果显示,财政支农和农村金融二者对农民增收都具有显著影响,但是它们所起的作用不一样,主要结论如下:短期来看,农村金融发展对农民收入水平的提高影响较大,一开始就有一个正向效应;长期来看,财政支农和农村金融与农民收入之间都存在显著的长期均衡关系,而且都有利于促进农民收入水平的提高;总体来看,农村金融发展是影响农民收入增长的一个重要因素,在促进农民增收上,农村金融比财政支农更有效。这表明农村金融市场是我国农村体系必不可少的一部分,农村金融是现代农村经济的核心,要充分发挥金融在现代农村经济中的

核心作用,形成以发展农村金融为主体解决农民增收的思路,以利于给农民增收带来更多的空间。与农村改革发展的需要相比,目前农村金融发展水平还比较落后,突出表现为:农村金融体系不健全,机构网点覆盖面不够广,风险控制能力和可持续发展能力不足,城乡金融发展差距仍在扩大等。既然农村金融对农民收入绩效作用大,因此提高农民收入,仅仅依靠政府优先的财政投入是不够的,应该大力发挥农村金融的杠杆作用。据此,根据我国目前的现实情况,提出促进农民增收的金融与财政措施:

首先,在农村金融发展方面:"政策性"资源配置机制应该先行发挥作用,提高政策性金融支持农村的力度。政策性金融是针对农业面临自然、市场双重风险而采取相应补贴的重要手段。财政资金主要应无偿用于农村的基础教育、卫生、农业科技研究、公共道路等非直接生产性领域,支持小城镇建设,实现城乡一体化发展。通过农村政策性资源配置作用的先行发挥来纠正市场失灵,帮助农村、农业这一特定区域和行业走出商业性金融下容易出现的"资金贫困恶性循环",逐步实现资金需求良性循环。

转变农村金融服务的理念和思路,最大限度地实现"三农"服务与商业运作的融合,农村金融具有客户弱势、需求小频急、经营成本高、信息不对称问题突出等特性,其独特诉求和风险特征要求加快建立健全适应"三农"特点的多层次、广覆盖、可持续的农村金融体系,最大限度地增加农户金融服务供给。更加注重综合经营,进一步健全农村金融服务组织体系,最大限度地满足不同类型"三农"客户包括小额信贷、规模化融资、汇兑、理财、租赁、保险、证券、期货等在内的多层次的金融需求,形成较为发达的农村金融市场体系和业务品种比较丰富的农村金融产品体系。积极推进农村金融在产品、渠道、组织方式上的创新。不断创新农村金融产品。适应土地承包经营权流转需要,积极创新土地金融产品和服务,开发业主联保贷款、订单贷款、供应链融资、厂房按揭贷款、通用设备贷款等多种信贷品种,探索建立"统贷统还""先支后收"等专业服务模式,为农村基础设施建设和农村城镇化建设提供配套金融服务。创新金融服务渠道。引入特许经营机制,促进大银行和小额信贷机构、资金互助组织等加强业务合作和资本联合,积极开办流动银行服务,研发适应农村特点的新型自助银行设备,在农村地区推广手机银行、电话银行等电子银行业务,延伸农村金融服务触角。创新服务组织形式。在试点的基础上,逐步扩大设立村镇银行和贷款公司的规模,引导和扶持农民资金互助组织加快发展。组建涉农金融租赁公司,为"三农"客户提供大型农机具和成套设备租赁服务。

其次,在财政支农方面:构建财政支农资金的平稳增长机制,将财政收入结构进一步优化,更多地向"三农"分配倾斜,提高支农支出在财政总支出中的比重,扩大公共财政对农村的覆盖面,努力提高财政资金的使用效益。加强制度建设,始终明确中央和省级财政在欠发达地区财政支农中的主体地位,并且随着经济的发展,要不断加大对财政支农的力度,确保财政支农支出的增长幅度超过财政支出的增长幅度。在努力增加支农资金投入量的同时,要探索开辟支农资金投入的新渠道,引导社会各方面资金投入农业,逐步形成新稳定的农村建设资金来源。着力财政支农资金的创新机制,支农资金整合要有新突破,积极探索财政在支持农业保险、农业担保方面的有效途径,完善财政支持防灾减灾机制、森林生态效益补偿机制、支持小型公益设施建设"民办公助"机制。

转变政府管理职能,明确相关部门工作职责,积极推进管理体制和管理机构改革,从根本上解决支农资金分散使用的问题。整合支农资金就要从调整管理机构的职能入手,改变纵横交织的管理机制网状结构,使资金按照有序方向进行流动,减少资金使用的交叉和重复,从而使有限的资金最优配置,对农村社会经济发展中的重点和关键领域给予有力的支持。此外,统筹规划,突出重点,集中使用,加强支农项目管理,提高项目建设水平。将符合农村经济发展与农业结构调整并能够带动农民增收致富的项目纳入支农项目库,适时根据发展规划对现有资金进行适当归并,以主导产业或重点建设项目打造支农资金整合平台,适时加强对项目库的更新管理,从而使选项的科学性和准确性提高。着力强化管理,建立财政支农资金使用管理的绩效考评和奖罚等管理制度,加强对财政支农资金使用效益的监督检查。按照预算绩效管理工作要求,进一步加强对财政支农建设资金的监管,深入开展绩效评价工作,科学量化考核指标,逐步构建以绩效为导向、以过程监管为重点的管理模式,建立健全覆盖水利建设资金和建设项目运行全过程的监管机制,确保财政支农资金专款专用,发挥资金效益最优效用。在支农项目工程建设上,制定刚性的财政支农资金管理办法,实行严格的项目绩效评价体系和责任追究制度。上级主管部门和县级财政部门要经常对项目实施情况进行监督检查,并开展进度调查统计和中期评审,及时掌握工程建设情况,对竣工决算、竣工验收要加强管理,将检查和验收结果作为下年度申报项目的重要依据。通过开展支农资金绩效评价、支农资金使用情况分析,强化支农资金管理,提高财政支农项目建设质量和资金使用效益。

参考文献

[1] 温涛,王煜宇. 政府主导的农业信贷、财政支农模式的经济效应:基于中国1952—2002年的经验验证[J]. 中国农村经济,2005(10):18-27.

[2] 杜玉红,黄小舟. 财政资金农业支出与农民收入关系研究[J]. 统计研究,2006(9):47-50.

[3] 王敏,潘勇辉. 财政农业投入与农民纯收入关系研究[J]. 农业经济问题,2007(5):99-105.

[4] 陈安平,杜金沛. 中国的财政支出与城乡收入差距[J]. 统计研究,2010(11):34-39.

[5] 林毅夫. 金融改革与农村经济发展[R]. 北京:北京大学经济研究中心,2003.

[6] 张杰. 中国农村金融制度:结构、变迁与政策[M]. 北京:中国人民大学出版社,2003.

[7] 谭燕芝. 农村金融发展与农民收入增长之关系的实证分析:1978—2007[J]. 上海经济研究,2009(4):50-57.

[8] 余新平,熊皛白,熊德平. 中国农村金融发展与农民收入增长[J]. 中国农村经济,2010(6):77-86.

[9] 王虎,范从来. 金融发展与农民收入影响机制的研究:来自中国1980—2004年的经验数据[J]. 经济科学,2006(6):11-21.

淮安农村妇女脱贫路径研究

党的十九大报告指出:深入贯彻以人民为中心的发展思想;深入开展脱贫攻坚;保证全体人民在共建共享发展中有更多获得感,不断促进人的全面发展、全体人民共同富裕。贫困是一个历史问题,同时也是一个经济学和社会学讨论的永恒话题。从某种意义上说,任何一个国家的发展史就是一部反贫困的历史,妇女贫困问题更是一个全人类共同面临的问题。20世纪60年代,人们就发现贫民中最贫困的通常是妇女。联合国开发计划署在《1995人类发展报告》中指出:"全世界13亿人口生活在贫困中,其中妇女占70%,贫困是一张女性的面孔。"[①]党的十九大报告数据显示,我国的脱贫攻坚战取得决定性进展,六千多万贫困人口稳定脱贫,贫困发生率从百分之十点二下降到百分之四以下;但仍然面临艰巨的任务,城乡区域发展和收入分配差距依然较大,发展不平衡不充分的一些突出问题尚未解决。特殊人群的隐蔽性贫困是导致扶贫难度增大的主要原因之一,而主要的隐蔽性贫困人群便是贫困家庭中的妇女群体,尤其是农村妇女。我国的7 000万农村贫困人口中,女性占比近50%。淮安市目前48.3万农村贫困人口,其中女性人口也占很大比例。

习总书记在党的十九大报告中指出,从现在到二〇二〇年,是全面建成小康社会决胜期。要坚定实施乡村振兴战略,特别是要坚决打好防范化解重大风险、精准脱贫等攻坚战,使全面建成小康社会得到人民认可、经得起历史检验。农村妇女作为一个重要的贫困群体,不只是扶贫重点攻坚的对象,还是重要的脱贫攻坚力量,将妇女脱贫作为农村地区减贫工作的一个重点,一方面,是因为

本文写于2019年10月。
① 联合国开发计划署.1995人类发展报告[M].北京:[出版者不详],1995.

农村妇女贫困问题实际上是农村贫困问题的转化,解决妇女贫困问题关系到"三农"问题的解决以及乡村振兴战略的良好实施;另一方面,这有利于区域经济的发展,对于实施十九大报告中的区域协调发展战略,缓解城乡区域发展和收入分配差距具有重要意义。

一、贫困的内涵

逻辑上讲,要深入了解农村妇女的贫困,首先要界定贫困的内涵。而对贫困概念的理解,已经有比较丰富的研究成果。如侧重从物质方面界定的英国学者汤森认为:"所有居民中那些缺乏获得各种食物、参加社会活动和最起码的生活和社交条件的资源的个人、家庭和群体就是所谓贫困的。"[1]对于随着经济社会发展滋生出的一系列社会问题,单纯地从物质方面来界定贫困日益无法解释,因此有一些研究重新思考贫困问题并从社会排斥方面来界定贫困。如世界银行在《2000/2001年世界发展报告》中认为:"贫困不仅仅是收入低微和人力发展不足,它还包括人对外部冲击的脆弱性,包括缺少发言权、缺少权利和被社会排斥在外。"[2]到20世纪70年代,美国首先提出"贫困女性化"的概念,该研究发现贫困率增长最快的家庭结构是女户主家庭,由低收入或贫困的妇女和孩子组成[3]。这一研究首次将"女性贫困"作为一个课题来研究。

鉴于贫困问题的复杂性,界定贫困理应将社会性别纳入贫困研究之中,用性别数字差异和差别对待来界定农村妇女贫困。将上述研究定义与中国的实际相结合,文章认为,所谓贫困是指个人或家庭因制度和非制度因素而造成的最基本的物质生活得不到满足即物质方面的贫困,以及由此而滋生出的人文方面的贫困。应该来讲,农村妇女以及中国农村妇女贫困的内涵主要也是表现在这两方面。

---

[1] 汤森(Townsend). 英国的贫困:关于家庭经济来源和生活标准的调查(Poverty in the kingdom: a survey of the House hold Resource and Living standard)[M]. 伦敦:阿伦·莱恩和培根图书公司,1979.

[2] 世界银行. 2000/2001年世界发展报告[M]. 北京:中国财政经济出版社,2001:28.

[3] 瓦伦丁·M.莫格哈登.贫困女性化?:有关概念和趋势的笔记[M]//社会性别与发展译文集. 马元曦,译. 北京:生活·读书·新知三联书店,2000.

二、国内外农村妇女贫困研究现状

(一) 国外对农村妇女贫困问题的研究现状

早在1889年和1901年就出现了两部代表性的著作,分别是布思(Booth)的《欧洲国家的资源、福利支出和贫困》和朗特里(Rowntree)的《贫困城镇生活研究》。20世纪60年代,学者们通过研究发现贫困人口中大多数是妇女这一事实。真正意义上的关于贫困女性化的研究起始于20世纪70年代后期。美国学者率先提出"贫困女性化"的概念,同时发现"女户主家庭是贫困率增长最快的家庭结构"这一事实。应该说,美国学者开创了对妇女贫困问题研究的概念化和系统化探讨。学术界和一些发展机构还相继提出了一系列减贫方法,诸如平等和福利方法、效率方法等妇女减贫方法。此外还有一些学者从更深层次的角度研究妇女贫困问题,如阿马蒂亚·森从主体地位的角度,提出了妇女福利及差别对待的不平等因素。

(二) 国内对农村妇女贫困问题的研究现状

国内对农村妇女贫困问题的研究起步比较晚,在理论层次上还没有形成专门的体系。就目前而言,对农村妇女的贫困研究主要集中在下述几个方面。首先,初步认识到妇女贫困的现实,主张将妇女贫困纳入农村贫困研究的视野之中。其次,概括了农村妇女贫困的总体状况,分析了造成贫困的原因并提出相应的对策。再次,对农村妇女贫困研究层次上,主要关注的是物质贫困,但同时也将人文贫困和权利贫困纳入农村妇女贫困的研究视野。对农村妇女贫困的原因阐释上,形成了比较有代表性的几种观点:辛秋水在《文化贫困与贫困文化》一书中,从文化社会学的角度,研究了中国农村的文化贫困问题,认为"农村地区的贫困或制约农村社会发展的根本原因,并不仅仅是由于自然资源的匮乏,以及经济、技术的落后,更主要是由于这个地区社会文化的贫困也就是说民主、科学、进步文化的贫困,而农村社会的另一种文化即各种陈规陋俗、阻碍社会发展的某些传统观念却像乌云一样遮盖着这些地区的上空,内在地制约了当地社会经济的发展和进步"。

(三) 研究述评

就总体而言,有关妇女的减贫研究一是缺乏系统性,二是缺乏有针对性的农村妇女减贫对策,三是对贫困的理解大都停留在经济层面,对贫困的非物质层面比如文化娱乐、公共服务等关注不够。尽管一些学者开始注重人文贫困,但是他们主要强调的是人力资本投入不足这一方面,事实上,妇女贫困是多种原因造成的,仅仅强调人力资本投入不足并不能完全解释农村妇女的贫困问题,如农民中的"优秀群体"妇女为什么陷入贫困。由此我们可以得知农村妇女贫困的原因不仅仅是妇女个人的人力资本,而更重要的是妇女作为一个群体之外的经济和非经济等社会客观因素共同作用的产物。因此,农村妇女贫困问题不仅仅是一个经济问题、政治问题、社会问题,更是一个社会发展问题。

三、农村妇女贫困的类型与表现

新形势下的精准脱贫战略中,农村妇女的贫困主要有以下三种类型。

(一) 权利性贫困

与男性相比,妇女获得土地、信贷、资本和收入高的工作难度更大,联合国妇女署认为这是妇女陷入贫困的主要原因。主要表现在:

1. 农村妇女的收入低下

增加农民收入,尤其是农村妇女收入,在很大程度上依赖于其所从事的职业,尤其是非农职业。但是改革开放以来,工业化和城镇化在市场经济的浪潮下不断融合演进,农村大量剩余劳动力逐渐从第一产业向第二产业和第三产业转移。由于大量男性劳动力外出务工,大量女性只能留守农村,根本没有机会从事非农职业。据历年中国农村统计年鉴及国家统计局的数据,截止到2017年上半年,我国农村居民的非农职业收入占总收入的比重日益增加,但是总的来说,非农职业收入在总收入中所占的比例还不是很高。农村居民的收入及构成如表1所示。

表1 农村居民的收入及构成　　　　　　　　　　　单位:元/人

指标	2013年	2014年	2015年	2016年	2017年
纯收入	9 429.56	10 488.88	11 421.71	12 303	6 561.84
工资性收入	3 652.5	4 152.2	4 600.31	5 022	2 979.52
家庭经营收入	3 934.83	4 247.39	4 503.58	4 741	2 079.63
财产性收入	194.71	222.07	251.53	272	173.06
其他	1 647.52	1 867.22	2 066.29	2 268	1 329.63

数据来源:历年中国农村统计年鉴及国家统计局数据。其中2017年为1—6月数据,其余年份为1—12月数据。

据调查,一般农村家庭非农收入的主要来源是男性外出务工获得的工资收入,由此可推断中国农村妇女的非农职业收入极其微薄。在非农就业中,虽然近年来农村妇女比重有所增加,但与全球平均水平相比,还有相当的距离。更加突出的是,与男性相比,我国农村妇女的真实工资水平更低。根据2010年联合国千年发展目标报告数据,近几年在世界范围内,农村妇女从事非农职业的比例在连续缓慢增加,截止到2008年已超过40%,但在我国,受雇于非农职业的农村妇女仅占比20%。国家统计局的数据显示,2000年中国农村人均年收入为2 253元,2011年这一数据为6 977元,而同期城市人口收入差不多翻了两番,从6 280元提高到23 979元,而在2010年,女性只能赚到她们男同行的一半多,比1990年低了79%。

2. 农村妇女的收入不稳定

根据中国人民大学农业与农村发展学院白南生教授的研究,目前,我国有差不多4 700万农村妇女承担着独立支撑家庭的任务。农村男性劳动力的缺乏导致大多数农户无法从事经济效益较高的农业生产,收入极其低下。中国发展报告显示,农村妇女很少有外出务工机会,她们大量的时间被束缚在农业劳动上,农业生产经营是她们的唯一收入来源。然而农作物的产量受自然因素的影响很大,具有很强的脆弱性,基本上都是靠天吃饭,尤其在自然条件不是很优越的中西部某些地方。笔者采访的一个北方农村妇女的境况有一定的代表性。

个案1:白某,女,42岁,系北方某村村民。

"去年(指2017年——笔者注)的收成不好,辛辛苦苦播种了几亩玉米,春季玉米发芽生长最好时节却遇到了干旱,辛辛苦苦挑水浇水渡过了难关,结果秋季玉米生长冲刺关键时刻却遇上了霜,快丰收的玉米硬生生地被霜打了,结果玉米穗很小,产量很不好,刨去劳动力、化肥、塑料膜等农业原料,基本赚不到什么钱。"

此外,一旦外出务工的丈夫中断汇款或者是汇款减少,以及家庭离异,或者家庭中有人生病,就会使得原本不贫困的妇女顷刻陷入贫困。因此,农村妇女的收入很不稳定,陷入贫困的风险很大。

由于农村妇女对家庭财产和资源上依附于户主,在经济上不占据主导地位,承担的家务劳动并不构成实际的收入来源,因此没有实际的决策权,经常陷入社会经济边际处境,从而常常陷入隐蔽性贫困中。

(二) 能力性贫困

女性在家庭决策、社会关系网中处于弱势,常常因观念落后于男性而缺乏主导权和话语权。主要表现在:

1. 文化的贫困

主要是指农村女性受教育的权利缺失或被剥夺,具体表现为农村妇女接受良好教育的机会较少、文盲率较高、适龄女生辍学率较高等方面,而这些直接关系着农村妇女的发展能力。《中国妇女》报于2000年4月报道:中国的两亿四千万文盲和半文盲中,70%是女性,在文盲中占三分之二[1]。根据2000年关于中国妇女社会地位的调查数据,农村妇女受教育程度与男性相比有较大差异,58.8%的女性只有小学以下文化水平,比男性高21.9%;同时,在成人教育方面,农村妇女接受专业技术培训的比男性低13.2个百分点,存在着教育层次上的差别[2]。2010年联合国千年发展目标报告显示:虽然1999年到2008年女孩的失学率由57%减少到53%,失学率的性别差异明显减少,但在中国广大的农村贫困地区,失学率的性别差异仍然很大,尤其是在特别偏远的农村,女孩的失学率竟然高达66%[3]。上述情况导致女性的人力资源得不到充分开发,女性也

---

[1] 转引自:世界银行.中国国别性别报告[R],2002:10
[2] 中国妇女地位调查课题组.第二期中国妇女社会地位抽样调查主要数据报告[J].妇女研究论丛,2001(5):216
[3] United Nations. The Millennium Development Goals Report[R]. NewYork:UN,2010:17.

得不到有效的发展空间和社会支持。

2. 知识的贫困

所谓知识的贫困是指获取、创造知识和信息,以及与他人交流的能力匮乏。信息基础设施落后,市场信息不灵通,是一个重要的原因。尽管目前农村电视已经普及,但烦琐的家务劳动使她们没有更多的时间看,况且目前农村还没有普及数字电视,很多地方采用"大锅盖卫星"接收,特别是西北农村地区。据西北某村的调查,村里有一个大喇叭,每逢有收电费、卖东西、办理证件照片之类等都是通过大喇叭广播,至于农产品的价格走向、经济作物的栽培技术等等的广播则几乎没有。而多数农村家庭的男劳动力都外出打工,只有在麦忙秋收繁忙时节才回家,村里80%的家庭只剩下妇女儿童。封闭的环境、落后的生产方式等,使农村妇女缺乏可靠有效的信息获取渠道,因此农作物种植常常盲目跟风,脱离市场需求,最终很难出售,从而导致经济损失,致使陷入贫困。

另外,农村妇女参加职业教育与培训机会较少。习总书记在纽约联合国总部全球妇女峰会上指出,妇女权益是基本人权,要增强妇女参与政治经济活动能力,提高妇女参与决策管理水平,要采取措施发展面向妇女的职业教育和终身教育,帮助她们适应社会和就业市场变化。但据调查了解,农村妇女实际参与职业培训和技能培训的机会非常有限,只有少部分曾经有外出打工经历的妇女参加职业培训的次数比较多,但大多是一些岗前培训,时间短,内容主要是厂里规定等,算不上真正的职业技能培训。

个案2:王某,女,初中毕业,42岁,主要从事农业劳动和家务劳动。王某丈夫,46岁,木工。

"我家对象(指王某丈夫)经常去城里打工,城里没活时候也在村里给人家打家具,钱也够花了。我就在家管小孩,种种地,至于培训,村里很少有各种培训,我从来没有参加过,听说县里有个花农协会,每年都会派人来乡下指导技术,但是我从来没去过。"

3. 参政的贫困

妇女参政贫困主要体现在参政机会少,缺少话语权。图1展示了新中国成立后,女性在全国人民代表大会代表中所占比例的变动情况。全国人民代表大会代表中女性比例从1949年第一届的12.0%快速升至第四届的22.6%,在此后很长一段时间维持在约21%的水平,第十届甚至回落到20.2%。为改变这一局面,国家做了很多努力,才使第十二届全国人大的女代表比例达到23.4%的历史新高,但这与联合国确定的女性在权力机构中占比30%的目标仍有一定距离。况且,最高政治层次的机会仅仅在非常特殊的情况下才碰巧落到了妇女身上,而对于一般的农村妇女来说,她们根本没有机会参与政策的制定,23%的女性并不能代表中国大多数的女性,而且这些女代表中大多数都是来自城镇,因此她们的声音不能代表中国广大的农村妇女——特别是贫困妇女——的声音。中国有关贫困县的调查显示,担任各种社会职务的女性只有男性的13.2%,至今贫困女性在社会事务的决策中还处于非常边缘的地位。全国人大常委会执法检查组关于检查妇女权益保障法实施情况的报告披露,农村妇女进村委会的比例过低,女村委会主任比例更低,只有1%至2%①。

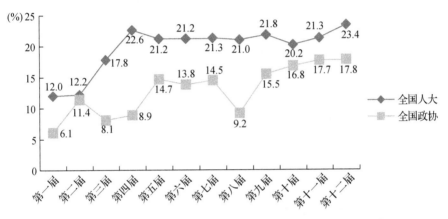

图1 历届全国人民代表大会、政协全国委员会代表中的女性比例

资料来源:全国人大统计资料、全国政协统计资料、《2016年中国妇女发展报告》

(三) 结构性贫困

在性别方面妇女较之男性有明显的弱势,尤其在劳动力、市场、土地分配、扶贫项目申请等事项上缺乏对女性的倾向,妇女被边缘化而陷入贫困,最终形成"身体健壮性"贫困群体。以扶贫项目为例,部分农村在实施扶贫开发项目时没有充分认识到农村女性与男性性别的差异性,存在着性别缺失问题。这在客

---

① 《中华人民共和国妇女权益保障法》实施情况报告[EB/OL]. (2010-06-24)[2013-04-10]. http://www.law-lib.com/fzdt/newshtml/22/20100624091529.htm.

观上忽视了农村女性在农村发展中的主人翁地位,因而没能在政策上和发展干预行动中有效地改变妇女的边缘化处境,致使"贫困女性化"现象越来越突出,成为农村女性参与精准脱贫的阻碍。部分扶贫开发项目中的妇女主体性缺失是由于传统的农村社会环境中的性别缺失。表现为在立项中不经过与女性商讨而由男性管理者直接决定,未考虑在项目中女性对资源的使用及支配权等,也没有将提升农村女性生产力纳入项目目标中;在项目实施中缺少女性的需求认同感,没有考虑到女性的特殊需要,在项目建设过程中女性也很少或没有机会参与项目的管理和监督等;在评估项目时没有明确地判断项目对农村女性的影响及今后项目发展中是否进一步考虑提高女性参与度等。

四、精准扶贫中农村妇女脱贫的主要框架

由于妇女在家庭中的特殊角色,农村妇女的贫困导致贫困的代际传递,不仅影响着家庭稳定脱贫,也大大削弱了扶贫的效果。为更好地帮助农村贫困妇女脱贫,应根据农村妇女贫困特点,结合短期效果显著的"输血式扶贫"与长期效果显著的"造血式扶贫",融合大扶贫格局的资源优势和制度基础,充分发挥政府部门、社会渠道与农村妇女自身力量的作用,尊重和落实农村妇女的主体地位,从而实现脱贫和可持续发展。

(一)培育女性文化自觉及树立农村妇女自我发展意识

所谓"文化自觉",是借用中国著名社会学家费孝通先生的观点:它指生活在一定文化历史圈子的人对其文化有自知之明,并对其发展历程和未来有充分的认识。换言之,是文化的自我觉醒、自我反省、自我创建的能力。"文化自觉"与"文化贫困"呈正相关,即拥有文化自觉意识会使文化主体对自身文化状况有一个清醒的认识,能够了解自身的文化处境,进而促使其主动获取和接受先进文化。反之,文化主体文化自觉意识缺乏或不足,会极大影响或制约主体文化落后状况的改变。由于制度的因素,造成了农村中女性生存、土地保障等权利缺失,再加上传统文化习俗中"男尊女卑"思想等的制约,导致农村女性长期以来不仅习惯依赖于男性,更习惯于依附家庭和家族。要改变这种状况,关键在于从根本上激发农村女性的文化自觉意识,即在文化和教育的影响下,培养农

村贫困妇女的自我觉察、自我反思和自我探索的能力,使反人文贫困主体从心里自主地产生改变命运的期望,进而真正帮助其从根本上实现脱贫。

(二) 精准扶贫中政府要充分尊重和落实妇女的主体地位

扶贫实践中应尊重妇女的经验与知识。农村妇女在深受贫穷之害的同时,在长期生产和生活的实践中也充分发挥主观能动性,积累了丰富的对于当地自然资源(土地、森林和水等)的乡土知识和许多利用当地资源解决当地问题的实践,以及丰富的应对贫困的宝贵智慧。

因此,政府一方面要进行有效的政策宣传,坚定农村贫困妇女脱贫志向,增强脱贫信心和决心,教育引导贫困妇女发扬自尊自信自立自强精神和求发展谋富裕的内生动力,另一方面在制定的精准扶贫政策和措施中应该尊重落实妇女的主体地位,将她们的乡土知识与经验纳入扶贫项目规划设计中。

精准扶贫中采取有效的措施充分保障妇女的实质参与权。在传统的男权文化的深入影响下,农村妇女的教育、资源获取和参与公共事务管理决策的机会较少,导致乡村治理中,男性起主导作用,妇女参与扶贫决策存在障碍,或者精准扶贫中农村妇女的主体性有意无意地被消解,没有明确成为扶贫的真正主体,从而在实践过程中可能出现"虽然有了'参与'的形式,但没有'参与'的实质",导致农村女性在精准扶贫中处于边缘化地位,发展能力受到限制。扶贫中要以赋权女性为核心,与她们一起判断需求,在具体的扶贫实施中切实保证贫困妇女参与扶贫的机会、渠道,合理制定参与的目标、指标和参与实现机制;充分强调和重视贫困妇女的观点和看法,倾听她们的声音,着力提高妇女的发展能力。在扶贫项目的整个实施周期(规划、实施、监测评估)中,尊重女性的主体地位和选择权,与受助女性建立平等互利的关系并用有效的策略确保妇女参与。如选择她们合适的时间、地点进行讨论,用尊重的态度和语言与她们交流,营造畅所欲言的环境和氛围等,通过各种合法途径建言献策,把激发和调动女性参与的积极性、主动性、创造性作为项目的核心指标,努力实现从被动受助到主动地实质参与的角色转化。

精准扶贫中要增强妇女性别需求变化的研究,满足妇女多样性的扶贫需要。将农村贫困妇女以组织为单位分类建档,掌握她们的现实需求,从而有针对性地改善小额信贷、技能培训及服务,保证这些服务和资源对农村贫困妇女的普适性。将激发贫困妇女的内生动力和技能提高作为主要目标。本着"实际、实用、实效"的原则,加大科技扶持,组织动员更多贫困妇女积极参与政府各项实用技能培训,帮助贫困妇女提高脱贫能力。以扶贫技术推动的各类项目中,要注重贫困地区种养殖经验和习惯,建立贫困妇女参与的新技术研制和推广机制,开展手工编织、乡村旅游、种植养殖等适合农村贫困妇女特点的培训项目,增强妇女脱贫致富本领和自我发展能力,并重视新技术在贫困地区的适应性和可持续性的探索。构建一个从基本生存需求与长远发展需求,从硬件改善到软件改变,从必要输血与主动造血紧密结合的立体化扶贫体系。

(三)强化基层妇女组织建设并积极引导农村妇女参与社会发展

从现实维度来看,在开发式扶贫中要实现贫困女性尽快脱贫的目标,妇联组织发挥着不可替代的作用。一直以来困扰基层妇联的"瓶颈"就是工作力量不足。一是进一步加强机制创新,建立农村妇代会直选制和妇联基层组织与农村妇女互相支持的协调机制等,充分发挥联系妇女的桥梁纽带作用。这有利于促进妇联组织自身优势的发挥,维护农村贫困妇女的合法权利,向贫困妇女倾斜扶贫政策、扶贫资源,实现制度的文化渗透,让性别文化在妇联扶贫过程中发挥重要作用。二是创新组建模式。根据市场经济体制下妇女社会阶层、群体流动等新的变化,妇联应因地制宜,培育发展属地化、非行政化的基层妇女组织。创建组织功能多样化的农村妇女种养殖协会、农村女能人协会等农村妇女经济合作组织和妇女法律援助站、志愿者组织等服务型组织,维护妇女权利,逐步建立起一个为农村妇女提供权益保护的体系,避免她们因正当权益受到损害而陷入贫困。三是创新工作载体。应当从基层女农民技术员、巾帼科技致富带头人、返乡创业女性、驻村女大学生中充实大批优秀女性到基层妇联领导岗位,加强班子建设。这样有利于有效整合资源、分类指导帮扶贫困妇女,引导妇女群众发挥女性特色和优势,因地制宜发展特色产业、拓宽致富渠道,帮助贫困妇女增加收入。

参考文献

[1] 贾慧咏. 我国农村妇女贫困问题研究[D]. 西安:陕西师范大学,2011.

[2] 刘欣. 近40年来国内妇女贫困研究综述[J]. 妇女研究论丛,2015(1):116-123.

[3] 博杜安. 世界历史上的贫困[M]. 杜娟,译. 北京:商务印书馆,2015.

[4] 王爱君. 女性贫困、代际传递与和谐增长[J]. 财经科学,2009(6):47-54.

[5] 王婧. 边缘与困境中的女性:妇女贫困问题的社会与文化分析[J]. 妇女研究论丛,2003(S1):50-54.

[6] 吴惠芳. 农村妇女扶贫面临的新挑战[J]. 妇女研究论丛,2016(6):12-14.

[7] 吴宏洛,范佐来. 农村妇女的贫困与反贫困[J]. 福建论坛(人文社会科学版),2007(6):121-125.

[8] 叶普万,贾慧咏. 我国农村妇女贫困的现状、原因及解决对策[J]. 理论学刊,2010(9):61-64.

[9] 赵群. 尊重妇女的主体性是实现精准扶贫的关键[J]. 妇女研究论丛,2016(6):14-16.

淮安市农村居民收入提升的路径研究

2018年中央一号文件发布了关于实施乡村振兴战略的意见,提出产业兴旺、生态宜居、乡风文明、治理有效、生活富裕的总要求。作为进入21世纪以来连续第16个指导"三农"工作的中央一号文件,2019年中央一号文件再次聚焦"三农"问题,并主要聚焦全面建成小康社会"三农"工作必须完成的硬任务。农业、农村、农民问题是关系国计民生的根本性问题。

中国要强,农业必强;中国要富,农民必富。"三农"问题一直都是党和政府关注的重点。中共中央在1982年至1986年连续5年发布以农业、农村和农民为主题的中央一号文件,对农村改革和农业发展作出具体部署。2004年至2019年又连续16年发布以"三农"为主题的中央一号文件,强调了"三农"问题在中国特色社会主义现代化时期"重中之重"的地位。我国是人口大国,同时又是农业大国,农业人口众多决定了农民问题成为"三农"问题的关键。国家统计局发布数据显示,截至2018年末,中国大陆总人口13.95亿人,乡村常住人口5.6亿人,占人口总数的比重为40%。改革开放40余年来,为确保国民经济持续上涨,我国政府立足国情和民情先后展开了一系列经济体制及分配制度改革,并取得了一些理想成效。但是,随着社会经济的不断向前发展,隐藏在社会表层下的农村居民收入差异问题(比如劳动收入比例过低、城乡收入差距过大、地区发展不平衡、垄断行业改革不到位)渐渐浮出水面。当前农村居民收入差异改革已然无法跟上我国社会经济发展的步伐,到2020年全面建成小康社会,实现第一个百年奋斗目标,今明两年是全面建成小康社会的决胜期。"三农"问题始终是全党工作的重中之重,也是新时代解决发展不平衡不充分问题、实现

本文写于2019年8月。

高质量发展的关键环节。全面建成小康社会的目标日益临近，作为经济社会发展的短板，"三农"领域有不少必须完成的硬任务，而"三农"问题的核心是农民的收入问题，乡村振兴战略实施的效果如何，关键要看农民的腰包鼓不鼓。习近平总书记曾指出："农业农村工作，说一千、道一万，增加农民收入是关键。要加快构建促进农民持续较快增收的长效政策机制，让广大农民都尽快富裕起来。"

党的十八大报告提出了到 2020 年"实现国内生产总值和城乡居民人均收入比二〇一〇年翻一番"的目标；江苏省"十三五"规划也对居民（包括城乡居民）收入增长提出目标："努力实现居民收入增长与经济增长同步、劳动报酬提高与劳动生产率提高同步"，让人民群众拥有更满意、更可靠的收入。淮安地处苏北腹地，自古是个农业大市，农业资源丰富，2018 年末全市常住人口 492.5 万人，比上年增加 1.1 万人。淮安城镇化率首次突破 60%，达 61.25%，也即乡村常住人口占总人口的比重为 38.75%。如何提高淮安市农村居民收入水平，使其生活质量得到显著改善，进而提高消费能力，成为非常重要的一个课题。

一、淮安市农村居民收入提升的战略意义

淮安市政府工作报告显示，2019 年全市经济社会发展主要预期目标是：城乡居民人均可支配收入增长 8% 左右，全面完成脱贫攻坚目标。并指出，要提前一年基本实现"建档立卡低收入人口全部脱贫，省、市定经济薄弱村全面出列，重点片区面貌显著改善"三大目标；强化重点扶贫片区、经济薄弱村项目帮扶，促进村集体和低收入农户双增收；高度重视返贫问题，持续巩固脱贫攻坚成果。2019 年是新中国成立 70 周年，是决胜高水平全面建成小康社会的关键之年。因此，如何提高淮安市农村居民收入水平，使其生活质量得到显著改善，进而提高消费能力，对于淮安乃至全省全面建成小康社会意义重大。

第一，理论意义。在关于农村居民收入增长的研究中，许多学者通过不同角度的大规模的深入钻研，形成了丰硕的理论成果，但从收入结构的角度对这一问题的研究很少，特别是从农民收入的四大组成部分的角度出发，对其进行定量分析的更少。显然，选择该角度分析研究将有助于充实和拓展农民增收理论。

第二，现实意义。结合现实，淮安的经济社会发展和"三农"问题息息相关。以农民为出发点，最受关注和最被农民重视的乃收入问题，这既是重大民生问题，也是发展政策问题。

一方面，增加农民收入对于处理和解决好"三农"问题，确保农村建设更加深入，农业向规模化、产业化、现代化发展，乡村振兴战略的实施具有重要意义。

另一方面，对于缩减城乡居民收入差距、促进城乡协调发展意义重大。城镇居民收入与农村居民收入差距过大，是一直以来城乡收入存在的突出矛盾。2018年，淮安市城镇居民人均可支配收入为35 828元，农村居民人均可支配收入为17 058元；2017年，淮安市城镇居民人均可支配收入为32 976元，农村居民人均可支配收入为15 601元。也即，2018年淮安市城乡居民人均收入倍差为2.1∶1，与2017年基本持平。但由于农村居民收入基数较低，淮安市城乡居民收入绝对差距仍在不断扩大：2017年城乡居民收入差额为17 375元，2018年城乡居民收入差额为18 770元，比2017年增加了1 395元。因而，加快农村居民增收，对于缩减城乡居民收入差距、促进城乡协调发展意义重大。

此外，对于积极践行新发展理念、全力推动淮安高质量跨越发展具有重要意义。与周边地区相比，淮安市农村居民人均可支配收入还有待提高，以2017年江苏省统计局数据为例：2017年淮安市农村居民收入仅略高于连云港、宿迁市，绝对值差距分别为327元、332元；相对照而言，2017年淮安市城镇居民人均可支配收入高于连云港、宿迁、徐州市；但由于农村居民收入的差距，整体居民收入无论是增幅还是增量的数据都被拉低了一些。因此，增加淮安市农村居民收入，不仅对于淮安整体居民收入的增加，而且对于奠定淮安苏北重要中心城市地位、积极践行新发展理念、全力推动淮安高质量跨越发展具有重要意义。

二、淮安市农村居民收入状况和变动趋势分析

淮安位于江苏省中北部、江淮平原东部，下辖4区3县。2019年以来，淮安市积极贯彻落实《关于聚焦富民持续提高城乡居民收入水平的实施意见》和《"创富淮安"三年行动计划（2018—2020年）》等文件精神，突出聚焦富民，推进全民创业，农村居民收入持续稳定增长。据统计，一季度，我市农村居民人均可

支配收入为7 261元,同比增长8.8%。从农村居民收入构成看,工资、经营、财产和转移净收入分别增长7.2%、7.8%、6.5%和12.8%,占总收入的比重分别为49.5%、22.5%、1.6%和26.4%。工资性收入仍然为居民收入的主要来源;转移净收入所占比重有所提高,成为增收新亮点。

考虑到数据的全面性以及可对比性,本部分接下来的分析采用年度序列数据。

(一) 收入总量情况

数据显示,2018年淮安市农村居民人均可支配收入为17 058元,比上年增加1 457元,增长9.3%。从发展过程来看,淮安农民收入自2007年突破5 000元大关以来,经过6年于2013年突破1万元大关,再经过4年于2017年突破1.5万元大关,增速基本保持平稳(见表1)。

表1 2006—2018年淮安市农村居民人均可支配收入及增长情况表

年份	农村居民人均可支配收入/元	比上年增长/%
2006	4 430	10.1
2007	5 010	13.1
2008	5 657	12.9
2009	6 308	11.5
2010	7 233	14.7
2011	8 645	19.5
2012	9 838	13.8
2013	11 045	12.3
2014	12 010	8.7
2015	13 128	9.3
2016	14 319	9.1
2017	15 601	9.0
2018	17 058	9.3

资料来源:历年《淮安市统计年鉴》。

(二) 收入构成情况

农民人均纯收入由工资性收入、家庭经营纯收入、财产性及转移性收入三大部分构成。其中:家庭经营纯收入是指农村住户以家庭为生产经营单位进行生产筹划和管理而获得的收入;工资性收入是指受雇于单位或个人,靠出卖劳动而得到的报酬收入。一般而言,农民能从非农产业获得工资性收入的途径主要有两种:一是就职于本地乡镇企业获得劳动报酬;二是进城务工获得劳动报酬。改革开放以来,随着淮安农民收入的增加,其收入构成部分也发生了很大变化。

工资性收入稳步增长,占总收入的比重最高。2018年淮安市农村居民工资性收入为9 203元,是带动可支配收入稳定增长的主要动力。2017年农村常住居民人均工资性收入达8 545元,同比增长8.9%,工资性收入占总可支配收入的比重为54.8%,占比与2016年持平,对收入增长的贡献率为52.6%。工资性收入不仅是淮安农民收入的主要来源,也是农民收入增长的主要动力。

财产净收入涨幅明显。财产净收入,包括房屋与商铺出租收入,以及利息、红利、转让承包土地经营权租金净收入。2018年淮安市农村居民财产净收入为338元,同比增长12.9%。2017年农村常住居民人均财产净收入为299元,同比增长12.4%,增幅居四大项之首。财产净收入增长得益于居民理财意识提高、承包土地经营权流转面积增长、利息红利等收入增加。

家庭经营净收入也有明显增长。2018年淮安农村居民家庭经营净收入为4 130元,同比增长8.7%。2017年淮安农村常住居民家庭经营净收入为3 799元,较2016年同期增加277元,增幅为7.9%,经营净收入占可支配收入的比重为24.4%,对收入增长的贡献率为21.6%。这都源于小微企业成长培育、支农惠农力度不断加大、乡村旅游业不断发展等。

转移净收入的提高也助推了农村居民增收。2018年农村居民的转移性净收入是3 929元,同比增长11.9%。2017年转移净收入2 958元,同比增长10.2%,占总可支配收入的比重为19.0%。转移净收入的增长动力主要来自离退休金的快速增长,城镇常住居民社保参与度的提高也有较大带动作用;同时,最低生活保障标准的提高与扶贫帮困力度的加大也进一步促进了转移净收入的增长。

(三) 收入增速情况

从增速看,近年来淮安市农村居民人均可支配收入增速位次基本位居全省前列(见表2)。2018年淮安市农民收入增速位居全省第1位,比2017年上升7位,与2016年比较也上升了1位。

表2 农村居民人均可支配收入增速位次变动表

地区	2016年		2017年		2018年	
	增幅/%	增幅位次	增幅/%	增幅位次	增幅/%	增幅位次
全国	8.2		8.6		8.8	
江苏省	8.3		8.8		8.8	
南京市	8.6	9	9.3	3	9.2	3
无锡市	8.3	12	8.4	12	8.6	10
徐州市	9.2	1	9.3	3	9.0	4
常州市	8.5	10	8.6	10	8.4	12
苏州市	8.3	12	8.3	13	8.1	13
南通市	8.5	10	9.2	5	9.3	1
连云港市	9.0	4	9.6	1	8.7	9
淮安市	9.1	2	9.0	8	9.3	1
盐城市	9.0	4	9.0	8	8.8	7
扬州市	8.7	8	9.1	6	8.9	6
镇江市	8.9	6	8.6	10	8.6	10
泰州市	8.8	7	9.1	6	8.8	7
宿迁市	9.1	2	9.6	1	9.0	4

资料来源:历年《江苏省统计年鉴》。

(四) 与苏北五市比较情况

长期以来,淮安市农民收入绝对值一直列全省中位居后(见表3)。与周边地区比,"十二五"以来年均增幅淮安为11.735%,高于徐州(11.575%)、盐城(11.513%)、连云港(11.725%)。但与徐州、盐城的绝对值差距分别从2011年的845元、1866元增加到2018年的1148元、3299元。

表3 2011—2018年苏北五市农村居民人均可支配收入增速、绝对值差距

地区	2011年增幅/%	2012年增幅/%	2013年增幅/%	2014年增幅/%	2015年增幅/%	2016年增幅/%	2017年增幅/%	2018年增幅/%	2011年绝对值差距/元	2018年绝对值差距/元	年均增幅/%
淮安市	19.5	13.8	12.3	11.6	9.3	9.1	9.0	9.3			11.735
徐州市	19.3	13.4	12.0	11.3	9.1	9.2	9.3	9.0	−845	−1 148	11.575
盐城市	19.1	13.2	12.1	11.6	9.3	9.0	9.0	8.8	−1 866	−3 299	11.513
连云港市	19.8	13.7	12.0	11.8	9.2	9.0	9.6	8.7	211	451	11.725
宿迁市	19.6	13.8	12.7	12.1	9.4	9.1	9.6	9.0	301	419	11.913

说明：2011年与2018年绝对值差距是用淮安市2011年与2018年的数据分别与各市相应年份数据作差计算得出。
资料来源：历年江苏省各市统计年鉴。

（五）县域比较情况

从各县（市、区）增速来看，发展具有一定的不平衡性（见表4）。2018年农民收入增幅最高的为淮阴区与涟水县，均为9.5%，最低的为清江浦区9.1%，相差0.4个百分点；从绝对值来看，2018年农民收入最高的为清江浦区21 101元，最低的为涟水县15 939元，相差5 162元。

表4 2018年分市（区）居民人均可支配收入表

地区	收入水平/元	增幅/%	增幅位次
淮安市	17 058	9.3	
淮安区	17 305	9.3	2
淮阴区	16 036	9.5	1
清江浦区	21 101	9.1	4
洪泽区	18 650	9.3	2
涟水县	15 939	9.5	1
盱眙县	17 206	9.2	3
金湖县	18 718	9.3	2

资料来源：淮安市统计年鉴。

(六) 城乡比较情况

从城乡来看,收入差距绝对值仍在加大。2018年,淮安城镇居民人均可支配收入为35 828元,农村居民人均可支配收入为17 058元,城乡居民人均收入倍差为2.10∶1,与2017年基本持平。但由于农村居民收入基数较低,淮安市城乡居民收入绝对差距仍在不断扩大。2017年城乡居民收入差额为17 375元,2018年城乡居民收入差额为18 770元,比2017年增加了1 395元(见表5)。

表5　淮安市2018年分城乡人均可支配收入情况

城乡分布	2017年/元	2018年/元	增幅/%	增量/元
全体居民	24 934	27 696	11.1	2 762
城镇居民	32 976	35 828	8.6	2 852
农村居民	15 601	17 058	9.3	1 457

资料来源:淮安市统计年鉴。

三、淮安市农村居民收入增长有利条件分析

近年来,淮安市认真贯彻中央和省、市关于加强"三农"工作的决策部署,深入实施乡村振兴战略,"三农"工作呈现农业持续发展、农村持续繁荣、农民持续增收的良好态势,为农村居民收入增长提供了有利条件。

(一) 淮安已具备收入倍增的经济承载能力

改革开放40年来,淮安经济发展突飞猛进,综合实力显著增强,地区生产总值由1978年的12.09亿元增长至2018年的3 601.3亿元。其中,2018年第一产业增加值358.7亿元,增长3.1%;第二产业增加值1 508.1亿元,增长4.9%;第三产业增加值1 734.5亿元,增长8.8%。三次产业结构比例调整为10.0∶41.8∶48.2。人均GDP为73 203元,按当年平均汇率折算为11 062美元,继2017年再次突破1万美元。自2006年起,淮安市GDP一直保持较高速度增长,2016年之前,每年增速都在10%以上,2007年达到最高的15.2%(见表6);2001—2018年GDP年均增长12.8%。有了经济发展支撑,农村居民收

入便具备了增长的有利条件。

表6 淮安市历年GDP及增速

年份	GDP/亿元	比上年增长(可比价)/%
2001	329.02	10.9
2002	375.02	11.6
2003	420.64	12.2
2004	500.97	13.8
2005	561.81	14.3
2006	651.06	14.9
2007	765.23	15.2
2008	915.83	13.4
2009	1 121.75	14.2
2010	1 345.07	13.8
2011	1 690.00	13.2
2012	1 920.91	13.1
2013	2 155.86	12.0
2014	2 455.39	10.9
2015	2 745.09	10.3
2016	3 048.00	9.0
2017	3 387.43	7.4
2018	3 601.30	6.5

资料来源：历年淮安市统计年鉴。

40年来，淮安市城乡面貌发生了巨大变化，社会事业全面进步，人民生活实现了根本性改善。

交通大发展，城市通达能力突飞猛进。据淮安市统计局数据，经过40年的发展，淮安城区由改革开放之初的4平方千米左右到2017年的185平方千米，扩大了约45倍。改革开放以来淮安的交通发展也进入黄金期。2010年，淮安机场建成通航，截至2018年6月底，已拥有24条国内航线和3条国际航线，成为苏北航空客货运枢纽以及华东地区主要客货运机场。2017年,全市公路里程达到13 235千米,高速公路境内里程达到407千米,并在苏北率先形成城市高速公路环;航道提档升级,港口吞吐量突破1亿吨;连淮扬镇、徐宿淮盐两条高铁同时开工建设,即将通车。

零售业发展壮大,城市综合体蓬勃成长。进入21世纪,淮安市大型商贸企业加快发展,企业数量不断增加,规模逐渐壮大。据淮安市统计局数据,截至2017年底,淮安市限额以上贸易企业有907家。其中:批发企业441家,全年销售额合计510.8亿元;零售企业466家,全年销售额合计549.9亿元;年销售额10亿元以上的企业10家,年销售额5亿—10亿元的企业19家,年销售额1亿元以上的企业157家。近年来淮安市城市商业综合体迅速崛起。目前,淮安市有万达广场、五洲国际广场两家大型城市商业综合体,吾悦广场等综合体项目。这些城市商业综合体在满足人民群众多层次消费需求的同时,提升了淮安市经济社会发展的能力。

工业经济快速增长,台资高地崛起。据淮安市统计局数据,2017年,淮安新设总投资3 000万美元以上项目57个,其中总投资1亿美元以上项目20个,实际利用外资11.78亿美元。2017年,全市共有进出口实绩企业863户,实现进出口总额46.36亿美元。工业强则经济强,工业兴则城市兴。淮安市统计局数据显示,从1978年到2017年,全市工业增加值年均增长16.5%,工业增加值占GDP比重从1978年的20.9%提高到2017年的35.2%;规模以上工业企业单位数2 657户,比1997年(第一年采用规模以上口径)增加2 077户,其中大型企业从无到有,截至2017年底,全市有34户大型工业企业;规模以上工业企业完成主营业务收入5 908.81亿元,实现利润总额362.86亿元,分别比1985年增长278倍、271倍。

生活质量显著提高,百姓幸福感满满。改革开放以来,淮安市民的居住条件大幅改善,高楼取代了平板房、砖瓦房。淮安市统计局数据显示,2017年,淮安市城镇居民人均住房面积达到44.9平方米,比1978年增长了9倍;农村居民人均住房面积达到53.7平方米,比1978年增长了2.7倍。

总之,改革开放40年,淮安在经济、医疗、文化、教育等方方面面都发生了历史性巨变。交通发展又带动了各种生产要素的充分流动,不仅推动了招商引资,还大大改善了淮安的区位条件,也极大地增强了淮安实现农民收入倍增的经济承载能力。

（二）农村改革影响扩大

乡镇布局优化工作的较快完成，较好解决了多年遗留下的老大难问题。在全省率先全面完成向农业农村部承包地确权登记数据库汇交质检，农村产权交易市场建设全省领先。基本完成农村集体资产清产核资，638个村基本完成农村社区股份合作制改革。全面推广"四方联管"村级财务阳光监管新模式，实现行政村全覆盖。深化农业水价综合改革，完成量与完成率均位列全省第一。在全国率先推出河长制、湖长制、断面长制"三长一体"同步推进机制，在全省首创"一河长两助理"协调推进机制，打造了河湖治理的"江苏样板"和"全国招牌"。

（三）农村居民对提高收入的强烈期盼

改革开放40年来，淮安市委市政府认真落实党的各项农村政策，充分调动广大农民的生产积极性，解放了农村生产力，农村经济发生了翻天覆地的变化，农民收入持续稳定增长。全市农民人均纯收入由1978年的人均50元增加到2009年的5 657元，又到2018年的17 058元，2011年以来年均增长率达到了10.196%。

同时，人居环境持续改善。建立"1+1+N"制度体系，农民群众住房条件改善稳步推进，2018年全年新开工建设农民集中居住区29个，建成4个，搬迁村居111个，惠及农户2.2万户。实施农村人居环境整治三年行动，累计完成588个村庄环境整治工作，创成村庄环境长效管护示范乡镇67个，新建成美丽宜居乡村89个。农村基层党组织质量实现新提升，乡风文明展现新气象，乡村治理体系进一步完善，农村社会保持和谐稳定。生活有了大幅度改善，需求层次不断提升。但由于城市发展进程不断加快，城乡居民收入对比存在较大差距；同时，农村住户中，高低收入家庭差距日益扩大：这些都限制其共享社会经济发展成果。因此，广大农村居民期望生活更富足是居民收入能够倍增的强大动力和支撑。

（四）传统种植业提质增效，奠定农民收入增长基础

"十二五"以来，淮安市开展"三改一创建"工程，"旱改水，籼稻改粳稻，直播

改机播,高效增效创建",到2016年,粳稻大面积种植已成为常态,优质稻米基地达227万亩,全市万亩示范片达90个,目前,累计引进种植新品种200多个。2017年,淮安粮食种植面积990.57万亩,比2016年增加0.59万亩,增幅不到0.1%;粮食总产467.56万亩,比2016年增加9.01万亩,增幅为2.0%;粮食单产为每亩472.01公斤,比2016年增加8.82公斤,增幅约2.0%。着力推动特优高效种植、特种绿色水产、特色生态休闲"三特"农业发展,新增高标准农田面积35.4万亩,建成优质稻米基地267万亩,稻虾综合种养面积突破35万亩,在全省率先获评"全国平安农机示范市"。地理标志商标保有量继续领跑全国设区市,发布全国首家稻米生产全产业链团体系列标准——"淮安大米"系列标准,"洪泽湖螃蟹"被认定为中国驰名商标,"盱眙龙虾"品牌价值位居全国淡水养殖水产品品牌榜首,"淮味千年"农产品区域公用品牌的知名度影响力不断提升。

(五) 就业创业能力不断提高,促进工资性收入稳步增长

城乡居民就业稳定。2017年前三季度,全市城镇新增就业6.31万人,再就业4.23万人,就业困难人员就业6336人,城镇登记失业率1.84%。截至2017年9月25日,新登记私营企业1.36万户,同比增长9.2%,私营企业总量8.14万户,增长15.8%;新登记个体工商户3.51万户,同比增长19.1%,个体工商户总量26.87万户,增长15.0%。

外出务工人员收入继续增加。据调查(资料来源:入户走访、用工单位、劳务市场、农民工调查等),自2016年四季度以来,淮安市外出务工人员收入较往年有较大幅度提升,木工、瓦工、安装工、漆工、快递工等计时计件工资都有不同程度的上涨,初步估算在10%—30%。

加大创业扶持力度。突出大学生、城镇失业人员、农民工、留学回国人员和科研人员"无类群体"创业,2017年开展就业培训近1万人,发放创业担保贷款1.2亿元。

(六) 理财意识不断增强,促使财产性收入持续增长

一是购买的理财产品、保险产品逐步得到回报,红利收入增加;二是居民房屋出租租金上涨;三是土地流转成绩显著,农村居民土地流转价格较快增长,据调研,目前淮安农民土地流转价格为每亩800—1 100元,同比增长8%—10%。

(七)惠民政策力度加大,拉动转移性收入较快增长

2017年城乡居民基础养老金人均125元,增长8.7%,全市城乡基本社会保险覆盖面达96%,城乡居民养老保险制度惠及197万名参保人员;城乡低保标准由520元/(月·人)、400元/(月·人),分别提高到550元/(月·人)、460元/(月·人),同比增加5.8%和15%,惠及全市城乡低保对象14.01万人。全市低收入农户14万户,42.7万人全面实施建档立卡动态管理。深入实施"阳光扶贫",探索建立脱贫收入认定机制;开展人大代表"千百万扶贫济困大行动"、扶贫政策落实和扶贫资金规范使用等专项行动,专项扶贫资金投入不断健全,市级财政从2017年起连续三年每年再追加安排不低于1 000万元扶贫资金。重点片区和经济薄弱村整体帮扶有序实施,全年12万建档立卡低收入人口实现脱贫,累计脱贫33.3万人,33个省定经济薄弱村、18个市定经济薄弱村达标出列。大力实施健康扶贫工程,全面助力因病致贫、因病返贫人群健康脱贫,全市低收入人口动态管理电子健康档案建档率达100%。

四、影响淮安市农村居民收入增长的主要因素

近年来,淮安市农村居民收入水平逐年提高,生活状况日益改善,但受多种因素的影响,收入增长过程中仍存在较多问题。

(一)农业的弱质性决定农民增收较困难

农业是个弱质产业,不仅发展中国家如此,发达国家也不例外。因此,对传统农业进行保护与补贴是个普遍性的世界命题。农业的弱质性一方面体现在其近乎完全竞争型的市场结构特征。大宗农产品差异性较小,进入壁垒很低,生产者众多且比较分散,为此供给弹性较大,而其作为一种生活必需品需求弹性却较小。供给弹性大、需求弹性小的市场特点,使得在买方市场条件下很容易形成过度竞争的不利局面,造成丰产不丰收的现象。其弱质性的另一方面体现在农业再生产是自然再生产与经济再生产同时进行的,其生产者除面临较大的市场风险之外,还面临着较为严重的自然风险。所以,对农业如不采取特殊

的支持和保护措施,农民的收入很难持续增长。

(二) 二元结构体制制约了农民的增收

在计划经济体制时期,国家在制度建设与实际管理的过程中把城市和农村分开而治,从而形成了城市与农村分开治理的这样一种格局。城乡二元结构制度的存在,导致了农民在有差异的社会环境中陷入了增收难的困境中。在改革开放40年的进程中,市场经济体制逐步建立与完善,城乡二元结构的局限逐步被打破,但是在当今社会中,城乡分治的弊端在很多方面依然限制着农民的发展。

农民和城镇居民在发展机会和社会地位方面仍然不平等,城乡差距仍在扩大,淮安市城乡居民收入差距比从1998年的1.08∶1扩大到2018年的2.1∶1。如果考虑到农民人均纯收入中生产投入占有一定比重,则城乡差距会更大。由于长期的"城乡分治、一国两策",城镇化进程缓慢,严重落后于社会经济的发展,农民收入渠道难以拓展。在城里打工的农民,工作再努力、表现再好,也还是农民工;只要政治、经济上有风吹草动,首先裁减的是外地民工。

同时,由于长期的城乡二元结构状态,农业和农村经济在资源配置和国民收入分配中仍处于不利地位,国民收入的分配在很长时期内存在偏重城市的倾向,而对农村和农业的投资明显不足。农业投入不足,农业综合生产能力得不到提高,不足以为农民增收提供基本保障。经济学将一个国家或者地区的社会总资本或总投资分为两类——社会先行资本和直接生产性活动,农村基础产业的投资就属于社会先行资本。如果社会先行资本投入过少或大大滞后于直接生产性活动,将不利于一国或一地区经济的持续稳定发展,使农村基础产业建设成为农业和农村发展乃至整个国民经济发展的瓶颈。

(三) 农民受教育水平制约了收入水平

人力资源是推动经济发展的基础性资源。美国经济学家西奥多·舒尔茨的人力资本理论把人力资源划分为量和质两个方面。量是指从事有用工作的人数,质是指劳动者的知识、技能和劳动熟练程度。人力资本是通过花费一定资源而投资于人自身的,最终体现为凝结于人自身的一定技能、体能、知识和认识水平的总和,它包括体力和智力两个方面。人力资源不等于人力资本;人力资源只有经过教育与培训,才能真正成为人力资本。农村人力资源质量主要体现在农村劳动力的受教育水平以及职业教育和技能培训上。淮安农村人力资源虽然数量不算少,但在质量上主要表现为受教育水平较低、技能不高。根据第三次全国农业普查数据,淮安市农业生产经营人员情况如下①:

(1) 农业生产经营人员数量和结构。2016 年,全市农业生产经营人员 109.59 万人,其中男性 55.07 万人,占 50.3%。从年龄结构上来看,年龄 35 岁及以下的有 11.30 万人,占 10.3%;年龄在 36 至 54 岁之间的有 49.94 万人,占 45.6%;年龄 55 岁及以上的有 48.35 万人,占 44.1%。从文化程度上来看,大专及以上的有 0.98 万人,占 0.9%;高中或中专的有 8.31 万人,占 7.6%;初中的有 52.91 万人,占 48.3%;小学及未上过学的有 47.39 万人,占 43.2%。

(2) 规模农业经营户农业生产经营人员数量和结构。2016 年,全市规模农业经营户农业生产经营人员(包括本户生产经营人员及雇用人员)4.04 万人,其中男性 2.12 万人,占 52.6%。从年龄结构上来看,年龄 35 岁及以下的有 0.41 万人,占 10.2%;年龄在 36 至 54 岁之间的有 2.22 万人,占 54.9%;年龄 55 岁及以上的有 1.41 万人,占 34.8%。从文化程度上来看,大专及以上的有 0.05 万人,占 1.2%;高中或中专的有 0.36 万人,占 8.9%;初中的有 1.92 万人,占 47.4%;小学及未上过学的有 1.72 万人,占 42.5%。

(3) 农业经营单位农业生产经营人员数量和结构。2016 年,农业经营单位农业生产经营人员 2.74 万人,其中男性 1.53 万人,占 56.0%。从年龄结构上来看,年龄 35 岁及以下的有 0.35 万人,占 12.9%;年龄在 36 至 54 岁之间的有 1.63 万人,占 59.6%;年龄 55 岁及以上的有 0.75 万人,占 27.5%。从文化程度上来看,大专及以上的有 0.22 万人,占 8.1%;高中或中专的有 0.51 万人,占 18.7%;初中的有 1.28 万人,占 46.7%;小学及未上过学的有 0.72 万人,占 26.5%。

从以上数据可知,淮安市农村劳动力整体文化水平不高。农村主要劳动力中,初中文化程度与小学文化程度的占绝大多数,而农村劳动力的人均收入水

---

① 农业生产经营人员:指在农业经营户或农业经营单位中从事农业生产经营活动累计 30 天以上的人员数(包括兼业人员)。部分数据因四舍五入的原因,存在与分项计算不等的情况。见《淮安市第三次全国农业普查主要数据公报(第三号)》。

平与其拥有的文化水平基本正相关,即劳动力的文化程度越高,其收入水平也越高。淮安农村劳动力文化素质较低,使得劳动力向非农产业转移缺乏最重要的知识资本。尽管从农村流出的劳动力整体受教育程度比继续留守农村的更高,但与经济发展所需素质要求仍有一定差距。受教育水平低导致其就业空间狭小,大部分外出劳动力主要从事就业门槛低、劳动强度高、技能要求不高的工作,而这些岗位的工资水平低,虽逐年增长却难以大幅度提高,与有专业技术要求的技术工人、专业人才工资水平存在显著差距。

(四)二三产业基数小造成对家庭经营收入拉动作用小

近年来,淮安市推进农业供给侧结构性改革,做大做强"4+1"现代农业主导产业,拉长增粗农业产业链,促进农业产业一二三产业融合发展。

聚焦农业重点项目,项目总数和投资实现逐年增长。2017年,新引进金茸食用菌、盱眙龙虾小镇、淮州温氏畜牧有限公司等投资超3 000万元农业一二三产项目283个,新竣工3 000万元农业加工项目112个,竣工1 000万元以上农业一三产项目214个。

聚焦农业"4+1"优势产业,农业发展方式实现重大转变。"4+1"现代农业产业项目占农业项目比重从2015年的76%提高到2017年的80%。金湖县签约总投资30亿元的江苏金茸农业科技有限公司项目,清江浦区签约总投资10亿元的江苏泛亚150虫草健康农场项目,加上淮香食用菌一二期、紫山食用菌一二三期相继建设,淮安市的食用菌产业优势地位进一步确立。盱眙县引进江苏金城集团股份有限公司投资50亿元建设的盱眙龙虾小镇项目,入选江苏省首批特色小镇,进一步带动龙虾一二三产业的融合发展,推动淮安市稻虾共生产业迅速发展。

聚焦功能片区,农业项目呈现集约集聚发展态势。近年来淮安全市集中精力建设的环白马湖、淮金线、洪泽食品科技产业园、淮阴国家农业科技园区等功能片区和园区项目质量、效益形象实现提升。农产品地理标志证明商标总量120个,居全国地级市首位,"盱眙龙虾""洪泽湖大闸蟹""淮安红椒"和"淮安大米"等品牌农产品市场影响力持续增强。

虽然近年来,农村二三产业收入保持较高增速,但收入绝对值不是很高。以休闲农业发展为例,淮安市休闲农业尚处于发展的初级阶段,零星分布,发展的随意性较大,规模化优势不突出。此外,目前,淮安市休闲农业点经营内容单一,农事体验、科普教育、住宿娱乐等功能不全,趋同性比较明显,功能特色有待拓展。相比苏南地区,淮安市休闲农业区域品牌认知度较低,项目品牌认知度更低,同时缺乏工业化、现代化、市场化理念,无法起到农业科技支撑和引领作用,农产品还处于产品价值链最低端。另外,淮安农业产业化程度也较低,从事农业产加销、农工贸一体化生产的企业较少,农产品加工业也很少,这影响了农民收入的增加。农业产业化对农业增收的影响主要表现在三个方面:一是提高农产品的附加值和商品化程度;二是吸收劳动力,增加农民工资性收入;三是带动当地二三产业的发展,增加农民收入。农业产业化和工业化是相互联系、相互促进,两者的联结点就是农产品加工业。农产品加工业的形成有利于带动服务业、运输业等相关产业的发展,使产业链得到延伸;有利于农民增加非农业收入。因此,淮安市二三产业对家庭经营收入的贡献度还有待提高,目前难以拉动家庭经营收入显著增长。

(五)农业生产的组织化程度影响了经营性收入

农村人口多,耕地资源缺乏,土地细碎化、农地规模过小,以家庭承包经营为基础的小农户仍然占据农业经营的主体地位,难以形成规模效益,已严重制约现代农业发展。即使根据淮安市《关于进一步加强耕地保护和改进占补平衡的实施意见》"明确到2020年,全市耕地保有量不少于714.04万亩",以截止2018年末淮安市年末户籍人口计算,人均耕地也仅有1.27亩。耕地规模小,经营分散的特征非常突出。在缺乏新技术扩展生产可能性边界的情况下,土地的边际报酬必然会因为其他生产要素的追加投入而递减。

随着市场经济体制的逐步完善和经济社会的快速发展,农民专业合作社在农业产业化经营中发挥着重要作用,把千家万户小生产的农民组织起来,可以有效增强农民生产经营的组织化程度,提高农业标准化、规模化、市场化程度,实现农业增效、农民增收。为农民的专业化生产提供产前、产中和产后服务,有利于推广应用先进的农业科学技术,协调社员与其他经济组织之间的经济关系,争取比较有利的市场竞争和谈判地位,提高农民抵御市场风险、经营风险和自然风险的能力。近年来,淮安农民专业合作社有了较大的发展。截至2019年第一季度,全市新培育省级示范社51个,全省第一;认定命名市级示范合作社111个,累计达895个。2018年新增家庭农场800个,累计超过5 548个;新培育省级示范家庭农场23个,新认定命名市级示范家庭农场107个,市级以上示范家庭农场累计达440个。但从整体来看,与其他农业大市相比,淮安市农业在专业化及规模化方面仍存在一定差距,新型农业经营主体整体发展数量不够、质量不高、组织管理能力有所欠缺等问题仍然存在,影响了农民收入的增加。

(六) 财产性收入的来源渠道单一、认知差异大

提高居民财产性收入是富民的必由之路。财产性收入,也称资产性收入,指通过资本、技术和管理等要素参与社会生产和生活活动所产生的收入,即家庭拥有的动产(如银行存款、有价证券)和不动产(如房屋、车辆、收藏品等)所获得的收入。财产性收入是一种衍生财富,一般而言,拥有财产越多,投入越多,财产性收入也就越多,所以财产量的悬殊既是贫富差距大的表现,同时也成了导致贫富差距的原因。自党的十七大、十八大报告相继提出"让更多群众拥有财产性收入""增加居民财产性收入"之后,财产性收入已是衡量国民富裕程度的重要指标,对国民经济发展有着重要意义。近几年来,淮安居民的财产性收入增长较快,但是城乡居民财产性收入总量少、比重低、内部差距悬殊、收入来源途径狭窄等问题仍然十分突出。数据显示,淮安市农村居民财产性收入在四大收入中的比重依然是最低的,财产性收入对农村居民收入的贡献还很小,不仅低于经营净收入的贡献,更远低于转移性收入和工资性收入的贡献。2018年农村居民财产净收入为338元,比重为1.98%;2017年农村常住居民人均财产净收入299元,比重为1.92%;2016年农村常住居民人均财产净收入266元,比重为1.86%;农村居民人均财产性收入占总收入的比重近三年在1.0%—2.0%上下浮动。居民存量财产少,使创造财产性收入的基础不够雄厚,对收入增长拉动作用较小。

农村居民财产性收入来源结构单一。农村居民财产性收入的获得渠道比较单一,主要是租金收入、利息收入及股息收入。目前淮安市农民财产性收入最主要的来源是租金收入,农民通过出租土地、农用机具等获得租金;其次是通过银行存款获得利息收入;股息收入虽然近几年发展较快,但还没有成为主流。2012年农村居民财产性收入中最大的两项是租金和转让承包土地经营权收入,

分别占到45.1％和21.2％，利息、股息和红利等收入均不高，所占比例合计不到40％。农村居民对财产的投资方式比较单一，银行存款主要用来收取利息，购买股票、债券，土地用来收取租金等，通过土地入股获得分红的极少。这种形式的资本配置难以取得高收益。我国目前的储蓄率相对较低，定期存款、银行债券等比活期储蓄拥有更高的利率，但流动性相对较差，同时要考虑居民消费价格指数的影响；股票投资的市场风险较大，交易要借助电脑或智能手机平台，对操作技术要求较高；农民对保险业的认识不足使他们极少选购商业保险。居民财产结构层次相对较低大大影响了居民财产性收入的渠道多元化和绝对量的提升。

农村居民金融理财知识缺乏。对于拥有一定财产基础的居民而言，并不是有财产便必然产生收益，居民的财产必须通过一定的投资理财行为才能有所回报。在城镇居民财产性收入中，金融财产性收入相对占有较大比重；而对广大农民而言，金融财产性收入还很少，重要原因在于农村金融市场发展滞后。大多数农村居民家庭财富积累低、理财意识弱、理财知识少，加上目前农村资本市场体系不发达，镇区的金融理财网点很少，适合农村居民参与投资的金融渠道、产品也很有限，即使农村居民有闲置资金，也不容易进行投资使其增值。因此，在有一定的结余收入后，农民往往选择储蓄、购买国债等方式理财，或将大量资金用于建房。

此外，金融产品无法满足居民获得财产性收入的需要。提高居民的财产性收入，就需要根据居民的不同金融资产需求，提供多样化的金融产品。但是，当前的金融市场上，金融产品多是低风险的银行储蓄，或者是相对风险较高的股票等。对于广大的居民来讲，更为缺乏的是具有能够战胜通货膨胀，同时也能够分享经济增长成果的收益水平的金融产品。按照有关专家的理论，在当前通胀水平约为5％而经济增长在10％时，具有5％—15％回报水平的金融产品最适应广泛的投资需求。从目前的金融产品来看，这样的金融产品恰恰是最为欠缺的。因此，具有稳定回报率的金融产品的不足，是制约居民提高财产性收入的客观原因。

（七）社会保障体系的完善度影响转移性收入

数据显示，低保的保障作用正日益凸显。十八大以来，淮安市城乡低保提标增速,分别从2012年的380元、260元,提高到2017年的550元、460元,城乡低保标准分别增长44.7%、76.9%,城乡低保标准比从1.46下降到1.19。"十三五"期间,城乡低保标准分别以不小于5%、8%的幅度递增。但受财政情况、农民贫富差距等因素影响,淮安市农村社会保障体系还有待完善。以新型农村合作医疗制度为例,补偿比例较低,筹资水平较低,资金筹集速度赶不上医疗发展速度,资金筹措困难。农村社会保障体系不完善加大了农民预期风险,对农民增收、农村发展起到抑制作用。

五、促进淮安市农村居民收入增长的对策建议

综上分析,改革开放以来,淮安农民收入持续稳定增长,各收入构成部分也发生了很大变化,农民人均纯收入实现了由家庭经营纯收入为主到工资性收入为主的转变。但城乡居民收入差距有逐步扩大的趋势,淮安农民人均纯收入水平与全省及其他地区相比也有一定的差距。农村居民收入与经济增长不够同步将影响到农村居民的生活水平与生活质量,同时扩大城乡居民收入水平差距,进而影响经济的良性循环和社会的长治久安。促进农民增收,涉及社会经济生活的方方面面,要通过分析影响收入结构的因素,针对不同收入结构提出促进农村居民收入增长的对策建议。

(一) 提高工资性收入促进农村居民收入增长

第一,统筹城乡发展,为农民工资性收入增长创造良好环境。当前,淮安市城乡统筹发展进入了一个关键时期,要紧扣消除二元经济体制、协调推进农业现代化与新型城镇化、缩小城乡居民收入差距、实现基本公共服务均等化等要求,着力抓好一些重点工作。完善城乡发展一体化规划体制,把工业与农业、城市与乡村、城镇居民与农村居民作为一个整体统筹谋划,切实强化规划引导,促进城乡相互融合和共同发展。建立健全城乡利益平等交换机制,切实改变城市依靠优势地位不断吸纳农村低廉要素资源的状况,充分发挥政策调控作用,推动资源要素在工农之间、城乡之间自由平等交换。如土地方面,要按照中央要求,稳定农村土地承包关系,赋予农民对承包土地经营权的处置权利,改革完善土地征收、农村集体经营性建设用地、宅基地管理制度,改变以往城乡同地不同

权不同价的不合理现象,推动农村土地资源向资本转换;劳动力要素方面,进一步清理针对农民工就业的歧视性政策,促进城乡劳动力平等就业,加强农民工权益保护,让农民外出务工找到工作、拿到工资,得到劳动安全、工伤大病有保险,有地方住,子女能上学。强化城镇对城乡区域带动作用,坚持以人的城镇化为核心、以城市群为主体形态推进新型城镇化,增强中心城市辐射带动功能,发展一批中心城市,强化区域服务功能,发展特色县域经济,加快培育中小城市和特色小城镇,推动城乡一体化发展。

第二,重视提升农村居民教育水平及文化素质,增强致富能力。提升农民整体素质是乡村振兴的关键。目前,淮安市农村人力资本存量和质量都不够,让有知识、有文化的农村青壮年返流以及引流城市人才到农村,是增加农村人力资本存量的主要手段。通过教育提升农民的整体素质,是提高农村人力资本质量的唯一路径,是乡村振兴的长久之计。

提升文化素质,培育有知识、有能力、有理想的新农人。十九大提出了"产业兴旺、生态宜居、乡风文明、治理有效、生活富裕"的乡村振兴战略总要求。振兴使命需要有知识、有能力、有理想的新农人来担当。教育扶贫比经济扶贫更重要,因此,乡村振兴战略的重中之重是优质教育资源向农村转移,使更多的农民能够享受到中高等教育,使农村的孩子能够享受到相对优质的基础教育。

提升职业素质,培育懂农业、懂技术、懂管理的新农人。抓好农民综合素质培训,全面提高农民素质水平;适应市场经济发展新形势,加强对农民的教育培训,增加其市场经济知识和现代农业科技知识,增强其市场竞争意识、科技意识、开放意识、信息意识、法律意识,实现由传统农民向现代农民的转变。要利用各种形式,有计划、有组织地进行培训,引导农民树立市场意识,学会市场经营和管理,树立风险意识。学会分析风险、规避风险,采用先进的管理方式、经营方式,降低粮食生产经营风险,从而降低经营成本。强化农民的信息意识培训。目前,农民捕捉分析市场信息的能力差,粮食生产只凭直觉和经验决策,造成盲目生产,导致生产的粮食不好卖,甚至卖不出去,粮食生产效益无法保证。因此,要强化农民的信息意识培训,加强农业产前、产中、产后信息指导服务工作,组织引导农民走向市场,从而提高粮食生产的竞争能力。

总之,通过强化和优化制度供给,整合各种资源,通过线上与线下相结合的方式培育新型职业农民。既要充分发挥线下农民培育的政策福利和资源优势,也要充分利用线上农民培育的技术红利和时空优势。线下农民培育,要继续依托农业技术推广服务体系、新经济组织、农业示范基地和龙头企业,开展岗位培训、技术指导、技术交流、科技示范和成果展示,同时继续深入实施绿色证书工程、新型农民科技培训工程等政府项目。线上农民培育云平台正成为新型职业农民培育的另一个重要阵地,农业农村部已正式启用全国农业科教云平台,将打通农技入户的最后一米。

第三,扶持本地企业发展,吸纳农村富余劳动力就业。近年来,选择在本地企业务工的农民越来越多,在本地企业务工收入占工资性收入的比重日益扩大。据淮安市就管中心统计,三年来通过鼓励返乡就业创业的"一揽子"政策,全市留乡创业就业约7.2万人,实现成功创业1.58万人,带动就业6.3万人。加快城镇化发展,大力扶持乡镇企业。农村城镇化是工业社会发展的历史趋势,城镇化建设能够在很大程度上解决农村剩余劳动力,也为农村生活水平的持续提高打下基础。应当加大对乡镇中小企业的扶持力度,同时要从每个县区的实际情况出发,使农村工业企业的发展与农村城镇化建设有机结合,形成一个科学的就业生态。整合资源,提供信息。充分利用相关部门的资源,坚持部门协同推进,在政策措施、结对帮扶、经费投入、资源配置等方面为农村富余劳动力创业就业提供全力保障,并联合社会力量如淮安市创业创新基地等,第一时间做好就业再就业信息工作,尤其要为女农民工和下岗失业女性再就业开辟绿色通道。不断提高农民的创业能力,打造一支懂市场行情、组织生产灵活、营销推广能力强的农产品电商专业队伍。提供服务平台,建立健全符合本地经济结构调整需要的创业孵化园。孵化园的功能就是通过提供新创企业所需的各种服务,实现新创企业的成长和成功。孵化机制运作机制的初级形态是为入驻企业提供一些硬件设施和优惠政策;中级形态是为入驻企业提供一些与创业者有关的中介、培训和管理服务;高级形态是形成创业园自身的商业运作模式和企业文化,使得创业孵化园和入驻企业能够形成良性的互动成长。创业园的具体扶持措施可包括以下四大类:一是空间与设备服务;二是技术支持服务,协助企业进行技术引进与转移,提供技术咨询,协助企业取得产研合作机会;三是商务支持服务,包括经营咨询、人员培训、营销服务、资金服务、财会服务等;四是信息资讯服务,包括政府信息、行业信息、内部合作网络等。重点推出能人型、基地型、庭院型、加工型、家政型、园区型六种创业模式。创业基地直接安置富余劳动力就业,真正成为农村富余劳动力创业就业工作的强力推手。

(二) 提高经营性收入促进农村居民收入增长

农村居民人均家庭经营收入一直是农村居民收入的主体,因而确保家庭经营收入的持续稳定增长是促进农村居民收入增长的必然要求。

加快转变农业发展方式,推动现代农业发展。近年来,淮安市围绕优质稻米、高效园艺、规模畜禽、特色水产和休闲农业"4+1"现代农业产业,每年安排5 000万元引导资金,全力推动农业转型升级、提质增效。培育具有较强竞争优势的特色产业,着力培优"三特"产业,积极推动特优高效种植、特种绿色水产、特色生态休闲"三特"产业发展壮大,尤其要大力发展精品生态休闲旅游农业,鼓励农户参与乡村旅游的开发建设,提高农民的收入。打造适宜休闲度假的特色小镇、民俗村落,发展集餐饮娱乐、采摘体验、休闲度假于一体的庄园综合体,示范推广生态循环农业技术,提高农业经营产出。培育一批精品休闲农业节庆品牌,打响本地农产品的知名度,不断开拓农业新业态。着力培育具有市场竞争优势的名优产品,改善农产品的品质,切实加强农产品品牌化推广,加强农产品网上展厅建设和农产品营销促销品牌推广,提高农产品市场水平,扩大市场影响力;推进农产品分等分级和规格化包装,制定统一的农产品标准体系,完善农产品营销服务平台,鼓励农民和经销商对农产品进行分等分级和规格化包装,提升农产品的流通效率,促进现代农业流通方式转型发展,开展专业化运营,提升品牌市场价值。发展设施农业项目,聚焦发展农业产业关联度高、带动力强的优质项目,聚焦农业基础设施项目建设,同时,积极融入"互联网+"经济大潮,推广电子商务等新型业态,推动电子商务与现代农业深度融合,建立农业标准化制度、信息管理采集发布系统、电子结算系统等市场功能。

建立统一的现代农业市场体系,降低流通成本。大力发展农业适度规模经营,积极培育新型农业经营主体,激发农村经济发展活力和农业内生发展动力,抓好农产品经纪人和职业农民队伍建设,提高农业产业素质和市场开拓能力,拓宽农产品流通销售渠道。以市场需求为导向,积极引导农民按照市场需求进行生产销售,构建专业化、集约化、组织化、社会化相结合的农业经营体系,稳步提高农民参与流通和组织化程度,将农业产业化经营贯穿于整个现代农业市场体系中。加强组织实施农产品市场工程升级,实现农产品种植、检验、标准化生产全过程,形成源头可追溯、流向可跟踪、信息可查询、产品可召回的管理体系。拓展业务功能,激发农产品品牌效益,加强农业市场体系创新和农产品发展深度融合,推动农业生产资料电子商务发展,建立新型农产品营销网络。积极构建农产品现代流通体系,大力推进农产品、农资连锁经营进一步发展,积极引导和扶持农业产业化龙头企业和大型流通企业引进资金、技术、人才和先进管理经验,建立一批具有跨区域性和农业产业特色的大型农产品物流配送中心,形成统一、稳定的销售网络,增强农产品集中采购、统一配送的能力,实现生产和消费的有效对接。加快促进农产品电子商务发展,积极推广农产品网络拍卖交易形式,建立新型电子商务平台,缓解"卖难"等问题。

深化金融供给侧结构性改革,促进农业产业化发展。长期以来,有些金融机构不仅不对农村提供金融服务,还把农村的资金吸收以后投放到城市或其他盈利行业,农村金融资源大部分支持到城市、工业上了。另外,农民获取贷款资金非常困难,农村的土地、牲畜、农作物包括农业生产设施等资产都难以作为抵押物。总体上看,农村经济发展缺少金融要素的支撑。要加快农村金融机制创新,强化激励约束机制,保障金融要素资源向农村、农业、农民倾斜。有序发展农村资金互助社、村镇银行等新型农村金融机构,增加农民的融资渠道,降低融资成本,缓解农民经营的资金短缺问题。政府须为农村金融提供适当的监管,缓解信息不对称带来的市场失灵问题。完善农村土地抵押贷款机制,发展因地制宜的农地金融制度。

(三) 提高财产性收入促进农村居民收入增长

当下,提高淮安居民的财产性收入,既是对国家和省战略方针的具体落实,也是改革创新、多渠道拓宽居民收入的针对性举措,更对淮安市实现高水平全面建成小康社会与苏北重要中心城市建设的战略目标具有重要意义。

保持相对稳定的宏观经济环境。加强宏观调控,保持宏观经济相对稳定,有利于增加居民的财产性收入。保持物价长期稳定,保证资产稳定的趋势,防止价格在短期内大起大落,影响投资的积极性;建立正常的工资增长机制,保障劳动者收入随着GDP增长和企业效益增长而同步增加,纠正少数企业效益提高而职工工资反而减少的问题,或只涨经营者工资不涨劳动者工资的做法,维护职工的合法权益。

依法保护城乡居民合法性财产。保障公民合法的私有财产不受侵犯,打击各类与民争利的现象,为居民创业创造条件,通过多方面来保护私有财产。稳定的公民财产以及明确的私人财产权是财产性收入的前提,要贯彻《中华人民共和国宪法》《中华人民共和国物权法》(于2021年1月1日废止——编者注)中对公有财产和私有财产的平等保护,有恒产者有恒心,积极鼓励居民积累财富、创造财富,这是保护居民私有财产的有效途径。尤其在拆迁、征地、征用公民财产过程中,要确保公民的财产权利和财富增值权利不受侵犯,要防范各种形式的利用公权侵占公民合法私有财产的行为。

加快农户农地流转,实现土地的增收作用。近年来,淮安各地通过实施土地承包权和经营权分置改革,推动土地规模化、集约化经营,累计流转土地面积341万亩,占确权颁证实测面积的60%。加强土地经营权流转政策的"示范效应",建立完善土地流转信息平台,合理、有效地引导农户农地流转行为。明确农地产权,强化农户签订农地流转合同的意识,完善农地流转后的土地纠纷解决机制,降低农地流转的交易成本,保障农村居民的合法权益。自2013年以来,淮安市7个县区和淮安经济技术开发区应确权的116个乡镇(街道)、1 344个村、17 158个村民小组、82.5万户农户颁证到户,涉及承包合同面积458.3万亩、实测确权面积567.5万亩;在2017年全省承包地确权登记数据库通过汇交质检的29个县(市、区)中,淮安市占8个,在全省率先以市为单位完成确权颁证工作。在全面完成农村土地承包经营权确权颁证的基础上,推进成果应用,放活土地权能。为了优化配置农业生产要素,提高农村土地利用率和产出率,继续创新农村土地规模经营模式,即土地租赁经营模式、联耕联种经营模式、土地股份合作经营模式、农地入股经营模式;农业龙头企业与基地农户建立稳定的利益联结关系,统一组织生产经营,因地制宜发展特色优势农业。

提高居民理财水平,营造理财氛围。首先,明确理财概念,即"理财≠赚大钱",理财的首要目的是增加收入与保值资产,也即不因为经济波动而使个人及家庭财富遭受损失,其次才是获得收益。因此,普通老百姓更需要通过个人理财来建立健康生活体系,保障个人及家庭安心富足。其次,市政府相关部门可通过各种媒介宣传普及基本理财知识,既要提高理财观念,使普通居民懂投资、善理财,又要加强市场投资风险的防范,合理引导投资。防止"盲目投资""全民投资"使投资风险转变为社会不稳定因素,尤其是要对炒房、炒股等投资行为的疏导。

规范健全各类市场,促进要素流动。不断规范房屋租赁市场。出租房屋收入是居民获取财产性收入的重要渠道之一,确保居民合法获取出租房屋收入。要完善证券市场秩序,让普通百姓能够公平、公正、公开地参与股市交易。要发展和完善要素市场,促进要素流动。银行、证券公司、保险公司是投资金融领域最直接、最广泛的要素市场;着力市场环境建设,完善企业信息披露制度,降低百姓参与投资的交易成本。同时加快金融产品和金融工具创新,不断改善金融服务,尤其要发展好互联网金融,拓宽居民尤其农村居民投资理财渠道,构建广大群众收入来源多元化、风险结构异质化、资产存量组合化的理财平台,为广大群众增加更多的财产性收入创造条件。

(四) 提高转移性收入促进农村居民收入增长

要履行好政府的再分配调节职能,加强对农民生产生活的公共财力保障,实现城乡间收入分配格局的不断调整和优化。加大涉农财政投入,完善涉农政策措施,要梳理各种有关农业农村发展的宏观调控、优惠和补贴政策,建立乡村发展保障工具、制度和政策。发达国家农业,没有一国能离开政府为主的发展保障,美国也是如此:美国的农业补助政策主要是以保障农场主基本收益、维护农业生产安全为目标,主要包括直接补贴、反周期补贴、奶制品市场损失补贴、灾难援助、交易援助贷款和贷款缺额补贴、作物与收入保险补贴、出口补贴等7种方式。落实支农惠农政策措施,增加农村居民转移性收入。农业补贴方面,应进一步提高农业补贴政策的指导性和精确性,重点补主产区、适度规模经营、农民收入、绿色生态。完善粮食主产区利益补偿机制,加大对农民的收入补贴和产粮大县的转移支付力度。提高农民收入,在确保农产品价格稳定的同时,改革完善农业补贴制度,农业保险补贴、农产品加工补贴、畜牧良种补贴等农业补贴和粮食托市"最低收购价格"政策体系,完善粮食主产区利益补偿机制,健全种粮大户、种粮能手和其他新型农业经营主体的奖补制度,直接补贴到种粮人身上,让种粮人真正得到实惠。作为一种方向,还可以研究探索由农业直补改为保险间接补贴的思路与方式。着力加强涉农资金监管,努力提升财政涉农资金使用绩效,为推进"三农"持续快速健康发展提供有力的财政保障。管好、用好涉农专项资金,最大限度释放财政涉农资金的惠农效应,推进各类惠农补贴资金精准使用、精准发放,进一步增强农民群众获得感,对维护粮食安全、保障改善民生、促进农村发展起到积极作用。

提高公共保障覆盖面,缩小收入差距。通过社会保障制度的创新与完善,以及收入分配制度的改革,加大医疗、养老等社会保障覆盖面,增加公共支出,提高保障程度,缩小收入差距。要统筹完善农村养老保险、医疗保险为核心的农村社保体系,努力实现农村社会保障制度的全覆盖。新型农村社会养老保险方面,要根据收入水平、市场物价不定期调整保险标准。新型农村合作医疗方面,建议广泛宣传,让农村居民切实享受到新农合带来的实惠,并增强农民的自觉参合意识。要强化对定点医疗机构的日常监管,防止过度医疗、开贵价药,减轻医疗费用给农民带来的沉重负担。要完善补偿机制和一般诊疗费政策。要逐步提高农村低保标准,做好低保制度与其他社会保障制度的衔接。通过以上措施,一方面提升农村低收入阶层的收入水平,另一方面也可以为农村低收入阶层参与市场获取收入提高风险承受能力,进一步保障居民收入呈刚性增长,从而为农村居民提供更强有力的制度保障。

乡村振兴视域下淮安新型职业农民培育研究

2018年中央一号文件发布了关于实施乡村振兴战略的意见,提出产业兴旺、生态宜居、乡风文明、治理有效、生活富裕的总要求。作为进入21世纪以来连续第17个指导"三农"工作的中央一号文件,2020年一号文件再次聚焦"三农"问题,提出关于抓好"三农"领域重点工作,确保如期实现全面小康的意见。实施乡村振兴战略,人才是关键,新型职业农民就是其中一支重要力量。自2012年中央一号文件中首次提出"大力培育新型职业农民"以来,历年中央一号文件都对新型职业农民的发展工作做出了重要部署,并将其确定为开发农村人力资源不可或缺的手段。2020年中央一号文件继续指出,要加快构建高素质农民教育培训体系。

随着"城乡融合发展"进程的加速,更多的优势人才被引入农村,开发农村和建设农村。但是从根本上来看,农村的发展还是要依赖当地农民,因此要注重农村人力资源的开发,全面培养新型职业农民。习近平总书记指出要"就地培养更多爱农业、懂技术、善经营的新型职业农民"。这不仅反映出国家和政府对职业农民培育的重视,也直接反映出新型职业农民对农业现代化、对农村人力资源开发起着至关重要的作用。因此,要充分利用新型职业农民队伍建设的优势,为农村经济水平的提高助力,将新型职业农民队伍建设与乡村振兴相结合,相互促进,共同发展。

中共江苏省委十三届七次全会指出,必须紧扣"强富美高"总目标,突出高质量发展总导向。淮安市第七次党代会第四次会议指出,2020年淮安市工作总要求为奋力推进高质量跨越发展,确保高水平全面建成小康社会。大力培育新

本文写于2020年7月。

型职业农民,不断提高农业经营的组织化、专业化、集约化、社会化水平,从而促进农业农村高质量发展,为乡村振兴提供新动能,夯实高质量发展的基础。淮安地处苏北腹地,自古是个农业大市,拥有耕地面积710.42万亩,是物产富饶的鱼米之乡,形成了蔬菜、畜禽、生猪、水产、林木等五大主导产业,是全国闻名的绿色农副产品产加销基地。淮安也是农村人口占比较高的地级市,有57个镇、1 374个村,农业人口203.89万人,可以参与到新型职业农民培育中的农民基数也是比较大的。对于淮安市而言,以新型职业农民培育为基点,实现本地区农村人力资源的有效开发,不仅有利于淮安产业结构的转型升级,还有利于人力资源配置的优化,同时对淮安市农业现代化的进程也有着决定性的影响。

一、淮安市新型职业农民培育的主要做法及成效

"新型职业农民"是以农业为职业、具有一定的专业技能的现代农业从业者。与传统农民相比,新型职业农民作为一种职业可以自由流动,具有相应的开放性。新型职业农民拥有较高文化素养和农业专业技术能力,善于从事农产品经营,在科技知识、劳动技能、经营素质和管理经验等方面的水平都超过传统农民。他们是现代农业生产者和经营者,而且善于应对市场变化。

淮安市高度重视新型职业农民的培育,从2018年起,全市每年培训生产经营型、专业技能型和专业服务型三类职业农民4万人以上。其中,争取省部级教育培训计划培训2万人以上,统筹地方培训经费培训2万人以上。新型职业农民培育程度年均递增5%以上,到2020年新型职业农民培育程度达到53%以上;以生产经营型农民为重点,每年认定新型职业农民3 400人以上,新型职业农民培育度新增5%;到2020年建成实训基地(田间学校)100个,身先力行每年培训"知识型、技能型、创新型"新型职业农民2万人;到2022年认定新型职业农民1.7万人以上。

(一)深入宣传 引导农民参加培训

深入农村农户,根据农民的年龄阶段、文化水平、行业分布和存在的突出问题等实际情况,区分不同的培训对象,坚持缺什么补什么的原则,因地制宜制定培训方案。

注重培训实效,尊重农民意愿,满足农民需求,设立流动课堂,采取村组就地培训、交叉巡回授课等方便农民的培训方式,将培训重心下移,提供良好的教育培训服务。

上下联动,点面结合。在农民教育培训领导小组的统一领导下,根据乡党委的统一安排,以各类农民教育培训机构为依托,发挥各涉农部门的技术优势,上下联动,以点带面,整村推进,促进农民教育培训工作全面开展。

长短结合,灵活高效。长训短培相搭配,灵活运用各种培训方式,注重寓教于乐,丰富培训内容,活跃培训形式,保证农民培训取得实际效果。

以涟水县为例,近年来,为加快培养造就有文化、懂技术、善经营、会管理的高素质农民队伍,涟水农广校不断摸索农民教育培训模式,根据农民特点,采取多种培训形式,扎实开展农民教育培训,培养了一大批引领涟水农业高质量发展的高素质农民队伍,取得了较好的培育成效。涟水农广校每年培育新型职业农民3 000多人,近年来,有300多名参训学员被认定为新型职业农民、50多名学员领办农民合作社、近千名学员申办家庭农场,涌现出颜刚、乔林中、王利等一批高素质农民典型。在疫情防控期间,涟水县农广校创造条件,利用网络平台开设直播课堂,大规模开展线上教育培训工作。围绕"奋战100天,夺取夏熟丰收"五项行动,做到"停课不停训",邀请有关专家线上开展"2020年小麦病虫害发生趋势与防控策略""涟水县小麦中后期科学施肥技术"等技术讲座,先后有600多名种粮大户收看直播和直播回放。

在疫情防控期间,洪泽区农广校紧紧围绕"提质增效、做农民满意的教育培训"这一总体要求,结合本区疫情实际,制定2020年洪泽区农民教育培训工作计划,并积极开展农民教育与培训工作。一是开展高素质农民线上培训及职业农民创高产活动,同时结合当前农时聘请相关专家制作"奋战100天,誓夺夏熟小麦丰产丰收"专题视频,利用微信及QQ群进行推送播放,受训农民达400余人。二是开展涉农中专班学员线上教学工作,在钉钉APP上组建了2018级、2019级涉农中专教学班,推送教学微视频、技术明白纸电子文档和教学PPT,并开展2020年涉农中专班招生调研与宣传工作。三是聘请相关专家到田头,对部分职业农民就小麦中后期田间管理进行现场指导达10多场次,为该区的乡村振兴提供技术与技能支撑。

（二）分类教学 有效提升培训实效

近年来,淮安市政府积极行动,加强新型职业农民培训,补齐农村人才短板,不断提升农民技能素质,根据不同产业、不同年龄、不同文化程度的农民的不同需求进行培训。

围绕新型经营主体培育需求开展职业技能、农业创业培训。加强家庭农场主、农民合作组织培训,省重点帮扶县区面向本地经济薄弱村以及低收入农户开展专项培训班,2019 年培训农业经营主体 2 000 人;此外,开展基层农业农村人才定向培养工作,委托江苏农牧科技职业学院招收志愿从事基层农业农村工作的低收入农户子女,开展全日制大专教育。"十二五"期间,淮安市抢抓部省级实施农民培训工程机遇,向上争取农民教育培训经费 1.01 亿元,大规模开展农民教育培训,累计开展农业职业技能、农业创业培训 7.39 万人次,新型职业农民培育程度达 20.57%。在培训种类上,参加稻麦、蔬菜、畜禽、水产等专业技能型培训的人员占 84.6%;参加植保、农资、农机服务、动物防疫等社会服务型培训的人员占 13.1%;参加家庭农场主、合作经纪组织等生产经营型培训的人员占 2.3%。

围绕传统农户生产需求开展农业专项技术培训。"十二五"以来,以促进粮食增产增收、高效农业扩量提质为培训主题,突出春耕备种、夏收夏管、秋收秋种等关键农事季节,组织千名农民培训讲师团成员下乡进村,以大兵团整乡推进、小分队分散突击等模式开展农业专项技术培训,通过室内专题讲座、田头手把手指导、寓教于乐、科技赶集等多种方式培训农民 57.7 万人,做到全市 1 300 多个农业行政村,村村到、全覆盖、无盲区,为淮安市粮食生产连年增产、高效农业持续发展提供了有效的技术支持。

如淮安区 2019 年 5 月进行了为期 3 天的新型职业渔民培训。全区近 150 名渔民参加了培训。此次培训在教材选订和培训环节的设计上更加突出了实用性和针对性,主要内容包括农业农村现代化与新型职业农民,中美贸易战背景下农产品贸易的现状及对策,小龙虾养殖技术,内河小型渔业船舶检验办法及渔业政策解读,渔业产业现状、趋势及对策,渔政管理概述及渔业法律法规知识等。最后还对全体学员进行了理论考试,并进行了无人机渔政执法现场演示。

金湖县于2019年11月成功举办农产品经纪人培训,来自塔集镇的农业经营主体带头人、种粮大户、家庭农场主、农民合作社主要成员及小农户等155人参加了培训。这次培训,从课程设置、师资配备、授课内容的选择到时间的安排等方面都进行了周密研究和布置;授课内容涉及农产品市场营销、互联网+农业、休闲农业发展前景与政策解读、乡村振兴与职业农民创业等。在集中学习的基础上,又组织学员到"三禾生态园"和"金绿源生态农场"观摩学习,请当地的乡土人才给学员现场讲解,这种培训方式使学员开阔了视野、拓宽了思路,并加大了对所学知识的理解深度。3天的集中学习和现场教学,进一步加强了金湖县农村及农产品经纪人队伍建设,提高了经纪人组织化程度和综合业务能力,引导了更多的农民参与发展农民专业合作社和各类经济组织,促进了农村产业结构的优化升级,助力乡村振兴,为全县农业快速发展增添了新的动力和活力。

围绕产业发展岗位需求开展农业职业教育。"十二五"期间,以淮安生物工程学校、农广校、县区中等职业学校为主阵地,开展全日制、"半农半读(成人)"农业专业学历教育,共培训12 316人,其中全日制3 545人、"半农半读"8 771人,专业主要集中在现代农艺、畜禽生产、果蔬花卉、园林绿化、农村管理等专业。

(三) 跟踪扶持 推动农业产业发展

新型职业农民培育绝不仅仅满足于完成培训任务,而是设身处地地替广大农民着想,既注重知识和技能的培训,也强化政策和资金等其他方面的服务与保障。

重抓农业项目建设。确定投资3 000万元以上的为农业重点项目,投资亿元以上的为农业重特大项目,在每年全市农村工作会议上公布各县区上年农业项目实施情况和下一年度农业项目编排情况。将农业项目建设列为对县区农业农村考核的最重要指标,加大分值权重。坚持每季度组织农业重点项目观摩,只看新项目,对项目进度和质量进行点评推进。组织开展农业招商活动,着力招引大项目、好项目。2015年以来,每年实施农业重点项目超100个,投资额在35亿元以上。今年开工建设农业重点项目139个,亿元以上项目31个,竣工农业重点项目63个,投资额74.32亿元。

重抓农业基地建设。围绕"4＋1"和"三特"农业重点发展方向,优化基地布局,打造区域特色,形成规模集聚效应。环白马湖优质稻米、休闲农业,淮金路沿线设施蔬菜、优质稻米和休闲农业,盱马路和洪泽湖大道沿线虾稻共生,高宝湖周边荷藕、藕虾共生和水生蔬菜,古淮河沿线花卉苗木、经济林果,洪泽三河、涟水高沟食品产业等,都已成为我市农业具有区域特色的规模集聚基地。围绕盱眙龙虾和淮安大米基地建设,组织实施稻虾综合种养百万亩推进行动,在已有35万亩基础上,去年一举新增50.44万亩,亩效益达3 000元。注重推动园区化发展,促进现有园区平台提档升级,积极申创新的国家级和省级园区平台,打造农业主体集聚发展有效载体,发挥示范带动作用。着力构建农业科技研发推广体系,通过培植科技示范户、示范基地(园区),促进科技成果有效转化利用。

重抓农业品牌建设。依托丰富的农业品牌资源、千年农耕文明和淮扬菜发源地独特优势,聘请专业团队创意策划,2018年3月15日在北京发布整市域、全品类农产品区域公用品牌"淮味千年",彰显"淮水润良田,鲜美传千年"的品牌特色,使之成为淮安一张靓丽的城市名片。将"淮味千年"授权11个主体经营,加强品牌保护和监管,保证品牌农产品的质量。通过"政府搭台、主体唱戏",连年举办盱眙龙虾节、洪泽湖大闸蟹节、金湖荷花节和淮安农业嘉年华等活动,走进南京、上海、北京等大中城市举办农展会,连续两届举办中国(淮安)国际食品博览会。2019年11月在上海发布"淮味千年"品牌建设白皮书,已先后在南京、北京、上海等地开办"淮味千年"实体店10个。讲好淮安农业品牌故事,持续扩大农业品牌影响力和美誉度,提升品牌农产品市场竞争力和附加值。

深化农村改革。将改革作为重要法宝,不断为现代农业发展注入新动能,激发新活力。在全省率先完成农村土地承包经营权确权登记颁证,并完成向农业农村部数据汇交质检。积极引导土地"三权分置"改革,全市已流转土地402.99万亩,占耕地面积56.92%。在金湖作为国家级试点成功的基础上,向全市推开土地承包经营权抵押贷款试点,累计发放贷款6亿元。在全省率先实现市、县、乡三级农村产权流转交易市场全覆盖,累计交易额超93亿元,2017年、2018年全省考核分别位居设区市第一和第二。2019年全省农村产权首单线上交易在金湖启动。深入推进农村社区股份制改革,累计已有1 239个村基本完成,完成率达83.7%。在2018年全省重点领域改革督查中,淮安市农村集体产权制度改革得分位居第一。作为全国政策性农业保险的首创之地,淮安市不断推进农业保险规范创新,主要种植业保险覆盖面保持在95%以上,陆续开发40多个特色新险种。2019年,金湖县、淮安区获批新一轮省级农村改革试验区。

强化乡村振兴组织保障。十九大后,市委1号文件连续2年聚焦乡村振兴,出台乡村振兴战略实施规划,坚持农业农村优先发展,成立高规格的乡村振兴领导小组,党政主要领导亲自担任组长,相关市领导分别牵头抓十项重点行动,建立领导小组联席会议制度,按季度推进落实。结合省委乡村振兴专项巡视整改,2019年7月召开的市委七届九次全会主题聚焦乡村振兴,重点对乡村产业振兴进行动员部署。市级财政每年拿出4 000万元、4 450万元、1 000万元,分别用于支持农业产业发展、扶贫开发和农村环境整治。不断完善农业农村和扶贫考核办法,并将其纳入全市高质量科学跨越发展考核体系,推动工作落实。

开展农业职业技能鉴定。围绕产业发展技能需求开展鉴定。"十二五"以来,淮安市实施培训鉴定一体化,本着自愿原则,对参加农业职业技能培训的人员开展农业职业技能鉴定。全市共有18 368人通过农业各专业技能鉴定,主要工种集中在蔬菜园艺工(5 242人)、农产品经纪人(2 309人)、动物疫病防治员(2 209人)、农艺工(2 001人)、农资营销员(1 691人)、植保工(1 669人)、水生动物养殖工(1 013人)等。

根据农业创业全程需求开展跟踪指导服务。在开展培训的同时,走培训、指导、扶持一体化培育之路。每年各县区聘请由农业行业管理人员、农技推广人员、科研院所和大中专院校专业老师以及具有生产实践经验的地方能人、创业能手等组成讲师团成员,以政策辅导、产业引导、生产指导等为内容,以"面对面""跨时空"等为手段,采用定期与不定期的灵活方式,实施常态化、长效化跟踪指导。涟水、盱眙县在开展后续指导的同时,加强对培训学员的扶持,联同工商、开发、农机等有关部门以及银行、保险等单位开展帮扶活动。金湖县扎实开展新型职业农民培育跟踪指导工作。为实施乡村振兴战略,培养一批有文化、懂技术、善经营、会管理的高素质农民队伍,切实解决参训学员在生产经营管理过程中所遇到实际问题,2019年8月下旬开始,金湖县农业农村局选派由20多名农技推广人员、乡土人才和农村致富带头人等组成的新型职业农民跟踪指导团,先后赴金北、吕良、银涂、塔集、戴楼等镇(街道)的35个村,走进400名参训学员家中及其田头,与学员开展面对面的交流指导工作。在开展跟踪指导的同时,金湖县农广校还通过室内外课堂、微信群、农技耘 APP 等平台搭建起学员与专家之间的交流平台,为广大学员提供便捷的咨询渠道,助推当地职业农民创业创富。

二、淮安市新型职业农民培育存在的问题

近年来,淮安市高度重视新型职业农民的培育,也取得了不错的成效,培养了一支爱农业、有文化、懂技术、会经营的新型职业农民队伍,为全市现代农业发展和乡村振兴发挥了示范引领作用。但由于淮安特有的市情,淮安新型职业农民培育还存在很多亟待提升的方面。

(一)农业从业人员的专业素质结构影响了培育成效

缺少人才是制约农业农村发展的重要原因。改革开放 40 余年来,随着工业化和城市化的发展,大批中青年农民进城打工,农村人力资本短缺,这也是职业农民培育面临的首要问题。农业现代化发展需要有文化、懂技术、会经营的新型农民来支撑,由于苏南工业经济发展较好,外出务工成为主流,这导致农业人口流出比较大。乡村人才队伍主要是由乡村能人组建而成,一些乡村能人因为年龄偏大,无论是在知识更新速度、接受新事物能力还是在拓宽视野等方面,都具有一定的局限。同时,由于缺少合理的人才引进机制,我国部分农村地区人才更新速度缓慢,许多高学历的人才不愿意选择乡村作为工作地点。

乡贤群体流失,回流难度较大。由于部分乡村地区的基础设施、医疗卫生以及就业环境等较差,乡贤长期在外,乡土情感逐渐淡薄,回流难度相对较大。

乡村人才培养机制不健全。比如,一些地区在进行基层机构改革之后,编制的数量有所减少,不易留住优秀人才,使人才队伍建设出现后继乏力的情况。同时,还有部分乡村地区由于缺少经费,减少了对人才培养的资金投入,导致乡村振兴人才队伍建设缺乏后劲。

淮安市现有农业从业人口 87.45 万,约占全省农业从业人员的 11.3%。据不完全统计与分析,我市农业从业人口呈现出这样三个特点:一是传统小农户兼业化程度高,全市生产经营型、专业服务型、专业技能型农业从业人员仅占

19.21%,传统小农户、兼业化农户占80.79%;二是高龄人员比例大,全市农业从业人员50岁以上的占66.85%(其中60岁以上的占24.9%),40岁以下的仅占8.92%;三是低文化层次占主体,初中及以下文化程度的占83.2%(其中小学及以下文化程度的占33.2%),高中及以上的占16.8%。现代农业的发展需要有现代新型职业农民作为人力支撑,淮安市现有的农业从业人员现状在一定程度上制约着城市现代农业的发展。目前,淮安市已呈现转移农民回乡创业的势头,但总量不大,要吸引转移农民大批回乡创业,还需一定的时间过程,更需政府引导、政策扶持。

(二)职业农民培育条件体系不完善影响了培育能力

一是体系不够完善、重视度不足。与新型职业农民培育的战略性要求相比,上层与基层对农民教育培训重视程度的不对称影响着淮安市新型职业农民培育与上层的联动发展。近年来,党中央、国务院、江苏省委、省政府从建设新农村、构建和谐社会的国家战略出发,将新型职业农民培育纳入国民经济和社会发展规划,出台了一系列培育新型职业农民的实实在在、可操作性强的政策和措施,但淮安市县乡两级对新型职业农民培育的重视程度与上层有一定的距离和反差,这主要表现在没有将新型职业农民培育工作纳入当地的经济发展规划。目前淮安新型职业农民培育主体与管理主体之间也缺乏有效衔接,没有进行统一的规划管理,各个管理主体职责不清、责任分散,尚未建立完整的、满足不同层次培训需求的新型职业农民培育体系,在新型农民培训资源的使用上难以形成合力。针对新型职业农民培育所出台的文件也只是对国家、省级文件的传达、号召,缺乏自身的重视政策、配套措施和刚性投入,对新型职业农民培育的组织和重视程度较国家、省明显不足。这些都给新型职业农民培育大规模和高质量开展带来了一定的局限性和难度。

二是投入与实施力度较为柔性。江苏省作为全国四个整省推进省(江苏、湖南、陕西、山西)之一,省政府高度重视新型职业农民培育工作,出台了《关于加快培育新型职业农民的意见》,财政每年投入1个亿资金支持新型职业农民培育工作。省农业委员会还制定了职业农民"持证"培训管理办法,明确培训计划的实施包括省级以上财政支持培训、地方财政投入培训两块,地方财政无投入、培训经费无着落的培训计划,省级职业农民"持证"培训指标不予确认。这要求各地必须有计划、有投入,按省级统一培训标准实施。很多地方政府对此高度重视,优先投入,加快发展。苏南各地市县投入、财政全额支持培训计划实施与指标实现;苏中地区,如南通市的海门、启东,扬州的江都、宝应等地,都在加强培训投入;苏北地区的盐城、连云港等地赶超淮安,尤其是宿迁市市县联动、共同投入(市级100万元、县区200万元,从高效农业资金盘子中列支)资助培训,提升增幅。而淮安市的新型职业农民培育工作还存在着认识不到位、思想上不重视、地方财政投入少甚至无投入等问题。一方面,没有从实质上规定培育内容、管理主体培育方式手段和培育的资金筹措渠道,没有明确的拨付标准、方法和拨付进度,没有提及保证预期效果的保障措施,对工作要求也比较含糊,没有对项目实施方案、项目资金使用计划、培育进度进行有效的监管;另一方面,各地对新型职业农民培育工作缺乏主动性,对培育的政策宣传不到位,农户参与度不高,极大减缓了新型职业农民培育的进程。同时市政府没有把新型职业农民培育纳入乡镇绩效(目标)考核,乡镇领导只抓眼前的扶贫工作,认为培训浪费时间,没有长远的脱贫打算,导致乡镇没有对接人员,无法统筹协调,一些乡镇根本不想做培训工作,使培训工作的开展十分被动。

三是培育条件较为滞后。淮安市目前开展新型职业农民培育工作的机构主要有农业部门、教育部门、劳动部门所属的培训机构,以及部分职业院校等。它们所培训的对象各有侧重,如农广校的培训对象重点是农业从业人员,教育部门培训对象主要是新生代农民学生,劳动部门培训对象主要是转移农民。从培训对象和现有已开展的工作量来看,从业农民是农民教育培训对象的主体,其工作量已占到农民教育培训量的60%以上;从培训阵地的条件来看,教育部门、劳动部门的培训条件在国家政策性投入下,阵地设施配套、培训手段先进、教育条件一流,而农广校机构与职能不稳定、阵地设施普遍不配套、培训条件较为落后,这与多形式开展面广量大的农民教育培训工作要求相比极不配套、严重滞后,尤其"空中课堂""流动课堂""田间课堂"和"固定课堂"四大课堂建设相对滞后,无法保证"教学有设备、下乡有工具、学习有场所、实习有基地"的系列培育资源。

(三)培育供给与培育需求契合不足影响了培育效果

传统的培训方式以及少有甚至缺失的扶持影响着淮安市新型职业农民培

育的持续发展。淮安市农业从业人员基数大,在近年来培训中,注重抓进度、重规模,取得了一定成效。但随着新型职业农民培育要求的提高,淮安市的新型职业农民培育对培育目标、培育对象、培育内容、培育方法等尚未真正切合职业农民发展需求和农民自身学习规律特点,针对性有待加强,培训效果有待提升。

一是在培育对象遴选上,缺乏准确甄别的措施,难以做到精准培育,导致部分有需求的农民得不到有效培育。比如,要让职业农民系统掌握一项(一门)业务技能,需要一定时间。新型职业农民培育的培训环节,生产经营型要求至少15天,专业技能、专业服务型也要求5天以上。农业生产具有季节性强、农事操作时间要求紧的特点,农业从业人员离家一两天还可以,要离家五六天时间参加学习培训,有一定困难,家中的产业也会受到影响。部分农民虽然可以短期离家离乡,但考虑到眼前利益(打工一天可收入100多元,而培训五六天就少赚五六百元),参加培训的动力不够。

二是培训内容针对性有待加强。培训内容有待较好地契合各个区域的产业特色和现状,更新速度较为缓慢,课程结构上偏理论,实务课程比重低,忽视农民的接受能力和实际需求;实践课程安排随意性较大,多以参观考察为主,现场操作实习难开展;培育形式大多以PPT、讲座、会议、参观等为主,而田间教学、技能训练、实践培育等形式尚未完全普及;难以跟上现代农业的发展对农民基础文化、科技、经营管理能力、现代农业生产技能、市场意识、开放意识、合作意识、社会责任感、新素质的需求。

三是培训方式单一影响参训积极性。农民培训目前采用的是以室内讲授为主的培训方式,在培训阵地多、在农业基地少,在室内课堂多、在田间课堂少,讲授说教多、实践指导少,这对于文化层次低、接收能力差的农民群体来说,形式不新,内容枯燥,效果不理想,难以形成"我要学"的主动参训氛围。

四是农业行业就业现状影响参训积极性。以淮安生物工程高等职业学校(简称"淮农")招生为例,作为传统的农业职业学校,其农业专业是优势专业,但农业专业招生人数每年在350人上下,仅占该校招生的五分之一甚至八分之一,且集中在畜牧兽医、园林园艺。究其原因主要是农业就业的工作环境差、条件较为艰苦、工资待遇低;另外还有家庭传统观念的沿袭,城镇学生不愿考,农村学生要跳出"农门"。参加农业职业技能鉴定以及其他认定的比例低,2016—2020年参与技能鉴定的人数仅占培训人数的10.7%,占农业从业人员的

2.2%,且主要集中在初级工(占97.8%)。农民参与技能鉴定的积极性不高,主要是因为经认定后在开展农业创业时并不会享受到优先权和优惠、扶持待遇。

五是培训效益影响参训积极性。多数培育的主要工作仅侧重于提供前期的技术指导,而后期的技术保障、产品销售以及项目管理经营等难以跟上,导致农民难以将所学的技能有效地运用到实践中,从而影响培训积极性。

三、淮安市新型职业农民培育的对策建议

乡村振兴战略是全面的"三农"工作部署。新型职业农民作为一支重要的人才力量,是全面实施乡村振兴战略的重要支撑。新型职业农民培育具有明显的公益性、基础性、社会性,根据淮安市新型职业农民培育的实际情况,为适应实施乡村振兴战略和农业农村现代化的需要,要加快生产经营型、专业技能型和专业服务型的新型职业农民队伍建设,推动新型职业农民培育从规模到质量不断提高、由"训"向"育"的转变。

(一)引才育才,扩大新型职业农民队伍的规模

要培养和造就一大批有文化、懂技术、会经营、会管理的新型农民,改变农民思想观念落后、参与培训积极性不高、农村示范户太少的现状。

1. 积极宣传引导。各地各部门要大力宣传新型职业农民培育的重要意义,积极宣传和推介各地有效做法和成功经验,广泛宣传表扬新型职业农民好典型,让广大农民充分了解新型职业农民的扶持政策,在全社会着力营造关心、重视和支持新型职业农民培育成长的良好氛围。各县、乡、村及有关部门要采取多种有效方式,努力营造全社会关心农民、支持农民职业技能和农业科技培训工作的社会环境和舆论氛围,吸引更多的农民参加培训。

一是充分利用新闻媒体宣传与农民培训相关的方针和政策,加强概念宣传,广泛普及新型职业农民与传统农民的区别,消除对新型职业农民的偏见,突出新型职业农民队伍建设的重要性。二是引导各级各类教育培训机构、企业、社会组织积极参与新型农民培训,学习和探讨各地培训工作的成功经验和存在问题。培训机构应做好后期的跟踪服务,善于发现通过新型职业农民培育发家致富的典型事例,选出具有带头作用的典型案例及时做好宣传,鼓励先富的农

民积极介绍其提高职业技能和掌握致富本领的经历,从而对其他农民形成带动作用,提升农民对新型职业农民队伍的认同感。

2. 大力吸引培育人才。随着农业现代化的不断发展,新型职业农民队伍建设也要紧跟步伐。一是持续创优人才环境。出台柔性引才奖励扶持办法,优化现有人才政策,吸引更多人才前来创新创业。鼓励家庭农场主、农民合作社带头人、农业社会化服务组织负责人及其从业人员通过参加培训成为新型职业农民。在新型职业农民的培训过程中,老师占主导地位,教学经验丰富的老师能够促进培育的发展,有关部门可以在现有的培训基础上,抓好年轻大学生的回流工作,加大对大学生返乡工作的补贴力度,加强政策吸引,鼓励农村大学生参与进来,这样不仅能够平衡新型职业农民队伍的年龄与知识结构,还可以为队伍持续增添新鲜血液。二是加大本土人才培养力度。拿出一定名额向农村实用类人才倾斜。与高校对接,共建乡村振兴研究院、农业商学院等平台,聘请高校专家人才、科技小院驻站硕博研究生等为导师,指导种养殖大户开展电子商务、市场营销、现代管理等培训,提升农村实用人才的素质能力,增添农村发展活力。加快现代农业产业发展,培植更多农业科技型企业,为人才作用发挥提供舞台。三是持续加大校企合作力度。持续举办人才创新创业对接洽谈会涉农领域专场活动,搭建农业企业人才对接交流平台,吸引更多农口院校专家人才前来对接洽谈、指导生产,促进更多农业智力成果转化。

(二) 提升能力,建立完善队伍培育体系和条件

切实加强农民教育培训体系建设,强化农广校机构、职能、队伍、基地等条件建设,不断提高淮安市适应新任务、新要求的新型职业农民教育培训专业化、标准化水平。

1. 多方参与,创建灵活多样的培训经费筹集模式。新型农民的培训是一个长期的过程,为使农民培训经费得到有效保证,应逐步建立起由政府牵头,学校、企业和个人共同参与的多元化农民培训经费投入机制。

一是加大财政支持力度。市、县(区)要优化涉农资金支出结构,逐步建立新型职业农民培育长效投入机制,推动新增农业补贴和项目建设向职业农民等新型农业经营主体倾斜,不断增强其综合实力和自主发展能力。市、县(区)级财政要积极支持新型职业农民培训,安排必要的工作、培训经费,扶持新型职业

农民培训。支持农业院校办好涉农专业,继续落实好全日制、"半农半读"涉农专业中职教育助学金、免学费补助政策。鼓励涉农专业高校毕业生来淮从事农业生产经营或专业服务,有条件的地方给予一定的在校学习生活补贴;对涉农专业大中专学生免费开展职业农民创业培训和农业特有工种职业技能鉴定。

二是强化金融保险扶持。针对当前新型农民培训资金有限、培训机构普遍实力较弱、办学条件亟待改善等现实问题,探索开展新型职业农民农村土地经营权和农民住房财产权抵押贷款试点,鼓励金融机构开展适合新型职业农民特点的信用、联保等贷款业务,适当给予利率优惠,降低融资成本。鼓励银行业金融机构建立新型职业农民金融服务考核激励机制,适当提高新型职业农民业务风险容忍度。大力推动农业银行"金农贷"、邮政储蓄银行"富农贷"等融资产品,鼓励农村小额贷款公司加大对新型职业农民的贷款支持。支持保险机构针对新型职业农民农业生产开展农业保险险种创新,提供优质保险服务。

三是制定有关的法律法规和政策措施。从美国、德国、韩国等国家发展的经验来看,要保证农民培训资金的稳定性,就需要在相应的法律法规和政策措施中明确规定,使培训经费有法可依、有制度可依。

2. 科学统筹,建立和完善农民培训体系。目前参与农民培训的机构没有形成协调统一的培训体系,合作也都很少。要按照农业和农村经济发展的总体规划要求统一领导、优化配置,发挥最大的社会效益及经济效益。

加强组织领导。要充分认识培育新型职业农民的重要性,建立长效协调运行机制,保障工作有效推进。出台关于培养和扶持新型职业农民系统性指导意见,明确培育主体的责任义务,建立培育动态管理考核机制,探索构建集教育培训、认定管理于一体的新型职业农民培育制度体系,在强调培育数量的同时抓好质量,避免出现走形式的现象。

明确部门职责。各有关部门要围绕各自职能,分工负责,共同做好新型职业农民的培育工作。市教育局负责与涉农院校对接,开展涉农人才培养、教育扶持等相关政策的研究、制定和落实工作。市人社局负责新型职业农民创业扶持、新型职业农民保险保障等政策的研究、制定和落实工作。市财政局负责新型职业农民培育的经费保障、使用管理和监督工作。市农委负责新型职业农民培育体系建设,落实农业从业人员的技术技能培训,提供科技指导、信息服务等工作。市委农工部、市金融、国土、水利等部门按照各自的职责要求,做好相应的职能工作。

完善培育体系。充分发挥涉农院校、农技推广服务机构、农业科研院所、各地社区教育中心、农业企业和农民合作社等机构在新型职业农民教育培训中的作用,统筹利用各类教育培训资源,满足淮安市新型职业农民多层次、多形式、广覆盖、经常性、制度化的教育培训需求。一方面,加强职业和学历教育,以新型职业农民培育对象等为重点,依托淮安生物工程学校、农业广播电视学校等涉农中等职业学校,采取弹性学制、"半农半读"形式,就近就地开展中等农业职业教育,稳定办学规模,进一步提升办学质量,培养一批留得住的高素质新型职业农民。此外,加强涉农专业全日制学历教育,支持农业院校办好涉农专业,鼓励地方政府、涉农企业与院校合作,委托定向培养爱农、懂农、务农的农业后继者。对涉农专业大中专学生开展新型职业农民创新创业培训,招引一批大中专学生投身现代农业,成为现代农业建设的新生力量。另一方面,规范新型职业农民认定管理,重点将生产经营型农民认定为新型职业农民,同时兼顾专业技能型与专业服务型职业农民。认定为新型职业农民的,向其颁发由农业农村部统一证书式样的新型职业农民证书;对获得农业职业技能培训合格证书和农业行业特有工种职业资格证书的,将其纳入新型职业农民管理范畴。

3. **强化实用,努力提高教师素质。** 教师承担着面向广大农民传授先进文化和科学技术的任务,农民创新能力的开发和培养,在很大程度上依赖于一支专业纯熟、业务精良、能够创造明显经济效益的教师队伍。要选聘熟悉"三农",具有丰富专业知识和实践经验的教师建立新型职业农民教育培训师资库。积极探索和引进具有农业职业教育特点的教学理论和教学模式,有计划地开展教学改革和实践,并积极推广成功经验。发挥农广校资源整合优势,在教学中推行双师配合,选聘农业科技企业家、种养专业大户承担教学工作,支持和鼓励有丰富实践经验的专业技术员、高等院校和科研机构的专家、教授担任专兼职教师或技术顾问,开展有偿服务,并对他们的生产经营进行教育培训与跟踪服务,帮助提高生产经营水平,引导其更好地履行责任义务,充分发挥教师的引导、指导、辅导作用。

4. **分类培训,让农民真正学有所用。** 随着市场经济的发展,出现了在家种地、企业上班、外出务工、个体经商、创办企业等各种不同群体,农民的思想意识和整体素质也出现了较大差异。要科学制订符合当地实际情况的教育培训计划,建立常态化的培训机制。根据不同产业、不同类型新型职业农民从业特点及能力素质要求,实行生产经营型分产业、专业技能型按工种、专业服务型按岗位的分类培训。突出农业从业技能这个核心内容,开展从种到收、从生产决策到产品营销的全过程培训,重点培训良种良法、病虫害防治、农机农艺融合、储藏保鲜、市场营销等现代农业知识技能,以及现代农业管理和经营理念。坚持理论与实践、室内与田头、集中与分散、线下与线上相结合等创新方式,努力提升培训效果。逐步建立农民免费职业技能培训制度,吸引更多的青壮年农民接受培训、提高技能。

5. 规范考核,建立培训效果评估体系。建立培训效果评估体系,以能否达到改善农民生计、促进农民增收的目的作为衡量培训效果的重要标准。各地各部门要建立健全长效考核和监督机制,将新型职业农民的经费投入、政策落实、培育成效等纳入现代农业重点工作的考核内容。要定期检查指导,及时协调解决新型职业农民培育工作中遇到的实际问题,确保培育出实效、见成果。

(三)增强实效,推进培育效果运用到乡村振兴

新型职业农民培育要坚持目标导向,把职业培育转化为现实生产力,推动乡村产业振兴。在培育对象遴选上,要直面农业发展的现实需要,突出实用性。加大应用型、实操型农业农村人才的培育力度,挖掘提升现有农业从业人员存量资源,面向优质稻麦、绿色蔬菜、规模畜禽等重要农产品生产,着力培育生产经营型职业农民和农机、植保、动物防疫等专业服务型职业农民;面向名特优新产品生产、种苗生产与农产品电子商务等,着力培育专业技能型职业农民。

在培育对象的激励方面,鼓励新型职业农民流转土地,引导农村土地承包经营权优先向新型职业农民流转。建立新型职业农民长期跟踪技术服务制度,鼓励大专院校、科研院所等组建专家团队,对职业农民实行结对挂钩、技术帮扶、入户指导。统筹整合农村土地整理、高标准农田建设、农村河道综合治理、小型农田水利建设等农业基础设施建设项目,引导其向新型职业农民生产区域或领办的经营主体倾斜,逐步形成项目带动产业发展、产业促进新型职业农民队伍壮大的良性发展模式。鼓励有条件的地方提高新型职业农民养老医疗等社会保险水平,探索争取让新型职业农民与城镇职工享受同等的养老、医疗等

社会保障待遇。逐步实行返乡务农大学毕业生人事代理管理。

在培育跟踪服务上,发挥好科技兴农的作用,增强培育的实效性。要指导各地根据当地特色产业发展、新产业新业态培育等实际需求,围绕综合素质、生产服务技能和经营管理能力等有针对性地设置课程体系、优化课程内容、合理选配师资。加大对农业专职院校的资源整合和合理配置,对新型职业农民加强跟踪服务,提供长期、稳定的技术支持、理念教育;深化校地合作,推广地方"定向委培"与"定制村官"培育方式。

淮安培育新型农业经营主体对策研究

新常态背景下中国经济正处于转型升级时期,农业作为国民经济的重要支柱,其所面临的困难与挑战与日俱增。自从1978年以后,我国农村推行的是以家庭承包经营为基础的经营体系。这项制度使农民拥有了长期稳定的土地使用权和土地经营权,很大程度上提高了农民的生产积极性,使得国家粮食安全有了保障,促进了农村经济又好又快发展。但是,我国近些年来发展速度加快,有很大一批农村青壮年劳动力脱离了农业生产,进入城市务工,农村空心化、务农老龄化问题加剧,明天"谁来种地"?生产效率偏低,农民纯收入中来自传统农业的比重下降,今后又该"怎么种地"?在激烈的市场竞争条件下,农户自身发展能力差、农业技术设施薄弱、农业技术创新能力不足等问题日趋凸显。随着农村经济的发展和我国城镇化进程的推动以及农业发展的需要,特别是现代农业的发展,旧的主体已不能与当今格局相适应,因此,培育发展新型农业经营主体的需求日益强烈。

近几年的中央一号文件中多次强调要大力促进新型农业经营主体发展,推进农业转型升级。2020年中央一号文件指出,发展富民乡村产业,要重点培育家庭农场、农民合作社等新型农业经营主体,培育农业产业化联合体,通过订单农业、入股分红、托管服务等方式,将小农户融入农业产业链。2019年中央一号文件指出,全面深化农村改革,激发乡村发展活力,要巩固和完善农村基本经营制度,突出抓好家庭农场和农民合作社两类新型农业经营主体,建立健全支持家庭农场、农民合作社发展的政策体系和管理制度。2013—2018年的中央一号文件都阐明了培育新型农业经营主体的重要性。十九大报告明确指出,要构建

本文写于2020年6月。

现代农业产业体系、生产体系、经营体系,培育新型农业经营主体。因此,抢抓新型农业经营主体发展契机,对于推进农业供给侧结构性改革、引领农业适度规模经营发展、带动农民就业增收、增强农业农村发展新动能具有十分重要的意义。

一、淮安新型农业经营主体培育的重要意义

构建新型农业经营体系是指大力培育发展新型农业经营主体,逐步形成以家庭承包经营为基础,专业大户、家庭农场、农民合作社、农业产业化龙头企业为骨干,其他组织形式为补充的新型农业经营体系。构建新型农业经营体系,大力培育专业大户、家庭农场、专业合作社等新型农业经营主体,发展多种形式的农业规模经营和社会化服务,有利于有效化解这些问题和新挑战,保障农业健康发展。淮安自古就是农业大市,也非常注重培育新型农业经营主体。淮安市2019年政府工作报告中提出,充分激发农业农村活力,深入推进农村土地"三权分置"和农村集体产权制度改革,提升新型农业经营主体发展质态。

第一,新型农业经营主体是解决农地零散、分散的有效途径。土地是农民最基本的生产资料和生活保障,但随着工业化、城镇化进程加快,越来越多的农民外出务工不耕作,导致农业经营粗放,部分田地出现无人耕种的现象,发展趋势令人担忧。新型经营主体在整理土地、规模经营方面占有优势,能够降低土地流转的难度与成本,最大限度发挥土地的价值和进行再分配,这样不但可以促进更多农村剩余劳动力转移,又能促进农村经济的发展。

第二,新型农业经营主体对农户有示范带动、增加收入的作用。淮安市农户经营规模小而散,农户自给自足的经营行为不适应社会化服务,农户之间的生产合作以及农户与产业化龙头企业的合作很难推进,家庭式生产在资金、技术、装备上投入有限,生产资料的采购和农产品的销售以其批量和价格很难在大市场上有话语权。较大经营规模会带来较强的盈利能力。根据农经统计报表及调研数据,大部分新型经营主体能够与农户建立利益联结机制,对农户有着鲜明的示范带动功能,特别是农民合作社,股利分红和二次返利是体现农民合作社与农民利益互动的重要形式。日本80%以上的农产品销售和90%以上的生产资料采购都是由农民合作组织统一完成的,农产品科技含量高,市场竞

争力强。所以,发展农民合作组织,提高农民组织化程序,是大势所趋。

第三,新型农业经营主体已成为农业技术推广重要渠道。农业生产与社会化服务密不可分。政府为农民所提供的公益性服务,包括技术推广、动植物疫病防控、农产品质量检测、农田基本建设等,面对分散的农户和广阔的田间地头,加之公益服务体制不顺、人力和设备等投入不足,很难全部落到实处。新型农业经营主体中的"新",是与普通的农户相比较,能够最先采用新型技术、新类品种,是新技术应用的"第一个吃螃蟹的人群"。经验表明,优质高效的社会化服务可以把分散的农户经营带入社会化大生产轨道,新型农业经营主体普遍对自身要求都颇高,对于农户科技知识的培训、农业技术的推广也会采取非常严格的措施;甚至一部分新型农业经营主体还构建了农业技术推广网络,辐射域外众多农户。因此,发展农民合作组织和构建社会化服务体系是提高农民组织化程度不可或缺的两个重要方面。

第四,新型农业经营主体对农村新业态起到重要助推作用。在家庭农场、专业大户、合作社等新型经营主体中,进行一二三产业融合发展、标准化生产,发展生态农业、休闲观光、循环农业等农业新业态的,已呈现出逐年上升的趋势。应该说,这类群体特别注重农产品质量,且多数具有可追溯性,盈利能力更强,是农业供给侧结构性改革的重要推动力量。

总之,新型农业经营主体发展壮大有效缓解了农业"小规模与大发展""小生产与大市场"难对接的矛盾,促进了新型农业经营体系的加速构建。深刻认识淮安市培育新型农业经营主体的重要性,对于加速淮安现代农业的转型升级,增加农民收入、实施产业脱贫,从而认真贯彻落实中央和省市委的决策部署,进一步抢抓机遇、增创优势,实施乡村振兴,实现"两聚一高"新目标,具有重要战略意义。

二、淮安新型农业经营主体的发展状况

淮安是农业大市,拥有耕地面积710.42万亩,57个镇、1374个村,农业人口203.89万人。淮安市一直坚持全面提升新型农业经营主体运营质量的总体思路,积极推进全市农民专业合作社、家庭农场规范化建设,着力提升全市农民专业合作社、家庭农场运行质量,并积极做好农业生产社会化服务项目实施。

（一）现状分析

近年来，淮安市以农业供给侧结构性改革为主线，以促进农民增收为中心，积极培育新型农业经营主体。

第一，家庭农场。这类主体既是种养结构调整、分散经营向集约化方向转变的骨干力量，又为提高生产经营规模化、专业化水平提供坚实基础。现阶段，种养大户和家庭农场的发展，确保了粮食等重要农产品生产的总量供给和产能基础。淮安市坚持示范引领，2019 年全市新增家庭农场 638 个，新培育省级示范家庭农场 44 个、市级示范家庭农场 117 个，累计分别达 155 个和 385 个，全市家庭农场已达 5 448 个，经营面积 183 万亩，其中纳入农业农村部名录 3 500 个。

第二，农民合作社。农民合作社融合普通农户和新型经营主体于一体，在供给侧结构性改革中，既能根据市场需求做出有效响应，也能传导市场信息，统一组织生产，把分散农户组织起来，生产优质农产品，让社员享受低成本、便利的服务，强效弥补分散型单体农户经营能力不足的短板。2019 年淮安市积极开展农民合作社年度报告公示工作，全市农民合作社年报公示率达 94.9%；新增市级农民合作社示范社 112 个，全市市级以上示范社累计达 1 105 个。全市农民专业合作社已达 10 237 个，工商年报公示率稳定在 90% 以上，居全省前列。全市创成国家级示范社 43 个，省级示范社 180 个。

第三，农业龙头企业。产权明晰、架构完善、管理高效的龙头企业和各类农业企业，在高端农产品生产方面有着引导示范的显著作用。当前推进农业供给侧结构性改革，实际意义是促进生产者与市场的有效对接，平衡供给与需求，不断强化农业产业化经营的良好运行机制。截至 2019 年底，全市有国家级粮食行业龙头企业 3 家、省级粮食行业龙头企业 26 家、市级粮食行业龙头企业 38 家，共有国家级农业龙头企业 5 家、省级农业龙头企业 55 家、市级农业龙头企业 278 家，建成国家级农业产业化示范基地 2 家、省级农产品加工集中区 5 家。全市农业龙头企业共计 1 250 家。

第四，职业农民培育。淮安市每年开展专业技能型（含农产品电子商务）、专业服务型、生产经营型（含家庭农场主、青年农场主）等省部级培训 2 万人以上。2019 年，轮训基层农技人员 500 人，培育科技示范户 6 500 户；开展高素质农民培训 26 320 人，新增培育度 6%。截至 2019 年底，全市已累计培训职业农民 40 多万人,高素质农民培育程度累计达到 50%。

2019 年淮安市新申报省级"一村一品一店"示范村 48 个、农业信息化示范基地 23 个,位列全省前茅;农业大数据平台建设初见雏形,数字农业建设蓝图成为现实。

第五,农业社会化服务组织。实现了通过"点菜"或"套餐"形式从农业社会化服务组织那里购买农业生产环节,帮助生产主体减少劳动投入,缓解"谁来种地"压力,提高供给侧结构性改革效率。淮安市供销社围绕解决"谁来种地""怎样种地"问题,整合各类社会资源,探索形成更多适应各类农业生产特点的服务模式。2015 年,淮安市供销社(集团)成立全资下属企业江苏淮供欣隆现代农业全程服务有限公司,致力于打造覆盖淮安的市、县、乡三级现代农业社会化服务体系,为稻麦规模种植新型农业生产经营主体提供技术预案、籽种供应、测土配肥、农机作业、植保飞防、粮食烘干、订单收购等从种到售的全程服务。淮供欣隆公司自成立以来,不断加强资源整合,提升服务能力,建立起稻麦种植全程服务。特别是 2016 年 11 月,涟水县全产业链综合服务平台建成投入运营,作为涟水现代农业全程社会化服务各项功能的主要载体,可为周边新型农业种植主体提供社会化、专业化服务。目前已建有农资库、农机库、粮食烘干、仓储、规模育秧基地、优质稻米加工、农产品展示展销与电子商务等七个功能区。其中:与江苏明天种业、淮安天丰种业等公司合作,搭建了籽种直销渠道,建立了育秧基地,既可提供质优价廉的籽种,也可提供优质秧苗;与省农科院、市(县)农技推广部门、农业科研院所等建立合作,不但提供生产规划和技术指导,还共同打造百亩以上县级平台示范田;与淮安市信息职业技术学院确立选修课程培养后备专业飞防人才的合作关系,招募飞手组织开展多轮专业培训并购置无人机,日防治面积达 5 000 亩⋯⋯此外,淮供欣隆还主动联结供销 e 家电商平台,促成农产品线上交易额 200 万元。农业社会化服务平台建立后,据测算,稻、麦生产每亩可实现节本增收 110—150 元;通过粮食烘干、仓储和深加工等产业链延伸提高农产品附加值,收益将进一步增加。

(二) 存在的问题

近年来,虽然淮安通过发展多元化的新型农业经营主体助推农业现代化发展进程,取得了一定的成效,但从整体来看,与其他农业大市相比,淮安市农业在专业化及规模化方面仍存在一定差距,新型农业经营主体整体发展数量不够、质量不高、组织管理能力有所欠缺等问题仍然存在。

一方面,土地经营权流转效率低。进入21世纪以来,淮安市农村土地流转规模不断扩大,土地流转工作不断趋于规范化,土地流转价格不断趋于合理化,但由于历史原因,以家庭承包分配到的土地,通常要综合考量地力等级、产量、距离等因素,每户承包地块呈现分散、细碎的特点,并且由于缺乏有形的土地流转市场,造成流转对象搜寻困难、流转行为不规范等现象,所以大户和散户之间的供求信息和土地需求不能有效流通,意愿租金很难协调,土地流转过程中交易成本大大增加,农户的收益下降,这就导致很难形成一条有效的流转路径,进而导致整个市场效率下降。现阶段,淮安市农地流转基本上处于自发、无序的状态,农地流转行为不规范阻碍了农村土地流转,一些地方土地流转率低,流转合同不规范,土地矛盾纠纷调处不到位,农村社区股份制改革之后,有些村运行管理不规范,促进发展的动力尚未有效显现,这些都加大了土地集中经营的成本和难度,影响了从事粮食生产的新型农业经营主体流转土地、扩大经营规模的积极性。

另一方面,新型农业经营主体融资渠道狭窄,资金筹措难。新型农业经营主体生产要素的投入增大,资金需求规模相对较大,周期长、见效慢,如前期土地流转费用、建造标准化棚舍等资金投入,以及引进应用先进农业科技的前期投入等。通过对淮安市新型农业经营主体的外源性融资渠道调查发现,新型农业经营主体的融资渠道较为狭窄和单一,而且新型农业经营主体寻求担保难,这导致大多数新型农业经营主体的融资需求不能得到很好的满足,存在较大资金缺口。

三、淮安培育新型农业经营主体的对策建议

积极发展和培育新型农业经营主体是淮安市优化农业经济结构、强化特色区域优势、促进城乡融合的迫切需要。新型农业经营主体是在农业发展过程中市场经济和现代科技相结合的新事物,发展过程中特别是初始阶段难免会遇到许多问题,在这一过程中需要各级政府、各类市场和各个农业经营主体的共同努力。

健全土地流转机制。一是健全制度。建立健全土地流转操作办法,包括土地流转申报、审批、登记和流转合同签订、鉴证、兑现、纠纷调处与仲裁以及日常监督等一系列办法。严格土地流转程序,确保土地流转真实性、合法性和有效性,确保土地用途不变,提升地力,维护流转双方的合法权益。二是促进土地流转方式多元化,立足于本市农村土地流转具体情况,在本地出租、转包的基础上创新流转方式,改变农民土地流转收入低的现状。积极鼓励农民以土地、资金要素入股,发展多元化的合作,实现农民与农业企业的收益共享的同时,要坚持农民知情自愿的原则,完善监督机制,从根本上防止利益纠纷的发生,保障农民的利益落到实处。

加强金融扶持力度。拓宽新型农业经营主体的融资渠道。一方面,允许不同类别金融机构加入农村金融市场。农村金融市场是我国新型农业经营主体发展的主要载体,同时也是特殊的把金融与农业相结合的领域。放松金融市场的要求,引导多种类别金融组织的加入,把农村金融市场作为农业经营者与相关组织的金融交流中介。另一方面,充分利用省级信贷风险补偿基金、省市农业贷款担保机制,探索有效解决农业新型经营主体融资难、融资贵的难题,鼓励金融机构一次授信、随借随贷,建立绿色快捷服务通道,鼓励各县区设立配套资金,对示范合作社和家庭农场的贷款进一步予以贴息和担保补贴。开展政银企对接活动,推荐贷款主体,介绍贷款政策,满足新型主体资金需求。此外,加强农村信用体系建设,通过与专业征信机构的合作,建立起涵盖范围广、可靠程度高、时效性强的符合新型农业经营主体特点的征信系统,使得经营主体在市场经济活动中有能够识别的真实身份,让新型农业经营主体参与到信用评级当中,构建起符合规模化、集约化、专业化、市场化和社会化等特点的新型农业经营主体的信用评价机制。

规范经营主体建设。规范组织管理体制,积极引导新型农业经营主体对生产、经营企业、产业基地、产品品牌、销售和市场营销、生产和销售效率方向的标准化。建立健全规范运作规章制度,对新培育的新型农业经营主体要建立档案,完善财政资金支持管理办法,加快新型农业经营主体的岗位培训。制定示范性家庭农场评定标准和农民专业合作社示范社评定办法,促进新型农业经营主体规范化发展。规范生产经营制度。市场为导向,加强新型农业经营主体间的合作,规范培训制度,在生产上农资统一采购、病虫害统防统治、肥料统配统施,建立统一的包装品牌。统一共享市场供求信息,通过新型农业经营主体间的强强联合,来实现资源共享、互利共赢。建立规范统一的生产经营基地认证系统、质量监督管理制度和生产经营制度。明确法人合法地位。积极培育典型,树立榜样,提高他们的市场主体地位、社会地位和政治地位;明确产权关系,明确新型农业经营主体具有合法的法人地位,确保他们在政治经济生活中应有的话语权、参与权。建立种粮大户、家庭农场的奖励机制,通过评比对产粮大户进行表彰和奖励,从而带动更多的农户发展粮食生产,调动群众的种粮积极性。完善利益联结机制。引导农业产业化龙头企业与种粮大户建立订单式产业,与家庭农场建立统购统收的服务机制,做到"种粮有保险,风险不用愁"利益联结机制,通过提升辐射带动能力来完善利益联结机制。

强化人才队伍建设。一是培育新型职业农民。新型农业经营主体的发展,应当最大限度地使农民获得利益。新型职业农民是农业现代化建设的核心、主体,积极培育新型职业农民是解决当前"谁来种地""怎么种地"问题的重要途径。大力发展农民职业教育,积极开展定向委托培养,建立多层次、全覆盖的新型农业经营主体经营者教育培训制度,制定中长期培养规划,加强对从业人员的知识和技能培训,提高管理者的生产技能和管理经营水平。二是加强外部人才引进。不断优化农业创业就业环境。创新扶持政策和人才引进制度,吸引富有创业精神、专业知识较强的技术人员在农业领域大显身手。引导和鼓励"大学生村官""返乡优秀农民工"等群体参与新型农业经营主体,鼓励各类涉农高校大学生在新型农业经营主体中创业和就业,并给予一定的资金和政策支持。

相对贫困视域下农村老年人反贫困制度构建

贫困是制约人类社会发展的重要因素,解决贫困问题是当今人类面临的重大挑战。正如 2019 年诺贝尔经济学奖获得者阿比吉特·巴纳吉、埃丝特·迪弗洛在《贫穷的本质》一书中所言,就全球穷人最多的 50 个国家来说,其平均贫穷线为每人每天 16 印度卢比[①]。而作者说,2005 年世界上这样生存的人口数量为 8.65 亿人(在全球人口总数中占 13%)。消除贫困,实现共同富裕,也是我国贫困治理永恒的价值追求。中华人民共和国成立 70 余年来,特别是改革开放 40 多年来,我国创造出了人类减贫史上的中国奇迹,对全球减贫贡献率超过 70%;与此同时,从 1978 年至 2019 年末,我国农村地区贫困人口的数量由 7.7 亿人降低至 551 万人,农村贫困发生率由 1978 年末的高达 97.5% 下降到 2019 年末的 0.6%[②]。随着我国脱贫攻坚任务逐步完成,扶贫工作的政策供给将由解决绝对贫困转向缓解相对贫困。十九届四中全会明确提出,坚决打赢脱贫攻坚战,建立解决贫困的长效制度。纵观人口的总体特征,对比于农村地区的非贫困人口而言,根据近年来《中国农村贫困监测报告》,老年贫困人口已经成为农村贫困人口的主体,比重超过 50%,有些地方甚至更高。在我国人口老龄化尤其是农村人口老龄化加速推进的背景下,农村老年贫困由于致贫风险高、脱

本文完成于 2021 年 1 月。

① 各国政府将生活费低于这一水平的人定位为贫穷状态。根据写作此书时的汇率标准,16 卢比相当于 36 美分,但由于大多数发展中国家的物价水平较低,如果穷人以美国的物价水平来购物,他们就需要花更多的钱——99 美分,也即一天差不多 7 块钱人民币。

② 这是按照现行的国家农村贫困标准测算的。2011 年,经国家统计局测算、各部门共同研究、国务院确定,2011—2020 年的贫困标准为"每人每年生活水平在 2 300 元以下(2010 年不变价)"。

贫难度大等自身的特殊性使贫困治理面临多重困境与挑战,成为长期制约我国农村地区发展的一个重大现实问题,也因此成为相对贫困视域反贫困的重要课题。2020年中央一号文件明确提出了"坚决打赢脱贫攻坚战""健全乡村治理工作体系"等内容,这些都与十九大报告工作部署一脉相承。消除农村老年贫困人口,全方位且系统地构建农村地区老年人口反贫困机制,不仅契合贫困治理的底线思维,充分体现了以人为本的科学发展理念,也是实现乡村振兴、构建新时代相对贫困治理的迫切需求。

一、文献回顾与述评

贫困人口是社会弱势群体的组成部分,农村贫困老年人更是其中的主体,他们所呈现的特征更多维复杂,是重点治理和关注对象。关于我国农村老年人的贫困,学术界主要关注以下几个议题:

一是农村老年贫困的原因。(1)关于社会制度与老年贫困。王琳和邬沧萍认为农村经济滞后、历史上由于农村教育普及力度不够造成能力贫困等传统制度原因导致农村老年贫困[①]。刘二鹏和张奇林基于中国老年健康影响因素追踪调查2011—2012年中国老年健康调查(CLHLS)数据,运用二元Logit回归模型并使用倾向得分匹配(PSM)方法对社会养老保险的老年减贫效果进行进一步的估计与检验,发现公共政策中社会养老保险制度不完善会导致农村老年贫困[②]。(2)关于家庭原因与老年贫困。乐章和刘二鹏认为家庭收入是影响农村老人经济贫困、精神贫困的重要变量。具体来说,农村老人陷入经济贫困、精神贫困的概率随着家庭收入提高一个等级分别可以降低40%、10%[③]。王瑜和汪三贵认为子女数量对老年经济贫困负相关,子女数量越多,越能降低老年人陷入贫困的风险[④]。(3)关于个体原因与老年贫困。景跃军根据第六次人口普查数据对各年龄组老年人口失能率进行计算,发现随

---

① 王琳,邬沧萍. 聚焦中国农村老年人贫困化问题[J]. 社会主义研究,2006(2).
② 刘二鹏,张奇林. 社会养老保险缓解农村老年贫困的效果评估——基于CLHLS(2011)数据的实证分析[J]. 农业技术经济,2018(1).
③ 乐章,刘二鹏. 家庭禀赋、社会福利与农村老年贫困研究[J]. 农业经济问题,2016(8).
④ 王瑜,汪三贵. 人口老龄化与农村老年贫困问题——兼论人口流动的影响[J]. 中国农业大学学报(社会科学版),2014(1).

着年龄增长,失能老人比重逐步提高,农村失能老人将达到828.9万人,占农村老龄人口的6.73%①。霍萱和林闽钢认为,受土地分配、招工制度等性别歧视影响,妇女就业困难、经济收入少,因而农村老年女性更容易陷入贫困②。

二是农村老年贫困的特征。李萌等根据中国健康与养老追踪调查(CHARLS)数据研究发现,从收入、消费、资产来看,农村老年人贫困的数量和程度都远远高于城市老年人③。王晶和朱淑鑫研究发现,从丧偶老年妇女数量和丧偶率来看,根据第六次和第五次人口普查数据研究得出,老年妇女的丧偶率仍然远远高于同龄男性,且从城乡丧偶老年人口的绝对人数分布来看,农村女性老年人口丧偶人数最多,再随着家庭中"长老统治"的弱化,使丧偶空巢老年妇女晚年生活处于经济供养不足、精神缺乏寄托、生活照料资源匮乏等贫困状态④。李实认为老年贫困有明显的地区差别,中国老年贫困主要集中在西部地区。从趋势上来看,各地区老年贫困发生率都在下降,但是西部地区的老年贫困发生率相对更高。比如,2013年时,老年贫困发生率东部地区只有5%,西部地区是14%,高出2倍左右⑤。

三是农村老年贫困的治理。林瑜胜针对农村老年人的区域贫困沉淀、群体贫困沉淀和心理贫困沉淀问题,认为有必要从区域经济、老年发展和文化建设三方面构建有针对性的反贫困制度,以更好地推进农村老年人精准脱贫⑥。白增博、汪三贵、周园翔认为要把解决农村老年贫困问题融入乡村振兴战略进行统筹规划,要创新农村老年人的多维精准识别与帮扶机制,加快"扶贫"向"防贫"转变;要健全农村社会保障制度,提升农村老年人的幸福感;要构建多层次农村养老服务体系,提高养老保障供给水平,以构建相对贫困下农村老年贫困

---

① 景跃军,李元.中国失能老年人构成及长期护理需求分析[J].人口学刊,2014,36(2).
② 霍萱,林闽钢.为什么贫困有一张女性的面孔——国际视野下的"贫困女性化"及其政策[J].社会保障研究,2015(4).
③ 李萌,陆蒙华,张力.老年贫困特征及政策含义——基于CHARLS数据的分析[J].人口与经济,2019(3).
④ 王晶,朱淑鑫.丧偶老年妇女养老的家庭与社会支持[J].湘潭大学学报(哲学社会科学版),2014(4).
⑤ 李实.中国农村老年贫困:挑战与机遇[J].社会治理,2019(6).
⑥ 林瑜胜."贫困沉淀"与农村老年人反贫困制度构建[J].山东社会科学,2019(12).

治理长效机制①。高翔、王三秀认为政府应促进农村老年人的社会参与,对子女日常照料和情感支持给予适当补贴,充分发挥乡规民约在鼓励农村老年人参与脱贫中的作用,并将农村老年精准扶贫与实现积极老龄化理念有机结合②。

不难看出,学术界较早关注到了我国农村老年人口贫困问题,这些研究成果为本文提供了理论基础。但针对农村老年人"相对贫困"问题的研究仍较少。随着我国脱贫攻坚的推进,农村老年人口贫困的特征现状都有了新的变化,相应的理论阐释和治理建议也必须与时俱进。本文针对农村老年贫困的特殊性,从"元要素""源要素"和"衍要素"——即老年贫困本身、致贫因素及其后果界限——出发,探究老年相对贫困的内涵,从广义的相对贫困的视角,构建农村老年相对贫困治理的政府、社会、个体三维理论框架,以深化对农村老年相对贫困这一现象的认知。

二、相对贫困的理论内涵及界定

研究农村老年人的相对贫困,首先要从"什么是贫困"入手。贫困是一种关于社会结构现象的复杂问题。贫困的概念从经济学意义上来讲,表现为绝对贫困和相对贫困。

绝对贫困及其衡量。绝对贫困是一种生存性贫困,是指在一定的社会生产方式和生活方式下,个人和家庭依靠其劳动所得和其他合法收入不能维持基本生活和满足最低生存需要。关于绝对贫困,世界银行有多条贫困线,其中国际赤贫标准为日收入 1.9 美元以下。我国目前是以 2011 年中央扶贫开发工作会议决定的农民人均纯收入 2 300 元作为国家扶贫标准,同时每年还会根据物价指数、生活指数等进行动态调整。

相对贫困及其衡量。与绝对贫困不同,相对贫困是一种发展性贫困,是指同一个时期,基于特定的社会生产方式和生活方式,依靠个人或家庭的劳动力所得或其他合法收入,尽管能够使生活的基本需求得到满足,但普遍处于社会公认的基本生活水准之下。

---

① 白增博,汪三贵,周园翔. 相对贫困视域下农村老年贫困治理[J]. 南京农业大学学报(社会科学版),2020(4).
② 高翔,王三秀. 劳动力外流、养老保险与农村老年多维贫困[J]. 现代经济探讨,2018(5).

相对贫困思想的最早表述来自亚当·斯密，他在《国富论》中把相对贫困定义为缺乏生活必需品，而必需品又被定义为"它不仅仅指维持生命所不可缺少之物，而且指由一个国家风俗决定的作为一个体面的人，哪怕是最底层的人，不可缺少之物"。① 20世纪90年代以来，相对贫困现象开始凸显，学术界和研究机构对相对贫困进行了阐述。有一种定义叫作相对低收入型贫困，主要是指生活收入低于平均收入一定比例的状态，如1984年欧盟把收入低于平均收入一半的人口归于相对贫困组别，世界银行认为收入只有（或少于）平均收入的三分之一的社会成员可被视为相对贫困。可以看出，按照这一定义，相对贫困包括了绝对贫困。另一种定义认为相对贫困是一定社会的准则定义，欧珊斯基和霍布斯邦认为相对贫困依赖于一定的价值判断而存在，看待问题的角度和观点存在差异，个人眼中的相对贫困是不一样的②。这是在把我们的生活水平与拥有其他收入的参照组相比较后产生的贫困感受。正如马克思所指出的，一个住小草房的人在他的邻居搬来并建了一座宫殿之前，他一直是很快乐的，后来，那个住小草房的人开始感觉到了贫困。

社会剥夺和社会排斥在贫困研究领域中的运用，更进一步拓展了相对贫困的边界。英国学者汤森认为，人们常常因社会剥夺而不能享有作为一个社会成员应该享有的生活条件。假如他们缺乏或不能享有这些生活条件，甚至因此而丧失成为社会一员的身份，他们就是贫困的③。克莱尔认为，贫困不止局限在物质的和伤及人体的剥夺，同时使人的尊严与认同感遭遇损害，阻碍其参与决策过程以及进入各类相关机构的途径。阿马蒂亚·森在《贫困与饥荒》中将权利因素纳入贫困理论中考察，阐述了贫困发生的原因以及与权利的相互关系④。

经过上述研究，可以得出以下认识：相对贫困具有相对性、动态性、差距性、

---

① ［英］阿马蒂亚·森.以自由看待发展［M］.任赜，于真，译.北京：中国人民大学出版社，2002：61.
② 李嘉岩.人口可持续发展与农村反贫困研究［M］.长沙：湖南人民出版社，2004：17.
③ Townsend P. Poverty in the Kingdom: a survey of the household resource and living standard［M］. London：Allen Lane and Penguin Books，1979.转引自唐钧.社会政策的基本目标：从克服贫困到消除社会排斥［J］.江苏社会科学，2002(5).
④ ［印］阿马蒂亚·森.贫困与饥荒：论权利与剥夺［M］.王宇，等译.北京：商务印书馆，2004：14.

主观性。也即相对贫困蕴含着以下因素:对处于相同环境下的成员进行比较,比较的标准会随着环境的变化而变化,以及依赖于一定的主观价值判断。将上述关于相对贫困研究的两种定义与我国实情相结合,本文的观点是:从广义的概念来看,相对贫困是一种多维贫困,相对贫困群体规模有明显上升趋势同时朝向多元化发展,主要体现在物质收入的相对贫困、基本能力的相对贫困和基本权利的相对贫困这几个维度。应该说,农村老年贫困也主要体现在这几个维度。

三、农村老年人口相对贫困的表现与特征

老年人是社会关注的特殊群体,尤其农村老年人自身的特殊性决定了其是相对贫困治理的重要弱势群体。在自然灾害与疾病等传统的致贫因素和市场风险等新增的致贫因素彼此交织的情况下,农村地区老年人口贫困的深度不断延伸,广度持续拓展。

(一) 农村老年贫困人口的规模

根据联合国的标准,我国于1999年底进入老龄化社会①。我国《2019年国民经济与社会发展公报》的统计数据表明,截至2019年末,60岁及以上人口已达25 388万人,占总人口的比例为18.1%,其中65周岁及以上人口17 603万人,占总人口的比例为12.6%。据全国老龄办预测,到2050年,中国60岁及以上老年人口将增加到4.87亿人左右。而根据第六次人口普查结果进行统计,农村地区老年人口的数量是城镇的1.33倍②,与2018年发布的《中国老年社会追踪调查(CLASS)》③报告关于人口年龄分布的结果较为接近。

在越来越深度的老龄化背景下,加上城乡二元结构在短期内难以有效改

---

① 联合国将65岁及以上老年人口占比超过7%或60岁及以上人口占比超过10%作为进入老龄化社会的标准。
② 国务院人口普查办公室,国家统计局人口和就业统计司. 中国2010年人口普查资料[EB/OL]. (2012 - 04 - 01)[2019 - 01 - 01]. http://www.stats.gov.cn/sj/pcsj/rkpc/6rp/indexch.htm.
③ 该调查是由中国人民大学中国调查与数据中心负责具体实施的一项全国性、连续性的大型社会调查项目。

变的影响,受地域、人文、社会等各种因素的限制,诸多空巢老人、留守老人、疾病缠身老人、残疾老人生活于农村地区。而与发达国家相比,由于我国进入老龄社会时经济发展水平相对落后,以及制度安排和社会政策体系尚未及时适应老龄化社会的要求,因此呈现出"未富先老"与"未备先老"的特征,导致农村老年人在生理机能退化、适应和调整能力下降、家庭赡养功能弱化下更容易沦为贫困阶层,并且表现出贫困持续性强、贫困人口数量不断攀升、贫困发生率返贫率高等特点。2019年中国农村贫困监测报告显示,2018年60岁及以上农村老人贫困发生率为2.2%,与2014年中国农村贫困监测报告的测算相比,农村老年贫困发生率有大幅下降,但在数量、比率、贫困发生率方面,农村老年贫困人口均超过了城镇。2018年发布的《中国老年社会追踪调查(CLASS)》(以下简称"CLASS")报告显示,与城市老年人支出贫困率比较,农村老年人支出贫困率受年龄增加的影响呈现上升的趋势。如超过80岁的老年人口其贫困发生率为30.09%—49.72%,远高于低龄、中龄老年人。农村高龄老年人成为陷入贫困的高危群体。

从以上分析可知,农村老年人口成为中国新贫困人口中的一个快速膨胀的群体。尤其与老年绝对贫困相比,老年相对贫困不利于老年人共享改革发展成果,影响老年人的社会参与感与社会认同感,从而加大社会治理难度。其问题的解决也关系到能否如期实现农村贫困人口整体脱贫,从而顺利实现全面建成小康社会的宏伟目标。

(二)农村老年相对贫困的表现

由于相对贫困是一种多维贫困,包括经济收入、健康、教育、生活质量、精神慰藉等各个方面,并包含着与其他成员的比较,而且依赖于一定的主观价值判断,因此目前尚没有统一的测量标准。文章根据前文对相对贫困的研究,采取广义的概念,横向来看,主要探讨农村老年人物质收入、基本能力和基本权利的相对贫困这几个维度;纵向来看,采用城乡、地区、性别等多视角进行比较。

1. 物质收入的相对贫困

根据《中国老年人生活质量发展报告(2019)》数据,中国老年人最主要的收入来源是社会保障性收入,包括养老金、离退休金等社会保障收入,占到老年人总收入的62.7%。分城乡来看,城镇老年人收入中保障性收入的比重占到

73.4%,而农村老年人的社会保障性收入仅占 51.2%。农村老年人的主要收入来源中有 21% 是工作收入,还有 15.2% 的收入来自农业生产劳动[①]。也即,与城市老年人相比较,农村老年人收入主要来源于自身劳动和工作所得以及外来支持,这一点在 2018 年发布的 CLASS 调查数据中也得到了充分支持。CLASS 调查数据显示,就城乡差异而言,城市老年人群体主要以养老金为依托,其比例为 71.93%,远远高出农村老年人的 17.22%;农村老年人主要以子女养老与劳动以及工作所得为依托,分别占到 32.48%、28.08% 的比重,且女性依靠自己养老金、自己劳动所得以及以前积蓄的比例低于男性。农村地区的老年人由于生活习惯、生产收入、受教育程度、生存技能等因素,主要以体力劳动为依托获取基本的生活资源,一般收入比较低,因此靠物质积蓄安享晚年的只占很低比重,为 2.6%。

农村老年人物质收入的相对贫困影响了他们对生活质量的主观评价。《中国老年人生活质量发展报告(2019)》数据显示,城镇老年人的经济自评状况明显好于农村老年人。城镇老年人认为自己经济宽裕的比例为 20.3%,经济困难的比例为 18.5%;农村老年人自评经济宽裕、经济困难的比例分别为 11.6%、32.8%,且男性老年人的经济自评水平好于女性老年人,而这些又进一步影响到了农村老年人对城乡差距以及阶层差距的感知,产生了相对剥夺感。

此外,分地区来看,农村老年贫困地域差异显著。具体而言,由于区域经济非均衡发展对社会公共福利产生"滴漏效应",我国农村老年贫困发生率以及老年贫困程度突出表现为东、中、西部渐次递增的空间分布格局。如在贫困山区、革命老区、部分少数民族聚居区和边疆地区等贫困人口较多的区域,由于地理环境资源限制、发展基础薄弱,贫困程度更深、脱贫难度更大,许多地区的农村贫困老年人呈现全村、全乡(镇)的连片分布。《中国老年人生活质量发展报告(2019)》运用层次分析法(AHP 法),并利用 2015 年第四次中国城乡老年人生活状况抽样调查数据,首次对中国老年人生活质量进行了分省(区、市)评价。

---

① 这个报告的数据是在全国 15 个省(区、市)的城市和农村地区开展老年人生活质量调查,对 190 名老年人进行了面对面的深度访谈得出的。这 15 个省(区、市)是:天津、江苏、浙江、宁夏、湖北、甘肃、安徽、黑龙江、重庆、山东、湖南、广东、广西、贵州和云南。

老年人生活质量指数综合排名前 20 的省(区、市)依次是:北京市、上海市、天津市、福建省、浙江省、江苏省、辽宁省、山东省、重庆市、广东省、江西省、四川省、新疆维吾尔自治区、青海省、黑龙江省、广西壮族自治区、吉林省、宁夏回族自治区、陕西省和内蒙古自治区。按照中国经济区域的划分,排名靠前的大部分位于东部地区,居中的以西北、东北和西南部为主,而落后的省(区、市)主要在中南部和边疆地区。

2. 基本能力的相对贫困

"可行能力"的概念是 20 世纪 80 年代阿马蒂亚·森在《以自由看待发展》中提出的。他认为,贫困的本质是人基本能力的缺失和被剥夺,贫困的真正含义不仅仅是收入的低下,而是人的能力的贫困,即缺少正常生活的能力[①]。联合国开发计划署(UNDP)受阿马蒂亚·森的可行能力贫困理论与方法的启发,在 1996 年设计了"能力贫困指标",在 2001 年的《人类发展报告》中又一次明确了人类贫困概念。世界银行 1990 年的报告中,把贫困视为"消费不足、低水平教育和低健康水平",这也是对阿马蒂亚·森的可行能力贫困理论的应用。由此,消费情况、健康状况和受教育程度是农村老年人基本能力的主要影响因素,也是引发农村老年人相对贫困的重要因素。

农村老年人由于年龄日益增长、生理机能逐渐衰退,更易遭遇健康风险的冲击。以工具性日常生活能力为例,CLASS 报告的工具性日常生活能力指标[②]用来客观评估老年人自主生活能力,2014 年的数据如图 1 所示。全国约六成的老人工具性日常生活能力功能正常,约 30% 具备较低的功能,约 10% 在功能上存在显著的障碍。城市与农村老年人日常工具性生活能力具备正常功能的比例分别是 67.71% 与 49.56%。具体来看,城市男性老人工具性日常生活能力功能正常的比例最高,而农村女性比例最低,两者分别为 73.48%、39.18%。女

---

① [印]阿马蒂亚·森.以自由看待发展[M].任赜,于真,译.北京:中国人民大学出版社,2002:85.

② 在 CLASS 调查中,工具性日常生活能力(IADL)量表包括 10 项指标,即打电话、梳妆、上下楼梯、外面行走、乘公共交通、购物、管理钱财、提重、做饭、做家务。每项分为"不需要别人帮助""需要一些帮助"和"完全做不了"3 个级别。如果回答"完全做不了"或"需要一些帮助",判定为失能;如果回答"不需要别人帮助",判定为自理。0 项 IADLs 失能,视为功能正常;1—5 项 IADLs 失能,视为功能低下;6—10 项 IADLs 失能,视为明显功能障碍。

性老年人,尤其是处于农村地区的女性老年人,是日常生活辅助服务的重点支持人群。

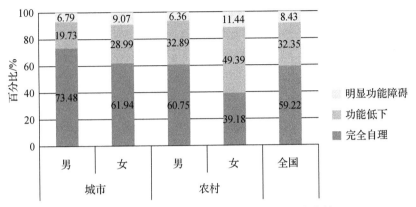

图1　分城乡、分性别老年人工具性日常生活能力状况

数据来源:中国老年社会追踪调查(CLASS),中国人民大学老年学研究所,2014。

现阶段慢性疾病是影响老年人身体健康的主要因素,CLASS 调查数据表明,农村老年人患有慢性疾病的比例为 78.76%,高于城市老年人的 72.10%,尤其体现在类风湿、颈/腰椎病和关节炎的患病率上。健康自评是老年人对于自身健康状况的主观评价,《中国老年人生活质量发展报告(2019)》显示,分城乡看,城镇老年人的自评健康水平也高于农村老年人。随着中国经济社会的快速发展和公共卫生事业的不断进步,老年人的心理健康越来越受到重视。其中,孤独感是老年人最主要的心理问题之一。农村老年人感到孤独的比例也高于城镇老年人,43.9%的农村老年人感到孤独,远远高于城镇老年人 29.9%的比例,尤其女性老年人感到孤独的比例高于男性老年人,分别为 40%、33.3%,并且随着年龄的增长,感到孤独的老年人的比例越来越高,近1/3 的低龄老年人感到孤独,而感到孤独的高龄老年人则超过一半。

教育是保障可行能力的核心因素。由于城镇化进程中农村老年人教育服务缺失,农村老年贫困人口获取教育以及知识的能力普遍薄弱,影响了他们的社会适应能力与社会参与能力。根据《中国老年人生活质量发展报告(2019)》数据,城镇老年人的受教育水平远高于农村老年人,城镇老年人中接受过中学教育的比例(35.5%)高于农村(15.6%)近 20 个百分点,城镇接受过大学专科及以上教育的老年人比例(5.9%)更是远远高于农村(0.1%)。

分性别看,男性老年人的受教育水平显著高于女性,低龄老年人受教育水平整体高于高龄老年人。

教育素质对老年人的生活质量有直接影响。农村老年人教育水平低下,在获取信息、使用电子设备等方面能力也较低,很容易被社会所排斥;加之长期以来形成的大规模资源"嵌入"型贫困治理模式,农村贫困老年人自主参与反贫困意愿与自主发展能力都普遍较弱。

3. 基本权利的相对贫困

正如前文谈到的,英国著名学者汤森认为,贫困是一个被侵占、被剥夺的过程。权利贫困就是指社会部分人群(一般是社会弱势群体)在政治、经济、社会和文化权利等方面享有不足的一种贫困状态。近年来,我国开展农村脱贫攻坚,取得了不错的成绩,但是在拥有基本权利方面,农村老年人相对城市老年人仍处于弱势,这使得他们在市场经济中缺乏谈判能力。

以老年社会优待为例。老年人的社会保障状况具体包括社会养老保险金领取、老年救助、老年福利以及老年优待四个方面。老年社会优待的主要目的是帮助老年人提高和改善生活状况。根据老年人自身特点,由政府与其他社会组织所提供的设施、优待服务项目,对于提高老年人物质与精神生活水平有着积极的作用。CLASS数据显示,我国约有三成老人享受了老年优待。居住地在城市的老人享受优待比例(45.04%)明显高于居住在农村的老人(13.30%),老年男性享受老年优待的比例(31.27%)略高于老年女性(28.97%)。

养老服务方面,城市养老服务系统不断完善,而农村养老无论是人才、还是设施、专业服务方面都与城市有很大差距。以养老设施为例,根据2014年CLASS的数据,城市与乡村地区在养老设施的覆盖率方面差异较为显著(见表1)。"养/敬老院"与"老年活动室"的比例,农村是城市的1/2,而"托老所/老年日间照料中心"的比例,农村地区和城市相差竟达4.66倍。从老年人反映的情况来看,农村地区具备"老年活动场所或设施"的比例也明显低于城市,其中有老年活动室、健身室和图书馆的比例均不到城市的1/2,没有任何活动场所或设施的比例则达到了59%。

表 1　城乡社区(村)有下列养老设施或机构的情况(%)

养老设施或机构	城乡		合计
	城市	乡村	
养/敬老院	21.22	10.33	16.88
老年活动室	80.58	39.13	64.07
托老所/老年日间照料中心	27.7	4.89	18.61
社区(村)医院/医疗服务站/卫室/诊所	83.09	90.22	85.93

数据来源:中国老年社会追踪调查(CLASS),中国人民大学老年学研究所,2014。

医疗服务方面。分城乡看老年人的社区医疗服务需求和使用情况,根据CLASS数据,农村老年人对于社区基层医疗服务的需求与运用程度均高于城市,这表明农村地区的老年人对基层医疗卫生服务有相对较高的依赖性,然而运用的满意度表明,老年人在"不满意"的比例上存在显著的城乡差异:农村老年人的"不满意"程度远远高于城市老年人。《中国老年人生活质量发展报告(2019)》显示,从获得医疗服务的便利度来看,城镇老年人就诊距离不足1千米的占39.5%,1—2千米的占了27.9%,2—5千米的占了19.4%,5千米以上的占了13.3%;而农村老年人获取医疗服务的便利程度低于城镇老年人,这四项的比例分别为36.3%、21.3%、18.1%、24.3%。

社会参与和文化生活也属于老年人的基本权利。但是在这方面也有显著的城乡差异。以获得继续学习的机会为例,随着老年人学习需求的增长和国家对终身教育的日益重视,各类老年学校应运而生,老年大学是老年教育中较为正式的以老年人为对象的教学机构。分城乡看,城镇老年人参加老年大学的比例(2.9%)高于农村老年人(0.9%)。参加正式社会组织方面也是如此。基层老年协会是目前中国最主要的正式老年人组织,城镇老年人参加老年协会的比例为10.9%,也略高于农村老年人(9.5%);此外,无论是城镇还是农村,男性老年人参加老年协会的比例都略高于女性老年人。

(三) 农村老年相对贫困的特征

综上,我国农村地区老年人相对贫困表现出"三高三低"的典型特征,即农村老年人相比城镇老年人贫困发生率更高;随着年龄增长,农村老年人贫困的比例呈单调上升,高龄老人相比低龄老人更易陷入贫困状态;随着农村越来越深度的老龄化,农村地区老年人相对贫困的女性化特征日渐凸显,老年女性贫困发生率高于老年男性。此外,由于长期过度劳动参与以及自我保健意识薄弱等原因,农村老年贫病交加现象突出,尤其在一些发展较为落后、自然环境恶劣的中西部连片地带,农村老年贫困有明显的区域沉淀特征;与接受教育程度较低的老年人相比,受教育程度较高的老年人无论是整体生活自理能力还是整体认知能力以及社会适应能力通常都高一些。

(四)农村老年相对贫困的原因

农村老年相对贫困的因素很复杂。一方面由于家庭规模缩小、人口老龄化提速以及劳动力持续转移,我国农村家庭养老功能逐渐弱化,加之当前我国农村社会保障体系发展还不完善,农村地区的公共财政支付覆盖范围也比较窄,社会保障制度的共济性不足,造成农村老年人口经济供养的不足、情感交流的缺位。另一方面,部分老年弱势群体的受教育程度普遍较低,同时也缺乏必要的劳动力、资金和技术,这些因素共同决定了我国农村老年贫困群体很容易陷入自身"造血"能力不足的困局。此外,由于人口性别结构比例失衡,贫困地区的农村成为婚姻市场上的洼地,异化的婚嫁成本不仅造成了部分农民家庭的持久性贫困,同时还给那些无法完成人生任务的农民带来巨大的精神摧残和价值崩塌,使之陷入了相对贫困的困境。

四、农村老年人口相对贫困的反贫困制度构建

制度性因素、社会性因素、人为因素和老年人自身因素等多重叠加,以及由此而来的稳定收入、健康以及文化技术优势的逐步丧失或相对较弱的适应与调适能力,形塑了农村老年人相对贫困场域,老年人尤其是老年女性成为贫困的高发人群。随着越来越深度的老龄化在农村的体现,加之老年人口结构的改变,农村老年贫困高风险人群如高龄老人、老年妇女以及独居丧偶老人比例增加,农村老年相对贫困率有进一步提高的可能。积极预防、治理和减缓老年人相对贫困问题是我国乡村振兴战略中的重要组成部分。政府主导、社会参与、

群众积极是农村老年相对贫困治理的指导思想。

(一) 政府主导：加速进行普惠式的社会保障体系

强化制度的前瞻性，积极制定应对农村老龄社会的中长期战略设计，要把预防农村老年人相对贫困作为重要内容纳入国家和地方"十四五"规划。分配社会财富应从制度上更加关注弱势群体，特别是需要针对农村老年人实现社会保障制度的全覆盖。制度保障是破解农村老年人相对贫困的关键，要充分发挥二次分配在平抑一次分配方面的调节作用。在建立老年人统计和发布制度的基础上，继续完善城乡社会养老保障制度，考虑在目前的普惠式养老金基础上，在国家财政可承受的范围内再适当给予提高，同时也间接提高农村老年人的可支配收入水平。完善社会福利救助制度，加大新农保的医疗保障力度。社会保障基金增速缓慢，一定程度上导致了老年人尤其是农村老年人整体生活质量滞后于平均水平，而中等及以下收入农村老年人的医疗卫生保障水平偏低，最突出的影响是在贫困地区，特困人口看病难、看病贵的问题依然显著，因此要提高农村重大疾病医疗费用的报销比例，加强农村卫生服务网络建设。完善农村老年人监护制度及长期照护保障制度，建立健全家庭养老支持政策。随着越来越深度的老龄化，农村老年贫困逐步加深，尤其高龄老年人将越来越多，慢性病和长期照护费用的负担也会逐渐增大，这对国家和家庭都将是巨大的挑战。要着力加强老龄工作体制机制建设，正如习近平总书记指出的，确保"城乡社区老龄工作有人抓、老年人事情有人管、老年人困难有人帮"，"推动老龄工作向主动应对转变，向统筹协调转变，向加强人们全生命周期养老准备转变"。

(二) 社会参与：探索建立健全社会资源整合制度

联合国教科文组织认为，通过发展国家、市场与公民社会之间的政策伙伴关系，整合社会资源，有助于增加贫困人口的社会资本，缓解其贫困问题。治理农村地区老年贫困，须关注与充分发挥社会资源的强大力量，积极主动地探究构建农村地区老年人贫困治理服务资源的整合机制。如参考国外的先进经验，构建完善政府购买社工服务的机制，为老年人提供精神救助服务。以精神救助为契机，规避受助者心理问题或心理疾病，从而使其心理恢复健康、塑造健全人格,优化社会支持网络,从而提高农村地区老年人社会参与的能力①。2014年《国务院办公厅关于政府向社会力量购买服务的指导意见》公布了《政府购买服务管理办法(暂行)》,其中基本公共服务内容中的公共教育、养老服务、社会救助都与贫困治理服务有一定关系。建立健全全生命周期的老龄观念,提高基层老年协会组织覆盖率,扩大老年人的参与率,运用互联网等科技手段开发老年教育资源,畅通老年人学习渠道,开展形式多样的老年文化活动,满足老年人参与社会、人际交往、自我实现等多元化需要。如河南周山村社会组织在促进农民参与村庄事务、提供公共服务、丰富村庄文化方面都发挥着显而易见的作用。广州逢源街道积极整合社会资源,成立WC慈善会、邻里援助站和义工服务队等社区互助组织,动员社会各界共同协助贫困人口,最终形成了一个由政府、企业界和NPO等共同参与,为各种贫困人口和有需要人士提供帮助和服务的社会互助网络,相当程度上拓展了社区贫困人口的社会支持网络,增加了他们的社会资本;同时也加强了农村社区成员之间的互动,激发了农村社区居民归属感与共同情感,形成了家庭、社区和社会共同关爱农村老年人的乡村文明。

(三)群众积极:激发农村老年反贫困的主体自觉

重视贫困者主体性地位,我国的反贫困政策《中国农村扶贫开发纲要(2011—2020年)》强调指出,需增强扶贫区域与对象的主观能动性,提高其创新水平,使扶贫对象发挥主体性作用,提升其自我管理与发展的水平,立足自身实现脱贫致富。相对贫困治理时代要发挥农村贫困老人群体在治理贫困过程中的自主与积极参与的作用,这与积极老龄化观念是完全一致的。采取综合性治理贫困的策略,提高治理贫困者的能力,如以科技教育扶持提升农民脱贫致富,聊城市的东昌府区以推动农民技术改革为契机,促进农民通过技改将种养、企业生产、传统艺术相结合提升致富能力②;赤峰市大庙镇立足于实际,积极主动

---

① 柯佳敏.精神救助·社工介入·系统构建——专业社会工作介入社会性突发事件精神救助系统构建研究[M].北京:中国社会科学出版社,2013:310-314.
② 郭广亮.三个农民的科技创新故事[N].农民日报,2008-08-06.

地开展与农民要求相符的科普活动,提高农民科技致富的水平①。上述措施也包括了农村地区贫困的老人群体,但还缺乏专门针对贫困老人的政策。制定有关老人政策的时候,需要明确导入治理老人贫困理念,同时有的放矢地制定相应的策略,确保老龄工作与经济社会同步发展,化解老年人对美好生活的需要和发展不平衡不充分之间的矛盾。此外,保障农村地区老人在经济上的独立自主性,祛除农村土地承包中变相的继承权,采取强制性的法律条款保障老年人通过土地换取资源的权益与渠道。政府构建基层专职机构负责老年农民土地流转事宜,老年人直接通过土地入股方式获得经济上的来源,同时设置专门的账户,拓展老人用资源换保障路径,增强其内部造血功能,进而增强农村老年个体自助心理,促进自强自立。

参考文献

[1] [印]阿马蒂亚·森.以自由看待发展[M].任赜,于真,译.北京:中国人民大学出版社,2002:61.

[2] [印]阿马蒂亚·森.贫困与饥荒:论权利与剥夺[M].王宇,等译.北京:商务印书馆,2004:14.

[3] 唐钧.社会政策的基本目标:从克服贫困到消除社会排斥[J].江苏社会科学,2002(5):41-47.

[4] 崔凤,雷咸胜.多元主体参与的农村养老贫困救助体系构建[J].重庆社会科学,2014(9):53-59.

[5] 柯佳敏.精神救助·社工介入·系统构建:专业社会工作介入社会性突发事件精神救助系统构建研究[M].北京:中国社会科学出版社,2013:310-314.

[6] 李嘉岩.人口可持续发展与农村反贫困研究[M].长沙:湖南人民出版社,2004:17.

[7] 林瑜胜."贫困沉淀"与农村老年人反贫困制度构建[J].山东社会科学,2019(12):96-100.

---

① 王冬敏,房国达.浅谈科普与农民的科技创新[J].安徽农业科学,2007(27).

[8] 吴茜. 生命历程视角下农村老人贫困问题与治贫路径研究[D]. 成都：四川省社会科学院,2019.

[9] 姚玉祥. 农村老年贫困治理的现实困境及其破解之道[J]. 现代经济探讨,2019(6):122-127.

[10] 郑继承. 构建相对贫困治理长效机制的政治经济学研究[J]. 经济学家,2020(5):91-98.

后　记

　　值此书稿完成之际,谨向给予我指导、关心和帮助的老师朋友表达最衷心的感谢！导师淮安市委党校副校长耿庆彪教授对本书提供了深入的专业洞察和建议,对本书的框架和内容产生了深远的影响,在此由衷表示感谢！也真诚感谢周海生教授,在我遇到技术问题时总是能够及时提供帮助！感谢东南大学出版社的唐允主任和编辑,她们的严谨和专注使得本书的语言和结构更加清晰和准确！

作者

2023 年 8 月 26 日